"내 피로 세우는 새 언약이니"

(눅 22:20)

KB211381

청교도주의의 아버지

윌리엄 퍼킨스

청교도주의의 아버지
윌리엄 퍼킨스

초판 1쇄 발행 2025년 1월 10일

지은이 | 서창원 이상웅 이성호 우병훈 김효남 박태현
편집인 | 박태현

발행인 | 정대운
발행처 | 도서출판 새언약
편집 및 교정 | 김균필

등 록 | 제 2021-000022호
주 소 | 경기도 고양시 덕양구 동세로 138 1층(원흥동)
전 화 | (031) 965-6385
이메일 | covenantbookss@naver.com

ISBN 979-11-986084-5-1 (03230)

디자인 | 김태림

청교도주의의 아버지
윌리엄 퍼킨스

박태현 편집 · 서창원 이상웅 이성호 우병훈 김효남 박태현 공저

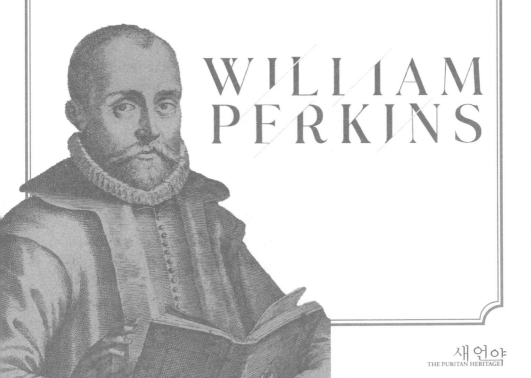

WILLIAM
PERKINS

새언약
THE PURITAN HERITAGE

본서는 한국 교회 청교도 신학 전문가들이 『윌리엄 퍼킨스 전집 제1권』(고양: 새언약, 2024)의 출판을 기념하여, 청교도목사회 주최로 개최되는 "윌리엄 퍼킨스, 신학과 신앙"의 옥고들을 모아 편집, 발간한 것이다. 교회사 교수 3명, 조직신학 교수 2명, 그리고 실천신학 교수 1명이 개혁주의 신학의 관점에서 퍼킨스의 저술을 땀 흘려 연구한 결실이다.

윌리엄 퍼킨스(1558-1602)는 비록 엘리자베스 1세가 즉위하던 1558년에 태어나 비교적 짧은 44세의 생애를 살았을지라도, 그의 방대한 저술을 통해 21세기 한국 교회 성도들에게 그리스도의 복음을 교훈하며 경건한 신자의 삶을 촉구한다. 그의 신학은 '오직 성경'(sola scriptura)에 기초한 개혁주의 신학이었으며, '오직 하나님께 영광'(soli deo gloria)이 충만하기를 소망하는 살아있는 실천적 신학이었다. 그는 박학다식한 성경 지식으로 '걸어다니는 성경'(Walking Bible)이었으며, 그의 삶은 성령 안에서 그리스도의 복음을 살아내는 경건과 성화의 본보기였다.

본서가 갖는 일차적 특징은 개혁주의 신학과 실천적 경건의 신비로운 조화로써 청교도 신학과 신앙의 토대를 놓은 '청교도주의의 아버지'요, '청교도 신학의 황태자'요, 탁월한 영성의 설교자인 윌리엄 퍼킨스가 약 400년의 침묵을 깨고 한국 교회에 그리스도의 복음을 들려주는 것이다. "그가 죽었으나 그 믿음으로써 지금도 말하느니라"(히 11:4하).

본서가 갖는 두 번째 특징은 한국 교회의 역사적 뿌리인 16-17세기 청교도 신학과 신앙을 탐구하여 교회를 갱신하며 개혁하는 데 있다. 약 400여 년간 잊혀졌던 '청교도주의의 아버지'인 윌리엄 퍼킨스를 6명의 신학자들이 한 자리에 모인 것은 그 동안 탐구했던 퍼킨스의 신학적 지혜와 경건한 삶의 지혜를 한국 교회 성도들과 함께 나누는 학문의 축제이자 향연(饗宴)이다.

한국 사회는 21세기에 들어서면서 위기를 넘어 초위기 시대를 살고 있다. 초고령화 사회에 진입하고 있으며, 저출산으로 인한 인구감소 시대를 실감하고 있다. 예를 들어, 불과 5년 전에는 약 5,000명이던 서울의 모 고등학교 재적 학생이 이제는 1,200명으로 축소되어 학교 운영이 위기에 놓인 것이다. 그뿐만이 아니다. 정치적 분열과 혼란으로 인해 한국의 민주주의가 후퇴하고 위협받는 처지가 되었다. 한국경제는 3만 달러가 넘는 풍요로운 시대를 맞이했다고 하지만, 부의 불균형은 날이 갈수록 편중되고 가속화되고 있다. 이런 사회 속에서 한국 교회는 전방위적 위기를 느끼면서도 어찌할 줄 몰라 방황하는 안타까움 속에 있다. 이런 때에 한국의 성도들은 위로부터 오는 하나님의 음성을 들어야 한다.

하지만 우리는 하나님의 말씀인 성경을 손에 들고 있되, 정작 그 성경의 가르침을 잘 알지 못하고, 그 가르침대로 살아내지 못하는 형국에 빠져 있다. 개인 영혼의 구원뿐만 아니라 가정과 교회, 사회와 국가를 소생시키며 개혁하기에 앞장섰던 16세기의 퍼킨스는 우리의 어리석음을 때로는 따갑게 경책하며, 때로는 따뜻하게 위로하며 격려한다. 그는 '영혼의 의사'로서 그리스도의 복음의 메스로 우리의 고치기 힘든 고질병조차 치료하기에 충분할 것이다.

편집자는 나아갈 길을 찾는 한국 교회가 퍼킨스의 경건한 믿음의 삶의 궤적을 뒤따라가며, 그가 가르친 복음의 옛길로 걸어가기를 소망한다.

2024년 12월
원삼면 서재에서
박태현

김효남 교수

김효남 교수는 미국 퓨리탄 리폼드 신학교(Th.M.), 미국 칼빈신학교(Ph.D.)에서 *Salvaion By Faith: Faith, Covenant, and the Order of Salvation in Thomas Goodwin*(1600-1680)의 제목으로 박사학위를 취득하였다. 미국 칼라마주 한인교회 및 천호교회 담임목사를 역임하였다. 저서로『믿음을 말하다』(세움북스),『예배다운 예배』(다함)가 있으며, 번역서로는『그리스도인의 합당한 예배』(지평서원),『비판 속에 있는 목회자들』(도서출판 언약),『믿음의 확신을 누리는 삶』(좋은씨앗) 등이 있다. 현재 총신대학교 신학대학원에서 역사신학 교수로 봉직하며, 장로교회 역사, 청교도 및 언약도의 직분이해와 교회정치, 16-17세기 개혁 교회의 예배론, 개혁파 정통주의 언약신학 및 회심 교리, 그리고 청교도들의 설교론에 대해 관심을 가지고 연구하고 있다.

박태현 교수

박태현 교수는 네덜란드 아펠도른 신학대학교에서 "조오지 휫필드의 설교"로 독토란두스(Doctorandus. 1998)를 취득하였고, *The Sacred Rhetoric of the Holy Spirit: A Study of Puritan Preaching in a Pneumatological Perspective* (Apeldoorn: Theologische Universiteit, 2005)의 제목으로 박사학위(Th.D.)를 취득하였다. 학위 취득 후 암스테르담 자유대학교 객원연구원(2005-2010)으로 헤르만 바빙크(Herman Bavinck)의『개혁교의학』을 연구하여 번역·출판하였다. 화란한인교회 담임목사(2010-2013)를 역임하였다. 번역서로는『개혁교의학』(전 4권, 부흥과

개혁사, 2011), 『칼빈의 생애와 신학』(부흥과개혁사, 2009), 『구속사와 설교』(솔로몬, 2018), 아브라함 카이퍼(Abraham Kuyper)의 『칼빈주의 강연』(다함, 2021) 등이 있다. 현재 총신대학교 목회신학전문대학원에서 부교수로 재직하며 청교도 및 구속사적 설교, 개혁주의 설교를 중심으로 '신칼빈주의' 운동을 소개하며 후학을 양성하고 있다.

서창원 교수

서창원 교수는 스코틀랜드 에딘버러 대학교(Th.M.)에서 수학하였고, Westminster Graduate School of Theology(Ph.D.)에서 *The Religious Dimension of the Scottish Covenanting Movement: Focusing on the Spiritual Leadership of the Persecuted Ministers in the Killing Times, 1661-1688*의 제목으로 박사학위를 취득하였다. 한국개혁주의설교연구원 원장으로 30년간 봉직하였으며, 삼양교회 담임목사 및 총신대학교 신학대학원에서 역사신학 교수를 역임하였다. 저서로는 『청교도 신학과 신앙』(지평서원), 『한국의 교회 위기 성경에서 답을 찾다』(진리의 깃발), 『신학은 삶이다』(크리스천 르네상스) 등 다수가 있으며, 번역서로는 윌리엄 커닝함의 『역사신학』(1-4권, 진리의 깃발) 등이 있다.

우병훈 교수

우병훈 교수는 미국의 칼빈신학교(Th.M., Ph.D.)에서 *The Promise of the Trinity: The Covenant of Redemption in the Theologies of Witsius, Owen, Dickson, Goodwin, and Cocceius* (Göttingen: Vandenhoeck & Ruprecht, 2018)의 제목으로 박사학위를 취득하였다. 저서로 『처음 만나는 루터』, 『기독교 윤리학』, 『교회를 아는 지식』, 『교리 설교의 모든 것』, 번역서로 『교부들과 성경 읽기』(공역) 등이 있으며, 국내외 저널에 게재한 수십 편의 논문을 calvinseminary.academia.edu/BHoonWoo에서 볼 수 있다. 현재 고신대학교 신학과 교의학 부교수이다.

이상웅 교수

이상웅 교수는 총신대학교(Ph.D.)에서 『조나단 에드워즈의 성령론』의 제목으로 박사학위를 취득하였다. 대구 산격제일교회 담임목사 및 대신대학교 교수를 역임하였다. 주된 저서로는 『조나단 에드워즈의 성령론』(솔로몬 출판사) 및 다수의 저서가 있다. 현재 총신대학교 신학대학원 조직신학 교수로 재직하며 개혁주의 신학에 기초한 후학 양성에 힘쓰고 있다.

이성호 교수

이성호 교수는 미국 칼빈신학교(Ph.D.)에서 *All Subjects of the Kingdom of God: John Owen's Conceptions of Christian Unity and Schism*의 제목으로 박사학위를 취득하였다. 저서로 『비록에서 아멘까지: 웨스트민스터 신앙고백 해설』(그 책의 사람들, 2022), 『성찬: 배부름과 기쁨의 식사』(좋은씨앗, 2023), 『직분을 알면 교회가 보인다』(좋은씨앗, 2018)이 있다. 현재 고려신학대학원에서 교회사 교수로 봉직하며, 개혁파 정통주의 신학과 삶을 한국 교회에 소개하며, 개척 교회를 설립하여 17세기 정통주의가 예배, 직분, 설교에 어떤 식으로 적용될 수 있을 것인지에 대해 고민하고 있다.

| **목차** |

03 / 윌리엄 퍼킨스의 예정론에 나타난
하나님의 의지로서의 허용

이성호
고려신학대학원, 교회사

06 / 청교도 설교학,
     윌리엄 퍼킨스의 『설교의 기술』

박태현
총신대학교 목회신학전문대학원, 실천신학

윌리엄 퍼킨스(William Perkins, 1558-1602)의 생애와 목회신학

서창원 · 총신대학교 신학대학원, 역사신학 은퇴 교수

WILLIAM
PERKINS

I. 들어가는 글

월리엄 퍼킨스는 청교도 운동을 연구하는 학자마다 다 그냥 넘어가는 법이 없을 정도로 중요한 인물이다. 그는 '청교도의 아버지'[1]라고 불릴 만큼 17세기 청교도 운동에 지대한 영향을 끼친 초창기 지도자였다. 퍼킨스는 튜더 왕조 시대의 청교도 신학자였다. 찰스 먼슨(Charles R. Munson)은 그의 박사학위 논문(Case Western Reserve University, 1971)에서 스콜라주의적 고등 칼빈주의와 후기 언약신학 사이의 전환기에 활동했던 신학자로 규정하였다.[2] 하나님의 선택과 유기 교리를 담고 있는 예정론을 다룬 먼슨은 설교를 그의 신학 사상을 표출하는 핵심적인 도구로 삼고 설교의 명백한 스타일에 의해 전환기 시대에 언약신학을 쏟아냈다고 한다. 따라서 필자는 윌리엄 퍼킨스의 생애와

---

1   로이드 존스에 의하면 청교도 운동의 시조는 에드워드 6세 밑에서 왕실 목사로 잠시 섬긴 존 녹스라고 한다. *The Puritans: Their Origins and Successors* (*The Banner of Truth Trust*, 1987), 260. 물론 이것은 로이드 존스가 먼저 주장한 것이 아니라 본인의 책에서 인용한 것처럼 토마스 칼라일의 책 *Heroes and Hero Worshippers*에서 언급한 것을 인용한 것이다. '존 녹스는 스코틀랜드와 뉴잉글랜드 그리고 청교도주의의 올리버 크롬웰의 종교가 된 기독교 신앙의 가장 뛰어난 사제요 시조이다.'

2   Charles Robert Munson, "William Perkins Theologian of Transition", Ph.D. Thesis, 1971, 11.

신학 사상을 소개하는 이 지면을 통해서 그의 생애를 다룬 참고도서들과 그리고 그의 설교에 나타난 신학 사상(언약 사상)을 간략하게 소개하고자 한다.

II. 펴는 글

1. 생애

윌리엄 퍼킨스의 생애를 다룬 글은 먼슨의 학위 논문만이 아니라 그 이전에 맨체스터 대학교에서 1963년에 취득한 이안 브루워드(Ian Breward) "The Life and Theology of William Perkins"라는 박사학위 논문도 있다. 그의 생애만을 따로 출판한 책들도 상당하다. 조엘 비키와 살라자르가 편집 출판한 *William Perkins: Architect of Puritanism* (Reformation Heritage Book, 2023)이 있으며, 조엘 비키와 스티븐 율이 공저한 *William Perkins - Bitesize Biographies* (RHB, 2023)가 있다. 그리고 간략한 소개 글은 퍼킨스의 저작 *The Art of Prophesying* (영국 진리의 깃발사)에 싱클레어 퍼거슨 교수의 글과 또 그의 대작(Magnum Opus)인 『황금 사슬』(*The Golden Chain*)을 번역한 김지훈 박사의 역자 서문에도 있다. 더 오래된 글은 벤자민 브룩(Benjamin Brook)이 쓴 *Lives of Puritans* (James Black, London, 1813, vol. 2, 129-136)이 있다. 이것은 아주 간단한 서술이지만 퍼킨스의 생애를 다룬 글들의 대부분 자료는 이 책에서 비롯되었다고 해도 틀리지 않는다.[3]

---

3   Wikipedia에서 소개하고 있는 자료들은 다음과 같다. Arminius, Jacobus (1602), *Concerning the Order and Mode of Predestination and the Amplitude of Divine Grace* by Rev. William Perkins. Beeke, Joel; Pederson, Randall (2006), "William Perkins", *Meet the Puritans*, Grand Rapids: Reformation Heritage Books. Brook, Benjamin (1994), "William Perkins", *The Lives*

윌리엄 퍼킨스의 어린 시절에 대한 기록은 거의 없기에 알 수 없고 다만 그가 케임브리지에 있는 크라이스트 대학(Christ College)에 입학하여 공부한 시기부터 공개적으로 알려진다. 그는 1558년 워릭셔(Warwickshire)주에 있는 마스톤 자벳(Maston Jabbet)에서 아버지 토마스 퍼킨스와 어머니 한나 퍼킨스 사이에서 태어났다. 그가 대학에 Pensioner로 입학하였는데 이는 케임브리지 대학의 자비량 학생임을 의미하는 것으로서 그의 가정이 학비를 대줄 만한 집안임을 시사하는 것이다.[4] 실지로 그의 부친은 소지주였다고 한다. 케임브리지는 당시 잉글랜드 교회 개혁의 산실이었다. 그리고 후대에 비국교도들이 대다수였던 청교도 운동의 요람이라고 할 정도로 종교개혁의 불길이 활활 타오르고 있는 곳이었다.

당시 시대적 상황은 먼슨의 논문에 의하면 봉건 귀족의 시대가 저무는 시기요 동시에 소규모 지주와 자작농이 늘어나는 시기였기에[5]

of the Puritans, vol. 2, London: Soli Deo Gloria. Culianu, Ioan (1987), Eros and Magic in the Renaissance, Chicago: University of Chicago Press. Ferguson, Sinclair (1996), "Foreword", The Art of Prophesying, Edinburgh: Banner of Truth Trust. Herbert, James (1982), "William Perkins's "A Reformed Catholic": A Psycho-Cultural Interpretation", Church History, 51 (1), Cambridge University Press: 7-23, doi:10.2307/3165250. Lea, Thomas D. (1996), "The Hermeneutics of the Puritans", Journal of the Evangelical Theological Society, 39 (2): 271-284. Neal, Daniel (1843), History of the Puritans, vol. 1, New York: Harper & Brothers. A Puritan's Mind (2012), William Perkins. Schaefer, Paul (2004), "The Arte of Prophesying", in Kapic, Kelly; Gleason, Randall (eds.), The Devoted Life, Downers Grove: InterVarsity Press. Storms, Sam (2006), Arminian Controversy, Enjoying God Ministries. Venn, John; Venn, John Archibald (1953), "William Perkins", in Venn, John; Venn, John Archibald (eds.), Alumni Cantabrigienses (Online ed.), Cambridge: Cambridge University Press. Von Rohr, John (1965), "Covenant and Assurance in Early English Puritanism", Church History, 34 (2), Cambridge University Press: 195-203, doi:10.2307/3162903. Weber, Richard M. (2001), "The Trinitarian Theology of Jonathan Edwards: An Investigation of Charges Against its Orthodoxy", Journal of the Evangelical Theological Society, 44 (2): 297-318.

4   Ian Breward, 'The Life and Theology of William Perkins' Ph.D. Thesis of Manchester University, 1963, 1.

5   G. M. Trevelyan, English Social History (New York: Longmans, Green and Co., 1946), 139. 커티

퍼킨스의 부친도 그 흐름에 올라탄 신흥 지주로서 아들에 대한 기대감을 품고 대학에 진학시켰다고 볼 수 있을 것이다. 퍼킨스가 대학에 입학했을 때는 아직 그리스도인이 아니었다. 그러나 하나님은 그를 창세전에 택하시고 예정하셔서 19세 때 대학에 입학한 후 복음을 듣게 하셨다. 크라이스트 대학은 이미 오래전부터 종교개혁 사상을 수용한 선각자들이 교회 개혁의 토를 닦아 놓은 학교였기에[6] 퍼킨스는 자연스럽게 종교개혁 사상을 접하게 된 것이다. 그는 학교에 입학하기 전에 '무모하고 불경스러웠고 술에 탐닉했던' 자였으나[7] 대학에 와서 어떻게 예수님을 믿게 되었는지는 정확한 기록은 없지만 통설에 따르면, 이 깨달음은 어떤 여인이 아들을 위협할 때 시작되었다고 한다. '입 다물지 않으면, 저기 술에 취한 퍼킨스에게 널 줄 거야'라는 말을 듣고 자기 인생을 돌아보는 계기가 되었다고 한다.[8] 그는 자신의

스가 말한 것처럼 케임브리지만이 아니라 옥스퍼드 대학교까지 당시 영국 사회의 대단한 영향력을 발휘하는 인물들이 속속 배출되면서 단순히 종교만이 아니라 사회 경제 문화 영역에 지대한 공헌을 준 요람이었던 것이다: "한편으로 그들은 영국의 지식 계층을 육성하고 확대하는 주요 요원이었습니다. 그들은 다른 어떤 기관보다 자신의 학습과 지식을 사용하여 국가의 정치적 운명을 지시하고, 동료의 취향과 예의를 지도하고, 자신의 문화의 신념과 이상을 보존하고 명확히 하고, 비판하고 수정하는 훈련되고 교양 있는 사람들을 개발하는 데 더 많은 일을 했습니다. 그들은 영국인에게 공통된 도덕적이고 종교적 이상을 심어주고, 지식 계층의 더 높은 교육을 받고 영향력 있는 구성원들에게 공통된 일반 교육을 제공하는 데 도움을 주었습니다. 다른 한편으로 그들은 영국 사회의 강인함과 응집력에 중요한 기여를 했습니다. 그들은 영국인이 지지하는 가장 높은 도덕적이고 종교적 이상을 키우는 데 도움을 주었고, 모든 계층의 영국인 간의 연합을 촉진했으며, 감정과 태도의 공동체의 성장을 촉진했고, 사회적 이동 수단을 개선했습니다." Mark H. Curtis, *Oxford and Cambridge in Transition* 1558–1642 (Oxford: At the Clarendon Press, 1951), 262.

6 종교개혁의 도화선이 된 인문주의 대학자 에라스무스가 이 대학에서 가르쳤으며(1511–14), 영어로 성경을 번역한 윌리엄 틴데일(1494–1536)이 가르쳤으며, 특히 스트라스부르의 개혁자 마틴 부써(Martin Bucer, 1491–1551)가 이곳에 와서 죽기까지 종교개혁 사상을 가르쳤던 곳이었다. 이 학교가 배출한 걸출한 인물 중에는 Richard Rogers, Laurence Chaderton, Paul Baynes, John Milton 등이 있었다.

7 William Perkins, 김지훈 옮김, 『황금 사슬: 신학의 개요』 (킹덤북스, 2016), 17.

8 퍼킨스의 생애를 다룬 책 대부분이 이 내용을 언급하고 있다. Joel R. Beeke & Randal J. Pederson, *Meet the Puritans* (RHB, 2006), 409.

불량하고 추잡한 삶을 지속하고 있던 때에 하나님께서 자신이 하는 모든 일이 하나님을 모독하는 짓거리요 심지어 우상 숭배의 죄악임을 깨닫게 하심으로써 그 모든 옛 습성을 버리고 그리스도 안에서 새 사람이 된 것이었다.[9] 사실 그가 대학에서 공부한 것은 도덕적인 난잡한 생활과는 별개로 수학과 점성술과 교양 과목이었다. 그는 학자로서 자기 학문에 과도할 정도로 몰입하는 성향의 사람이었다. 그러다가 행복한 시간이 방황하는 어린양에게 다가왔고 허영성과 야만성이 절제와 엄숙함으로 변하게 되면서 그가 좋아했던 학문을 버리고 대신 모든 열정을 신학에 쏟았으며 그의 천재적인 학습 이해가 아주 짧은 시간에 믿을 수 없는 개선을 이루었다.[10] 이런 일련의 사건은 1581년에서 1584년 사이에서 벌어진 것임이 분명하다.

주님께서 그를 그릇된 길에서 돌이키기를 기뻐하셨을 때, 그는 즉시 신학 연구에 주의를 기울였고, 비범한 근면함으로 자신을 바쳤으며, 짧은 기간에 하나님에 대한 지식에 있어서 믿을 수 없을 만큼 성숙해졌다. 먼슨은 그의 논문에서 이렇게 말하고 있다. '영적 개혁의 경험은 그에게 마음의 평화를 주었고, 그는 그 평강을 설교, 가르침, 저술을 통해 전하기 위해 노력했으며, 자기의 삶에서 회심이 가능하고 회개가 필요하다는 것을 보여 주었다. 따라서 그의 변화는 그의 설교와 저술에서 회심과 회개에 대한 강조의 원천이었다.'[11] 먼슨은 그의 영적 순례길에서 영향을 준 자는 피터 라무스(Peter Ramus, 1515-

---

9   William Perkins, 'A Resolution to the Countryman' in *Works*, III, (London, 1613), 653.

10   Fuller, *Abel Redevivus*, 147. 김지훈은 『황금 사슬』에서 퍼킨스가 회심하게 된 하나의 충격적인 사건을 이렇게 소개한다: '어느 날 그가 길거리를 걷고 있을 때 한 여인이 자신의 아이를 꾸짖으며 하는 말을 우연히 듣게 되었다. "입 다물어, 그렇지 않으면 너를 저기에 있는 술주정뱅이 퍼킨스에게 줘 버릴꺼야!"', 『황금 사슬』, 17.

11   Charles R. Munson, 11.

윌리엄 퍼킨스(William Perkins, 1558-1602)의 생애와 목회신학   **21**

1572)라고 한다. 왜냐하면 라무스는 다른 인문주의자들과 함께 교양 과목을 일상생활에 유용하게 만들 커리큘럼으로 개혁하고자 시도한 학자였기에 퍼킨스가 문법과 수사학과 논리학 개선을 위한 라무스의 방법론에 깊은 영향을 받지 않을 수 없었던 것이다.[12] 이에 대한 증거로 먼슨은 윌리엄 퍼킨스의 설교학 강의(*The Art of Prophesying*)를 제시하였다.[13] 사실 설교 자체가 신학 진술이며 그 신학은 실제적 삶에서 구현되는 것임을 퍼킨스는 누구보다 잘 이해한 것이다. 신학이 하나님을 가르치는 것이고 신적 지식은 자연스럽게 그의 계명을 지키며 사랑하게 하며 인간의 삶 속에서 하나님이 어떻게 경배 받으시며 섬김을 받게 되는지를 그 행동으로 나타내는 것이다. 퍼킨스는 이를 누구보다 잘 실천한 현실 적용에 뛰어난 신학자였다. 그래서 그는 청중에 대한 이해를 강조하였고 일곱 유형의 청중들 각각에 적용이 가능한 메시지를 전달하도록 촉구한 것이다.[14] 그는 삶의 문제에 대한 그의 전체적인 접근 방식에 영향을 미치는 명확성과 단순성을 고조시킴으로써 그를 대중 사이에서 인기 있는 신학자로 만들었다. 그의 노력에 대한 하나님의 축복으로 그는 많은 사람을 구원의 지식으로 인도하고, 죄

---

12 C. R. Munson, 13. '케임브리지에 라무스 수사학을 해석하는 책임은 이 주제에 대해 강의하고 영향력을 행사했던 하비에게 있다. 하비는 수사학이 전적으로 스타일과 전달로 구성되어 있다는 라무스적 관점을 발전시켰지만, 그는 수사학의 다른 세 가지 전통적인 부분, 즉 발명, 성향, 기억을 논리의 예술에 두었다. 퍼킨스는 분명히 하비가 수사학에서 라무스의 "방법"을 제시한데 깊은 인상을 받았다.' 그의 설교학(*the Art of prophesying*) 책에 그 영향이 고스란히 담겨있다. 케임브리지 대학도 중세 시대의 전통과 같이 문법, 수사학 및 논리학을 위주로, 그리고 음악과 수학, 기하학과 천문학, 자연법, 윤리학 그리고 형이상학 과목들이 주를 이루었다. 학사 학위를 마친 자들이 석사 과정에 입학하여 법학, 신학, 의학을 공부하였다. 그러나 신학 수업을 위하여 철학과 예술에 대한 학습도 필수로 요구되었다. 이런 다양한 분야를 골고루 섭렵하였음이 그의 책에서 여실히 드러나고 있다.
13 퍼킨스가 사용한 '예술'이란 말은 "교육을 위해, 인류에게 유익하거나 유용한 어떤 것에 대해 질서 있게 정한 교훈이나 규칙의 틀"을 의미한다. 그의 설교학 책은 청교도 설교의 전형적인 고전 문헌이다.
14 서창원, 『청교도 신학과 신앙』 (지평서원, 2013), 118.

수들뿐만 아니라 죄에 사로잡혀 속박된 다른 사람들도 하나님 아들들의 영광스러운 자유를 누리게 하는 행복한 도구가 되었다. 그의 위대한 명성은 나중에 모든 교회에 알려졌고, 곧 대학 전체에 퍼졌다. 그는 세인트 앤드류 교회의 설교자로 뽑혔고, 그곳에서 그는 상을 받기 위해 부름 받을 때까지 그리스도의 수고롭고 충실한 목사로 계속 일했다.

학창 시절에 그에게 영향을 준 인물을 간단히 소개하면 먼저 로렌스 채더튼(Laurence Chaderton, ?-1640)이 있다. 그는 퍼킨스에게 훗날 청교도 운동이 시작된(1558) 때에 드러난 청교도적인 성향을 심어준 자였다. 먼슨은 '퍼킨스의 온건하고 화해적인 청교도주의는 아마도 그가 평생 친밀한 관계를 유지했던 채더튼에서 유래되었을 것'이라고 소개한다. 그가 국교도에서 분리하는 것을 싫어했던 원인이 여기에 있었을 것이다. 그는 국교도 안에서 교회 개혁을 주도하면서 인내와 평화적인 성취를 추구했으나 교회사가 증언하는 것은 분리 쪽이 더 개혁을 완수하는 데 기여도가 크다는 것이다. 제도권 안에서 개혁이 그만큼 어렵다는 것을 보여 준다.

퍼킨스에게 크게 영향을 준 두 번째 사람은 리처드 그린햄(Richard Greenham, 1531-1591)이다. 그 둘 사이의 관계는 상당히 돈독했던 것 같다. 그래서 다른 사람들과 공동으로 함께 경건 서적을 출판하기도 했다. 그 책의 이름은 『영적 화원』(A Garden of Spiritual Flowers)이었다. 이 책의 공동 저자는 리처드 로저스, 윌리엄 퍼킨스, 리처드 그린햄, 그리고 M. M. 및 George Webb이다. 뒤쪽 두 분은 누구인지 알 길이 없다. 그리함의 가장 큰 영향은 먼슨에 의하면 케임브리지 외곽에 있는 드라이 드레이톤(Dry Drayton) 교구에서 무료로 작은 가정 신학교를 운영한 영적 지도력이었다. 이 학교에는 잉글랜드 전역에서 사람들이 찾아왔고 그중에 퍼킨스와 리처드 로저스가 있었다. 퍼킨스는 학생 시절과 졸업 후에도 드나들었다고 한다.[15] 그가 영혼의 의사로서 성도들의 양심 문제에 깊은 연구를 하며 삶의 거룩성을 강조하게 된 것이 그린햄과의 만남을 통한 영향이었다고 한다.

또한 그에게 영향을 준 세 번째 사람은 직접 대면해서든 아니면 저술을 통해서든 영향을 준 더들리 패너(Dudley Fenner, 1574-1588)이다. 패너는 로저스와 함께 케임브리지의 피터하우스 대학의 연구원이었는데 먼슨에 의하면 그는 극단적인 청교도였으며 소책자 작가였으며, 미들버러의 장로교회에서 토마스 카트라이트와 협력 사역을 한 목사였다.[16] 그는 성공회 예전을 거부하며 화란으로 망명한 자로서 일명 '청교도의 첫 조직 신학자' 중 한 사람이었다.[17] 그는 패너의 이 책과 그가 영어로 번역한 피터 라무스의 수사학 책을 통해서 성도들의 영적 필요를 체계적으로 정돈하여 논리적으로 가르치고 글 쓰는 일에 큰 도움을 받았던 것이다. 라무스의 수사학의 방법론은 퍼킨스를 사색적인 이론보다 실천적 적용에 능한 경험적 설교자요 신학자가 되게 하였다.[18] 사실 패너의 책이 나중에 퍼킨스 자신의 『황금 사슬』이라는 책을 저술하게 된 원인이었다고 한다. 그만큼 직간접적으로 패너의 영향을 입은 것이다. 그 책 둘을 비교하면 둘 다 신학에 대한 동일한

---

15   Charles R. Munson, 22.

16   Charles R. Munson, 25.

17   M. M. Knappen, *Tudor Puritanism* (The University of Chicago Press, 1939), 372. Fenner는 Sacra theologia sive veritas qua est secundum pietatem adunicae et verae methodi leges descripta(신성한 신학 혹은 유일하고 참된 방법의 원칙에 대한 경건함에 따라 묘사되는 진리)를 1585년 런던에서 출판하였다. 잉글랜드 장로교 시조라고 할 수 있는 카트라이트가 이 책의 서문을 썼다. 나펜이 소개한 이 책의 시작은 신학에 대한 정의이다. '신학은 우리가 행복하고 바르게 사는 데 필요한 하나님에 관한 진리에 대한 지식이다.' 그래서 퍼킨스의 황금 사슬에서도 같은 정의를 하고 있다.

18   Joel R. Beeke & Greg Salazar, *William Perkins: Architect of Puritanism* (RHB, 2019), 64.

정의와 하나님의 역사와 성품 사이에 똑같은 구분을 하고 있음을 알 수 있다. 그에게 있어서 신학은 "하나님을 알고 사람이 가장 행복하게 잘 살 수 있게 하는 과학"이었다. 이렇게 퍼킨스에게 영향을 준 채더튼, 그린햄, 패너가 다 열렬한 청교도 사상을 굳건히 신봉한 자들이었다는 사실은 퍼킨스의 신학 체계와 삶이 어디서부터 왔는지를 이해하는 발판이 되는 것이다. 특히 그들은 단순히 이론만 중시한 자들이 아니라 오히려 실천을 더 중히 여긴 자들이었음이 퍼킨스가 실천적 조직 신학자의 길을 가도록 이끌었다고 볼 수 있다.

이렇게 퍼킨스는 1580년 혹은 1581년에 학사 학위를 받았고 그 이듬해 나이 24세 때에 크라이스트 대학의 선임연구원이 될 정도로 지성과 영적 능력을 인정받았다. 그의 독서량은 아직 학교에 충분한 도서들이 준비되지 않은 상황에서도(그가 죽은 1602년에서야 도서관다웠다고 한다) 상당히 폭 넓었다고 한다. 그리스 철학, 역사가들, 특히 어거스틴과 제롬, 폴리갑 및 키프리안 등, 교부들 작품과 스콜라주의 학자들의 글, 종교개혁가들의 글, 심지어 로마 가톨릭 작가들의 글, 그리고 교회 공회의 자료들, 종파주의자들의 글 및 이단들의 저술까지도 섭렵하였다고 한다. 토마스 풀러(Thomas Fuller, 1608-1661)는 그의 독서 습관을 이렇게 말했다. '그는 마치 그 본문들을 다 다른 것처럼 모든 구절을 꼼꼼히 읽었다. 그러나 그가 책을 너무 빨리 훑어보았기 때문에, 마치 그가 아무것도 읽지 않은 것 같았고, 너무 정확하게 읽었기 때문에, 마치 그가 모든 것을 읽은 것 같았다.'[19]

특히 종교개혁자 중 칼빈의 글들을 많이 읽었으며 개혁신학의 전통에 익숙한 학자가 된 것이다(그는 기독교강요만이 아니라 그의 주석들, 그리

---

19 Thomas Fuller, *The Holy State* (Cambridge, 1642), 82.

고 베자나 잔키우스, 우르시누스 올레비아누스, 주니우스 등 많은 개혁파 학자의 글들을 섭렵하였다). 그렇다고 그들을 무조건적으로 신봉하고 따른 것은 아니었다. 그들의 글들을 선지자들과 사도들이 남겨준 기록된 성경 말씀으로 세밀하게 점검하고 확인하여 성경의 가르침과 일치할 때만 수용한 것이다. 그런 그들에 대하여 그는 이렇게 말했다. '가장 뛰어난 사람들의 작품이 하나님의 순수한 말씀에 비하면 천한 것에 불과하더라도, 우리는 거룩한 사람들의 글을 비난해서는 안 되며, 오히려 그 대신 그것들을 읽어서 성경을 연구하는 데 필요한 것을 제공받고 능력을 부여받아야 한다. 그 반대를 고수하거나 실행하는 사람은 이 거룩한 사람들이 성경의 많은 어두운 부분에 어떤 빛을 비추고 있는지를 모르는 자들이다.'[20]

퍼킨스는 1584년에 석사 학위를 받으면서 목사 안수를 받았다. 그가 첫 설교 사역을 시작한 것은 케임브리지 교도소에 수감된 죄수들을 향한 것이었다. 그는 죄수들을 넓은 방 하나에 모아서 주일마다 큰 권능의 역사로 그들에게 설교했는데 많은 죄수가 주님께로 돌아왔다. 그 감옥이 그의 본당이었다. 그들의 영혼에 대한 그의 사랑이 그를 그곳으로 인도했다. 그리고 감옥에서의 그의 일에 대한 만족감이 그가 받은 모든 삯이었다. 그는 여기서 '감옥의 새들을 위한 사제'라는 별명을 얻었다고 한다. 그의 경건한 수고가 알려지자마자, 군중이 사방에서 그의 말을 듣기 위해 몰려들었다고 한다. 그의 노력에 대한 하나님의 축복으로, 그는 많은 사람에게 구원에 대한 지식을 전하고, 죄수들뿐만 아니라 죄에 사로잡혀 속박되어 있던 다른 사람들도 하나님 아들들의 영광스러운 자유를 누리게 하는 행복한 도구가 되었다. 그의

---

20   Joel R. Beeke, Stephen Yuille, ibid, 25.

위대한 명성은 나중에 모든 교회에 알려졌고, 곧 대학 전체에 퍼졌다. 그리하여 그는 세인트 앤드류 교회의 설교자로 선택되었고, 그곳에서 그 도시와 대학 관계자들에게 복음을 전하며 하늘로부터 받는 상을 받기까지 그리스도의 목사로 충성을 다하였다.

개인 교사로서 그리고 학교 선생으로서 퍼킨스의 영향력은 크게 확대되었다. 1584에서 1585년 기간에 그가 연구원으로 남아 있는 동안 케임브리지에는 그와 견줄 만한 인물이 없을 정도였다. 특히 그는 삶의 모범을 통하여 그가 강론한 실천적 경건 생활의 원칙을 실천한 가장 훌륭한 교사였다. 먼슨은 이 위대한 신학자를 가리켜 '16세기 후반에 케임브리지에서 벌어지는 실질적인 문제에 대하여 크게 이바지하였으며 그의 교수 사역을 통해 엘리자베스 청교도주의의 주요 설계자가 되었다'라고 말했다.[21] 퍼킨스는 설교자와 교수로서 자신의 공적 상황에 안착했고, 그의 강의와 설교를 듣는 청중은 대학생들과 마을 사람들 및 인근 시골 지역에서 온 사람들로 구성되었다. 이것이 그에게 풍부하게 부여한 그 독특한 목회적 재능을 필요하게 했다. 그의 모든 강론에서 그의 스타일과 주제는 일반 사람들의 역량에 맞춰져 있었지만, 동시에 경건한 학자들도 그를 존경하며 귀담아들었다. 루터는 "율법의 공포를 설교하면서 복음의 교훈과 위로를 가져오지 않는 목사는 현명한 건축자가 아니다. 그런 자들은 허물지만, 다시 세우지 않는다"고 말하곤 했다.[22] 하지만 퍼킨스의 설교는 모두가 율법이었고, 모두가 복음이었다. 그는 율법의 공포를 듣는 사람들의 양심에 너무나 직접적으로 적용했기 때문에 그들의 마음은 종종 죄책과 확신에 잠겼다. 두려움만이 아니라 따뜻함을 느끼게 하고 비현실적이 아니라

---

21   Charles R. Munson, 36.

22   Benjamin Brook, *The Lives of the Puritans, vol. 2,* (Soli Deo Gloria, 1994), 130에서 인용.

지극히 현실적 적용이 탁월한 설교자였다.

김지훈이 소개한 이러한 사례는 다음과 같다. '어느 날 퍼킨스는 두려움과 공포로 반쯤 죽어서 교수대에 오르고 있는 죄수를 보았다. 퍼킨스는 그에게 큰 소리로 물었다. "무엇이 문제인가? 죽음이 두려운가?" 죄수는 죽은 뒤에 따라 올 일이 죽음보다 더 두렵다고 답하였다. 퍼킨스는 죄수에게 "다시 내려오시오. 그러면 하나님의 은혜가 당신을 강하게 하는 것을 보게 될 것이오"라고 하였다. 죄수가 내려와서 함께 무릎을 꿇었으며 퍼킨스는 죄를 고백하는 기도를 통하여 죄수가 후회의 눈물을 흘리게 했다. 죄수가 충분히 통회 자복하고 있을 때 퍼킨스는 그에게 복음의 자유함을 제시하였다. 이로써 죄수는 자신의 무거운 죄가 십자가의 피로써 씻겨져 나감을 느끼게 되었다. 속죄를 확신한 죄수는 다시금 감격의 눈물을 흘렸다. 그 후 그는 힘차게 교수대에 올라갔다. 그 죄수는 마치 하늘이 열리고 그의 영혼을 그리스도께서 받으시는 것처럼 인내로서 죽음을 감당하였다고 한다.'[23]

이처럼 양심의 고통에 조언과 위로를 주는 퍼킨스의 지혜는 '멀리서나 가까이서나 영적으로 괴로운 사람들이 그에게 와서 그의 가르침에서 많은 위로를 받게' 하였다. 퍼킨스는 설교에 뛰어난 재능을 가진 분이었다. 평범한 사람들에게 평범한 설교와 신학을 전달하는 놀라운 능력을 지녔다. 특히 그는 양심의 문제를 다루는 기술인 청교도적 결의론의 선구자였다. 사실 그의 명성은 심지어 그가 죽은 이후에도 무려 40년 이상 인근 각처에 퍼져나갔다. 그의 주변에는 그에게서 청교도주의와 실천적 신학을 배우려는 추종자들이 모였다. 그는 자신이 가르친 모든 것의 살아있는 모범이었다. 그는 전혀 게으르지 않았다.

---

23 William Perkins, 김지훈 역, 『황금 사슬: 신학의 개요』, 역자 서문, 19. 더 자세한 내용은 조엘 비키와 란달 페더슨이 공저한 *Meet the Puritans*, 472에서 읽을 수 있다.

그는 항상 책을 읽었고 명상하였으며 누군가와 의논하고 있거나, 상담하고 있거나, 위로를 주거나, 글을 쓰거나, 설교를 한 자였다.[24]

그러나 그의 명성이 자자할수록 그는 당시의 여러 제기되는 문제에 간여할 수밖에 없었다. 그가 처음으로 당국자들과 충돌을 일으키게 된 것은 1587년 1월 13일에 케임브리지 채플에서 한 설교 때문이었다. 그 설교는 성찬식 집례 전에 강론한 것으로서 잉글랜드 교회의 부패 상황을 날카롭게 지적하였다. 특히 그는 '목사들이 다른 목사들로부터 빵과 포도주를 받지 않고 그들 스스로 떡과 잔을 취함을 반대했다. 성찬을 받기 위해 무릎을 꿇는 것도 미신적 행위라고 반대했으며, 동방으로 얼굴을 돌리는 것은 비기독교적이라고 주장했다.'[25] 그 이후로 그는 청교도주의의 지도자로서 더 많은 영향력을 발휘하였으나 흥미롭게도 그는 교회 정치 문제에 대해서는 아무 소리를 발하지 않았다. 특히 1582-1589년에 불거진 일명 'Classis Movement', 즉 엘리자베스 여왕 통치 기간에 잉글랜드에서 일어난 장로교회 운동에 그는 전혀 가담하지 않았다.

이것이 이상하다는 것은 이 운동에 당대 유명한 청교도주의자들이었던 헨리 앨비(Henry Alvey), 토마스 카트라이트(Thomas Cartwright), 월터 트래버스(Walter Travers) 등 특히 '케임브리지 청교도주의의 교황'이라고 불린 로렌스 채더튼이 적극 가담하고 있었기에 퍼킨스도 그를 따라 충분히 동참했을 법도 한데 그렇게 하지 않았다. 안타깝게도 당국에 의하여 장로교 모임이 금지되고 가담한 자들에 대한 추궁이 있었을 때(1591년) 그는 크라이스트 대학의 학장으로 봉직하면서 법정에 출두했는데, 가담자로서가 아니라 가담자들에 대한 증인으로 출석한 것

---

24   ibid., 37.
25   ibid., 38.

이었다. 퍼킨스 역시 장로교 모임에 몇 차례 참여한 기록은 있으나 동조자라기보다는 신학적 조언을 주기 위한 참관인의 역할을 했을 것이라고 먼슨은 언급하고 있다.[26] 이안 브루워드는 그의 관심사가 '교회 정부의 세부적인 사항에 대한 걱정보다는 교회를 세우는데 있었기'[27] 때문이라고 하였다. 조엘 비키는 이렇게 말했다. '그는 교회 정치를 말하는 것 대신에 교회 안에서 목회적인 부적당한 것들, 영적인 결함들, 영혼을 파괴하는 무지를 설파하는 일에 우선권을 두었다.'[28] 그의 교회 개혁에 대한 비전은 그가 가진 모든 역량을 동원하여 영혼을 구원하고 하나님 나라 백성이 되게 하는 순수한 목회적인 것이다. 그가 바란 교회 개혁의 참 이상을 조화롭게 담아낼 수 있는 교회의 정치 형태는 로마 가톨릭에 이르는 반 지름길로 여긴 개혁파들과는 결을 같이 하지 않고 국교도에 남은 것이다. 그렇다고 개혁을 외면한 것은 아니다. 비록 그의 오른손의 장애가 있었어도 왼손에 쥔 펜으로 로마 교회나 국교회의 오류들을 예리하게 지적하였고, 순수하고 거룩한 교회 개혁을 위한 노력은 그가 저술하고 설파한 진리에서 충분히 드러났다고 본다.

그는 "온건한 청교도"로서 교회의 개혁을 바라지 않은 것은 아니지만, 영국 국교회에 따르기를 거부하는 비국교도와 다른 분리주의자들에 대해 확고히 반대했다는 사실은 매우 아쉬운 것이다. 반면에 그는 엘리자베스 정권이 교회에 획일성을 강요하는 조치들도 반대했다. 예를 들어, 캔터베리 대주교 존 휘트기프트가 장로교 형태의 교회 정치를 지지한 프랜시스 존슨을 투옥했을 때, 퍼킨스는 존슨을 큰 소리

---

26 ibid., 41에 있는 각주 참고.

27 Ian Breward, 'The casuistry of Perkins', in *Puritan Papers*, vol. 2, ed. J. I Packer, (P&R, 2001), 223.

28 Joel R. Beeke & Greg Salazar, *William Perkins*, 66.

로 옹호하고 나서기도 했다. 그러나 그는 분리주의자 혹은 교회 개혁을 위한 순교의 제물이 되기를 마다하지 않은 자들과는 달리 평화적인 방법을 추구하였다. 물론 그가 청교도 운동에 반항한 자라든지 또는 쉬운 길만 가고자 한 비겁자였다는 것이 아니다. 비록 그의 활동과 주장이 자신의 명성과 지위가 위험에 처한다고 할지라도 자신의 원칙을 굳건히 지킨 국교도로서 성공회의 개혁을 추구한 자였음이 분명하다. 풀러는 이렇게 평가한다. '퍼킨스는 교회 권징에 대한 그의 판단이 어떠했든 설교할 때 공개적으로 주장한 적이 없었고, 다른 사람들이 서명의 합법성에 대해 압박을 가하자 그는 그곳에서 자신의 의견을 밝히기를 거부했고, 자신의 고요함을 즐기고 다른 사람들이 자신의 양심의 자유에 맡기는 것을 기쁘게 생각하였다.'[29]

그는 이어지는 청교도 운동의 '기본 청사진'(the principle architect)을 마련한 당사자로서 자신의 위치를 분명히 다졌다. 그러나 앞에서 지적한 것과 같이 교회 정치나 정책에 대한 공격이나 개혁보다 당시의 목회 사역의 부적절함과 멸망해 가는 영혼들에 대한 교회의 무지와 무관심을 지적하고 교회의 영적 순결성을 위해 힘을 다한 그의 목양적 신념은, 거꾸로 정치에 지나친 관심을 가지고 영적 상태에 무관심한 교회 지도자들에게 진정한 목양 사역이 무엇인지를 깊이 고민하며 도전받게 하는 강한 메시지임은 분명하다.

그럼에도 필자는 그가 이 장로교 운동에 적극 가담했고 잉글랜드에 장로교회 세움에 앞장섰더라면 어땠을까 하는 아쉬움이 있다. 제도 개혁이 어떻게 되든 국가 교회 체제 안에서 그의 청교도주의는 오직 성도 개개인의 영혼이 어떻게 하면 순결하고 구원의 확신 가운데

---

29 Thomas Fuller, *The Church History of Britain* (London: 1837), I권, 163.

서 믿음 생활을 할 것인지에 한정된 것이었다. 퍼킨스는 그런 생각이 없었을지라도 그의 처신은 오늘날 개혁 교회를 하는 지도자들의 교회 개혁 운동에 대한 무관심을 낳게 만든 하나의 뿌리가 된 것은 아닌가 생각한다. 교회 역사를 보면 하나님은 양들의 안녕과 복락을 위해서 목자의 길에 전념하는 사람들도 사용하지만, 교회의 개혁을 위한 활동가들의 사역을 통해서 교회의 온전한 세움을 이루어 가신다고 믿는다. 퍼킨스는 충분한 역량을 갖춘 학자요 설교자였음에도 교회의 제도 개혁에 전혀 나서지 않은 것이 이해되지는 않지만, 그의 선택은 지금까지 성공회가 개혁되지 않은 상태로 남아 있게 만든 시발점으로 보는 것은 지나친 억지 주장일지 모르겠다. 그런 의미에서 누구도 그를 교회 개혁 운동가의 반열에 놓지는 않는다. '교회 개혁을 위하여 가진 그의 꿈은 그의 지성과 그의 경건, 저술, 영적 상담 및 소통 기술이 어우러져 17세기 청교도들이 개혁된 경험적 진리와 자기 성찰을 중시하고, 로마 가톨릭교와 알미니안 주의에 반대하는 논쟁의 기조를 정할 수 있었다'[30]라는 주장은 반박할 필요가 없다. 그러나 주님의 공교회를 아우를 수 있는 교회 정치 틀을 바로 세우고 그 안에서 올바른 목양적 사역을 펼쳐가는 것이 더 나은 것이 아닌가 생각한다. 그가 개혁 운동에 적극 가담했다면 성공회의 개혁은 달라졌을지도 모른다.

퍼킨스는 언약 사상에 있어서 "이중 예정론"(예정과 유기)의 지지자였으며 영국에 테오도르 베자의 사상을 소개하는 데 중요한 역할을 했다. 그는 이중 예정론에 관한 베자의 유명한 도표를 영어로 출판

---

30 Joel R. Beeke & Randal J. Pederson, ibid., 473. 특별히 그가 쓴 *A Reformed Catholic*이라는 소책자에서 로마 가톨릭과 개신교와의 연합이 마치 빛과 어둠을 병합하려는 것과 같은 것임을 말하며 가톨릭화는 적극 반대했다. 이 책에서는 그는 가톨릭과 개신교가 하나 될 수 없는 내용 22가지를 언급하였다. 흥미롭게도 첫 여섯 개는 직접적으로 은혜의 교리와 관련된 것이었다: 자유의지, 원죄, 확신, 칭의, 공로, 만복.

한 공로가 있다. 이중 예정론에 대한 퍼킨스의 견해는 예정론 교리에 반대했던 네덜란드 개혁 성직자 야코부스 아르미니우스의 주요 표적이 되었다. 퍼킨스는 1597년에 *A Reformed Catholike*를 출판하면서 처음으로 논쟁가로서 국제적인 명성을 얻었는데, 이 책에서 그는 개신교도가 진정한 보편적(catholic) 기독교인이라고 주장했다. 퍼킨스는 살아 있는 동안 엄청난 인기를 얻었고, 그의 작품 판매량은 결국 칼빈의 판매량을 넘어섰다. 그의 작품은 의해 네덜란드어, 독일어, 라틴어로 번역되었고, 프랑스어, 체코어, 웨일스어로도 번역되었다. 퍼킨스는 케임브리지에서 일하면서 영국의 성직자 세대에 큰 영향을 미칠 수 있었다. 그의 제자로는 윌리엄 에임스(William Ames), 존 로빈슨(John Robinson), 토마스 굿윈(Thomas Goodwin), 폴 베인스(Paul Baynes), 사무엘 워드(Samuel Ward), 피니어스 플레쳐(Phineas Fletcher), 토마스 드락스(Thomas Draxe), 토마스 테일러(Thomas Taylor), 제임스 어셔(James Ussher), 제임스 몬태규(James Montagu)가 있다. 그의 작품들은 특히 독일과 스위스에서 최소한 50판이 넘게 출판되었다고 하며, 네덜란드에서는 17세기에 그의 작품들이 185판이 있었다고 할 정도로 당대의 최고로 명성이 자자한 학자요 설교자였다.

그의 나이 37세 때인 1595년 7월 2일에 그는 과부인 티모씨 크래독(Timothie Cradock)과 결혼하게 되어 독신만 가능했던 케임브리지 대학의 선임연구원직을 내려놓았다. 7년간의 결혼 생활에서 일곱 명의 자녀를 낳았지만 그중 3명은 유아기에 죽었다. 그리고 퍼킨스는 1602년 10월 22일에 세상을 떠났다. 그의 유산은 그의 부인과 자녀들의 생활에 부족함이 없었다고 하나 미망인은 퍼킨스 사후에 두 명의 남편과 결혼하여서 더 이상 퍼킨스 여사로 부르지 않게 되었다. 그의 책들은 수십 개 언어로 번역되어 유럽 전역에 보급되었다. 영국 전역과 실제로 개신교 유럽에서 퍼킨스는 "성령 충만한 정통성의 척도"가 되었다. 그는 실천적인 신학자로서 매우 성공적이어서 그의 글은 칼빈과 베자의 뒤를 이은 인물이지만 때로 그들의 글보다 더 많이 읽히었다.

그의 설교는 모두가 법이요 모두가 복음이었다. 그는 율법의 공포를 듣는 사람들의 양심에 너무나 직접적으로 적용하곤 했기 때문에 그들의 마음은 종종 확신을 가지고 안정을 찾았다고 한다. 그는 "저주받은"이라는 단어를 너무나 독특한 강조로 발음하곤 했기 때문에 오랜 시간 후에도 그들의 귀에 슬픈 울림을 남겼다고 한다. 또한 양심의 고통에 조언과 위로를 주는 그의 지혜는 "멀리서나 가까이서나 정신적으로 괴로운 사람들이 그에게 와서 그의 가르침으로부터 많은 위로를 받았다"라고 한다. 그리고 그는 많은 책을 썼지만 오른손이 장애가 있어서 왼손으로 모든 책을 썼다고 한다. 그는 모든 책의 제목에 "당신은 말씀의 목사이다: 목사의 일에 집중하라"고 썼다.

아쉽게도 퍼킨스는 신장결석을 앓았다. 그 결과 1602년 10월 22일에 44세의 나이로 주님의 부름을 받았다. 그의 절친이요 후에 윈체스터 감독이 된 제임스 몬태규는 그의 장례 설교를 전하면서 여호수아 1장 2절의 "내 종 모세가 죽었노라"를 본문으로 삼았다. 그는 18년 동안 목회를 했던 세인트 앤드류 교회에 묻혔다. Knappen이 편집한 책에 소개한 워드의 추모사는 이와 같다. '하나님은 그의 죽음이 돌이킬 수 없는 손실이며 대학에 큰 심판이 될 것임을 잘 알고 계십니다. 그의 자리를 대신할 사람이 아무도 없으니까요.'[31] 순수한 개혁 교회를 칼빈주의의 사회사적 관점에서 본 필립 베네딕트(Philip Benedict)는 말하기를 '당시의 영향력을 기준으로 한다면, 퍼킨스는 그 세대의 가장 저

---

31 Richard Rogers, Samuel Ward, ed. by M. M. Knappen, in *American Society of Church History* (1937), 130.

명한 영국 성직자이자 신학자였다'라고 하였다.[32] 이제 당시 잉글랜드에서 칼빈의 책보다 더 많이 출판되고 보급된 최초의 개신교 신학자인 그의 저작과 신학 사상을 간략하게 조명해 보고자 한다.

2. 윌리엄 퍼킨스의 저작

그의 모든 저작은 사실 그의 전집 3권에 다 수록되어 있다.

The Works of William Perkins, printed by John Legatt, London, 1626.

The Works of William Perkins, Volume 1. (810 pages)
The Foundation of Christian Religion Gathered into Six Principles.
A Golden Chain (or, The description of theology).
An Exposition of the Symbol (or Creed of the Apostles).
An Exposition of the Lord's Prayer (Matthew 6:9–13).
Appended with commentary on the prayers of Paul from Ephesians 3:14–21, Philippians 1:9–11, Colossians 1:9–13, 1 Thessalonians 3:12–13, 2 Thessalonians 2:16–17, and 1 Thessalonians 5:23.
Also appended with 'A Song Gathered Out of the Psalms, Containing the Sobs and Sighs of All Repentant Sinners.'
A Treatise on the State of Damnation or the State of Grace.
A Case of Conscience, the Greatest That Ever Was: How a Man May Know Whether He Be the Child of God or No (1 John 1:1–5:21, Psalm 15:1–5).
A Direction for the Government of the Tongue.
Two Treatises: Of the Nature and Practice of Repentance, and Of the Combat of the Flesh and Spirit (Galatians 5:17).
How to Live (And Live Well) in All States and Times, and Especially When Helps and Comforts

---

32   Philip Benedict, *Christ's Church purely Reformed: A social History of Calvinism* (Yale University Press, 2002), 319.

Fail (Habakkuk 2:4).

A Salve for a Sick Man (or, A treatise containing the nature, differences, and kinds of death, as also the right manner of dying well, Ecclesiastes 7:3).

A Discourse of Conscience.

A Reformed Catholic (or, A declaration showing how near we may come to the present Church of Rome in sundry points of religion, and wherein we must forever depart from them).

A Declaration of the True Manner of Knowing Christ Crucified.

A Grain of a Mustard Seed (or, The least measure of grace that is or can be effectual to salvation).

The True Gain: More in Worth Than All the Goods in the World (Philippians 3:7).

A Warning Against the Idolatry of the Last Times (and Instruction touching religious or divine worship, 1 John 5:21).

A Treatise of God's Free Grace and Man's Free Will (Matthew 23:37−38).

A Treatise of the Vocations (1 Corinthians 7:20).

The Works of William Perkins, Volume 2. (766 pages)

The Whole Treatise of the Cases of Conscience.

A Commentary on the Epistle to the Galatians.

A Treatise of Christian Equity and Moderation (Philippians 4:5).

A Treatise of Man's Imaginations (Genesis 8:21).

The Problem of the Forged Catholicism, or Universality of the Romish Religion.

A Christian and Plain Treatise of the Manner and Order of Predestination, and of the Largeness of God's Grace.

The Art of Prophesying.

A Digest (or Harmony) of the Books of the Old and New Testament.

The Works of William Perkins, Volume 3. (1038 pages)

A Godly and Learned Exposition upon Christ's Sermon in the Mount (Matthew 5−7).

A Cloud of Faithful Witnesses (a commentary on Hebrews 11:1−12:1).

A Godly and Learned Exposition Upon the First Three Chapters of the Revelation (Revelation 1−3).

The Combat Between Christ and the Devil Displayed (or, A Commentary Upon the
   Temptations of Christ, Matthew 4:1–11).

An Exhortation to Repentance (Zephaniah 2:1–2).

Of the Calling of the Ministry: Two Treatises Describing the Duties and Dignities of that Calling
   (Job 33:23–24, Isaiah 6:5–9).

A Fruitful Dialogue Concerning the End of the World.

A Godly and Learned Exposition Upon the Whole Epistle of Jude.

A Discourse of the Damned Art of Witchcraft (Exodus 22:18).

*A Resolution to the Country-man Proving it Utterly Unlawful to Buy or Use Our Yearly
   Prognostications* (a treatise on horoscopes).

*Economy, or Household-Government: A Short Survey of the Right Manner of Erecting and
   Ordering a Family, According to the Scriptures.*

3. 퍼킨스의 목회신학

목회의 핵심은 설교이다. 교육이나 전도나 심방도 목회 사역에 필수적이지만 설교만큼 중요한 것은 없다. 설교는 신학의 꽃이다. 설교는 지적, 구술적 능력을 과시하는 공인된 방편이 아니다. 영혼을 사랑하는 공적 구혼(救魂)과 양육 수단이다. 최고의 신랑이신 그리스도 중심의 신학이 강단에서 선포될 수 없거나 삶에 적용될 수 없다면 더 이상 신학이 아니다. 신학은 전문가의 특권이나 전유물이 아닌 모든 신자의 것이다. 그리스도인이라면 알아야 하고 품어야 하며 누려야 하며 실천되어야 할 산 지식이요 삶이다. 이를 가장 잘 실천한 이들이 청교도였고 그 청교도의 초기 지도자인 퍼킨스의 신학과 설교가 이를 증명한다. 이 임무는 양을 돌보는 목자의 마음이 없으면 불가능한 일이다. 그는 설교에 있어서 탁월한 은사를 가지고 있었고 명료한 설교와 신학으로 평민들의 삶에 깊은 영향을 미친 엄청난 능력을 소유한 자였다. 이는 개인적인 수사학적 역량도 있겠지만 하나님 말씀의 위력을 굳게 신뢰하고 성령의 나타남과 능력을 전적으로 의존한 '그리스도 중심의 설교'와 그리스도의 심장으로 마음에 품은 청중의 영적 상태에 대한 깊은 성찰이 있었기에 가능했다고 생각한다.[33]

개혁주의 신학의 핵심이 언약신학이듯이 그의 신학도 칼빈주의 언약신학이다. 그는 신학적 탐구를 학문의 전당에 한정하지 않고 삶의 모든 영역에서 적용 가능케 한 신학자였다. 특히 그 작업은 여느 청교도 목사들이 다 본받은 것처럼 설교라는 수단을 통하여 실행하였다. 물론 그의 저술도 한몫을 차지하고 있지만 그의 신학적 저술은 지상에서 가장 행복하게 살게 하는 기술을 내포한 것이었다. '그의 설교는 본문에 대한 해설이었듯이 그의 실천은 그의 설교에 대한 해설이었다'(As his preaching was a comment on his text, so his practice was a comment on his preaching).[34] 그가 정의한 신학이 '인간을 행복하고 잘 살게 하는 하나님을 아는 지식'(Theology is the knowledge of the truth which is concerning God, to the end to live well and happily)이라고 말한 것처럼[35] 신자들이 세상 너머에서만 이루어질 실체로 말한 것이 아니라 이 땅에서 가장 복되게 사는 삶을 추구하게 한 산 지식의 설교자였다.

그런 의미에서 그의 목회신학에서 차지하는 설교는 자기 성찰과 성경적 진단을 통해서 사람 양심의 사례들을 철저히 연구하여 처방하는 실천적 및 경험적 설교라고 말할 수 있다.[36] 그는 남녀노소 가릴 것 없이 모든 회중에 적용되는 말씀의 실천적 요소를 풍요롭게 전한 사

---

33 Joel R. Beeke and Greg Salazar, eds., *William Perkins* (Reformation Heritage Books, 2019), 11.

34 Joel R. Beeke & Randal J. Pederson, ibid. 473. quoted from Fuller's *Abel Redevivus*, 2:151.

35 M. M. Knappen, *Tudor Puritanism* (The university of Chicago Press, 1976), 373.

36 조엘 비키는 퍼킨스를 청교도의 결의론(변증법적 설교)의 선구자라고 하였다. 그와 Greg Salazar가 편집한 윌리엄 퍼킨스, 65쪽을 참고하라.

역자였다. 그의 설교 사역을 통해서 많은 이가 죄를 회개하고 죄의 속박에서 해방함을 받는 구원의 은총을 경험하게 했다. 이는 오늘날 본문에서 벗어난 강단 사역과 실천적 적용이 상당히 결핍된 설교에 큰 자각과 도전을 주는 전통적인 설교 모범이다. 설교는 삶과 동떨어진 이념이나 사상 전달 수단이 아니라 행복이 가득한 삶을 역동적으로 살게 하는 생명 공급 수단이다. 현대 강단이 영적 감흥을 전혀 불러일으키지 못하고 있는 원인은 전하는 메시지가 가장 크지만, 진리 탐구와 영혼 탐구를 게을리 한 결과라고 말하지 않을 수 없다. 그의 지적 탐구력은 그가 전한 설교나 그가 쓴 저서 등에서 얼마나 깊고 폭넓은 것인지를 여실히 드러냈다. 그런 연구력이 그를 위대한 신학자요 명료한 설교자로 만들었다고 말할 수 있다.

싱클레어 퍼거슨은 그를 '종교개혁의 연속 강해 설교(lectio continua) 스타일을 이어받은 상속자요 후기 청교도의 (경험적) 설교의 선구자'라고 하였다.[37] 그는 하나님께서 설교 사역을 통하여 성령 안에서 독특한 방식으로 심령을 변화시켜 효과적으로 새로운 피조물이 되게 하심을 믿었다. 그런 의미에서 퍼킨스는 오늘날 설교만으로 안 된다는 거짓된 생각에 일격을 가한다. 물론 교육적 차원에서 시청각 방식이 필요하다. 넘쳐나는 영상물과 드라마나 음악 예술을 통해서 기독교 신앙을 충분히 드러낼 수 있다. 바울이 선교하던 시대에도 '드라마'는 헬라 문화권에서 형성된 문화 현상이었다. 그럼에도 드라마나 연극 배우를 동원하여 전도하는 방법보다 바울은 복음 선포라는 어리석은 방식으로 믿는 자들을 구원하시기를 기뻐하신 하나님의 어리석음을 인간의 지혜보다 월등한 것으로 여겼다(고전 1:21, 25).

---

37 Sinclair B. Ferguson, 'Life and Ministry', in Joel R. Beeke and Greg Salazar, eds. *William Perkins*, 13.

시대마다 순수한 복음 설교는 어리석은 것이라고 말한다. 그러나 사도 바울이 그랬던 것처럼, 퍼킨스나 이후의 대다수 청교도도 복음 선포 사역을 하나님께서 가장 영광을 받는 구원의 방편으로 규정한 것임을 조금도 의심하지 않았다. 이를 그의 '설교의 기술'이라는 설교학 책에서 분명하게 제시하고 있다.[38] 설교란 하나님이 하신 일을 전하는 것이며 하나님께서 말씀하시는 것을 듣게 하는 것이요 인간의 구원을 위하여 하나님이 보내신 아들 예수 그리스도를 신뢰하게 하는 것이요 청중의 삶에 선포되는 모든 말씀을 적용하는 것이다. 이것이 개혁주의 전통이다. 그런 의미에서 퍼킨스는 신학적으로 민감한 하나님의 주권과 인간의 책임과의 연관성, 또는 예정과 유기와의 관계를 다룰 때 서로 배치되는 개념으로 말하지 않고 화해가 필요 없는 친구 관계로 풀어내고 있다. 교리는 모든 적용이었고 적용이 모든 교리였다. 이러한 그의 신학과 실천적 삶을 관통하는 신학적 이해는 다음과 같은 것이 주요하게 자리 잡고 있다.

1) 최고의 신적 권위의 정경으로서 성경

교회와 국가 및 개인의 삶에서 가장 중심에 자리 잡은 성경의 위치와 최고 권위는 교회 전통과 교황권에 둔 로마 가톨릭과 대조되는 종교개혁의 정신이었고 이를 철저하게 실천한 청교도 운동의 핵심이었다. 청교도 신학 사상을 형성한 퍼킨스 역시 다르지 않았다. 그는 성경만이 기독교 교리와 신앙 실천에 대한 유일한 최고 권위라고 믿었다. 성경의 증언이 곧 하나님의 증언이기에 성경을 전하는 것은 하나

---

38 오순절주의자들이 이해하는 예언(Prophesying)처럼 미래의 어떤 일을 말하는 것이 아니라 퍼킨스는 칼빈이 해석한 것과 같이 청중의 일깨움을 위하여 하나님의 비밀을 풀어 설명하는 수단으로 여긴 것이다.

님 말씀을 전언하는 것이었다. 그는 모든 설교는 성경에 깊이 뿌리를 두어야 하며 설교자의 역할은 하나님의 말씀을 충실하게 해석하고 전달하는 것이라고 주장했다. 그에게 있어서 설교 행위는 하나님 말씀만을 단순하게 그리고 온전히 강론하는 것이었고 거기에 그 어떤 것을 더하거나 뺄 수 없는 완전하고 정확 무오한 말씀이라는 강력한 확신 위에서 행해진 직무였다. 그는 성경의 효력은 심령을 관통하는 것과(히 4:12) 양심을 정죄하거나 용서를 구하게 하는 능력에 있다고 하였다.[39] 하나님은 성경을 통해서 자신을 계시하시며 죄인들에게 은혜를 베푸시기에 성경 강론자의 중요성을 몸소 보였다. 교회와 신자의 삶 중심에 성경 외에 다른 무엇이 차지하게 해서는 안 되는 것이었다. 이런 점에 있어서 신적 권위와 능력을 배제하고 전달 기술과 사람의 지혜에 몰두하고 있는 현대 설교자들에게 큰 경종을 울린다.

2) 예정론-언약 사상

그의 『황금 사슬』(A Golden Chain)에 나타난 구원론에서 두드러지게 나타나는 예정론 교리는 본 세미나 일정 중 이상웅 교수가 특별히 다루어 상세한 교훈을 얻을 것이기에 여기서는 간략하게 언급할 것이다. 당시 14판이나 독자적으로 출판된 그의 황금 사슬은 그의 신학적 기조가 다 반영된 것이다. 특히 하나님의 성품과 사역을 언급하면서 칼빈주의 5대 교리에 해당하는 인간의 전적 타락과 구속의 은혜를 촘촘히 열거함으로 죄로부터의 건짐과 영생의 은총에 대한 개혁주의 신학적 견해를 충분히 펼쳐나갔다. 인간의 구원은 전적인 하나님 은혜의 선물이자 하나님께서 보내신 독생자 예수 그리스도의 공로로 말

---

39 William Perkins, *The Art of Prophesying* (The Banner of Truth Trust, 1996), 10.

미암은 것이므로 여기에 인간의 수고와 협력이 틈탈 여지란 아무것도 없다. 언약신학과 직결되어 있는 예정론에 대한 퍼킨스의 견해는 선택과 유기를 말하며, 오직 선택된 사람만이 은혜 언약에 속하고 그리스도의 구속 사역을 통해서 구원받는다고 주장하였다. 그의 예정론은 '원죄 전 예정론'(Supralapsarianism)이었다.

퍼킨스는 행위 언약과 은혜 언약을 구분하였다. 행위 언약은 타락하기 전에 하나님과 아담 사이에 세워졌으며, 아담이 하나님의 명령에 순종하면 생명을 보장받았으나 불순종으로 인하여 인류는 타락과 죽음이 왕 노릇하게 되었다. 이런 죄인을 위하여 하나님은 은혜 언약을 세우셨고, 하나님 율법의 모든 요구를 다 순종하신 둘째 아담 예수 그리스도를 믿는 믿음을 통해 구원을 제공해 주셨다. 여기에서 퍼킨스는 율법과 복음의 구별을 드러내면서 율법의 역할과 복음의 역사를 선명하게 제시하고 있다. 그리스도 안에 있는 자들에게는 율법이 구원의 조건이 아니라 은혜의 수단이요 구원의 열매가 된다. 따라서 퍼킨스의 언약신학은 단순히 이론적인 것이 아니었다. 그는 그것을 목회적 교육에 사용했다. 그는 언약신학의 실제적이고 목회적인 측면을 다루며, 언약을 이해하는 것이 신자들이 자신의 신앙과 양심을 검토하는 데 어떻게 도움이 되는지 논의하였다. 신자는 그리스도를 믿는 믿음을 통해 은혜의 언약에서 구원의 확신을 가지는 것이다.

퍼킨스는 그의 설교나 저술을 통해서 개인을 도덕적 순수함과 성결의 삶으로 이끄는 하나님 은혜의 변화적 힘을 강조했다. 그는 누구보다 숙명(foreordination)과 자유의지 문제에 깊은 관심을 가지고 하나님을 죄의 저자로 만드는 펠라기우스 사상과 맞서서 개혁주의 신학적 전통을 고수하였다. '하나님의 영원한 예정 교리는 피해야 할 것이 아니라 오히려 선포해야 한다. 왜냐하면 그것으로 우리는 하나님의 택하신 사랑에 대한 지식으로 위로를 받기 때문이다.' 퍼킨스는 신자들이 믿음에 대한 확신을 갖도록 격려하는 수단으로 예정 교리를 가르쳐야 할 필요성을 확언했다.

3) 소명론(The Doctrine of Calling)

퍼킨스는 각 개인이 영적이든 세속적이든 삶에서 특정한 소명이나 직업을 가지고 있다고 강조했다. 그는 모든 정직한 일은 하나님에게 순종하여 수행된다면 도덕적 가치가 있다고 믿었다. 이 가르침은 어떤 분야이든 일상의 일은 하나님을 섬길 기회이며 부지런하고 윤리적으로 해야 한다는 생각을 장려했다.

4) 윤리와 결의론(Ethics and Casuistry)

퍼킨스는 일반적인 윤리 원칙을 특정 사례에 적용하여 도덕적 문제를 해결하는 연구인 변증법(결의론) 분야에서의 업적으로 유명하다.[40] 그는 그리스도인이 십계명과 성경의 윤리적 가르침을 연구하고 묵상하여 특정 상황에서 행동하는 방법을 이해해야 한다고 믿었다. 그의 글에는 도덕적 딜레마에 대한 자세한 분석이 포함되어 있으며, 그리스도인의 삶을 사는 데 필요한 실질적인 지침을 제공한다.

5) 하나님의 율법과 신자의 자유(The Law of God and Christian Liberty)

퍼킨스는 하나님의 도덕법, 특히 십계명을 따르는 것이 필요하다고 강력히 주장했지만, 그는 또한 그리스도인의 자유를 인정했다. 이는 은혜로 구원받은 그리스도인이 율법의 정죄로부터 자유롭지만, 도

---

40   이에 대해서는 I. Breward의 'The Casuistry of William Perkins', in J. I. Packer, ed., *The Puritan Papers*, Vol 2 (P&R Publishing, 2001), 219-236을 참고하라.

덕적 지침으로부터는 자유롭지 않다는 것을 의미한다. 신자들은 구원을 얻는 수단이 아니라 하나님의 은혜에 대한 감사에서 율법을 따르도록 부름을 받았다는 원칙을 분명히 했다.

6) 양심의 중요성(The Importance of the Conscience)[41]

퍼킨스는 도덕적 행동의 지침으로서 양심에 상당한 강조점을 두었다. 그는 성경과 성령에 의해 잘 형성된 양심이 사람으로 좋은 결정을 내리도록 이끌 수 있다고 믿었다. 그는 또한 꼼꼼함(사소한 죄에 지나치게 신경 쓰는 것)과 죄를 너무 쉽게 용납하는 느슨한 양심에 대해서도 경고했다. 조엘 비키는 그의 책에서 양심에 대한 가장 위대한 사례라는 제목의 글에서 퍼킨스가 강조하며 검증하기를 원한 양심의 문제를 세밀하게 다루고 있다.[42]

7) 설교와 실천적 적용(Preaching and Practical Application)

이 주제 역시 본 세미나 일정 중 박태현 교수를 통해서 상세한 도움을 받을 것이다. 퍼킨스는 설교를 그리스도인의 도덕적 성화의 삶을 형성하는 주요 수단으로 여겼다. 그는 신학적 진리를 일상 상황에 적용하는 것의 중요성을 강조했다. 그래서 신학은 삶이라고 말할 수 있었다. 그의 설교는 교리를 가르치는 것뿐만 아니라 가족, 직장, 지역 사회 등 삶의 모든 측면에서 의롭고 경건한 삶을 장려하는 것을 의미했다. 그는 설교자의 이와 같은 역할을 중요하게 생각하여 퍼킨스는 성경과 회중 사이의 중재자로 언급하면서 하나님의 말씀을 회중에

---

41 이 부분 역시 앞 각주에서 언급한 책 vol. 2에 실린 J. I. Packer가 쓴 'The Puritan Conscience', 237-257을 참고하라.
42 Joel R. Beeke & Randal J. Pederson, ibid. 57-120. 특히 85쪽 이하에서 다룬 것은 하나님 자녀됨의 진실성을 점검하는 매우 유용한 질문과 답이 저술되어 있다.

게 전달하되 체계적이고 성령의 인도를 받는 해석에 따라 신실하고 정확하게 하나님의 진리를 전하는 대언자 직을 강조하였다.

위의 일곱 가지 기본적 명제 하에 그가 실천적 삶을 위한 윤리 도덕적 교훈은 다음과 같은 근거에서 제시한 것이었다.

① 삶의 규범으로서의 성경: 모든 행동과 판단이 반드시 성경에 의해서 규정되어야 한다.

② 십계명: 십계명은 신자의 도덕적 삶의 기초가 되며, 하나님과 이웃을 사랑하는 방법에 대한 명확한 지침을 제공한다.

③ 교회의 역할: 교회는 신자의 도덕적 거룩한 행동을 육성하고 바르게 하는 공동체이다.

④ 자기 점검: 그리스도인은 끊임없이 자신의 마음과 행동을 돌아보고, 죄를 고백하고 개인적인 거룩한 삶을 위해 노력해야 한다.

⑤ 도덕적 단위로서의 가정: 퍼킨스는 가정을 기독교 도덕을 가르치고 실천하는 중심 기관으로 강조했으며, 부모는 자녀의 영적 양육에 책임을 져야 한다고 주장했다. 결혼과 가정에 대한 퍼킨스의 가르침은 가정의 붕괴가 극심한 현대 시대적 상황에 적나라하게 노출된 기독 신자들에게 매우 귀중한 교훈이다. 이에 관한 내용도 본 세미나에서 우병훈 교수가 자세히 가르쳐 줄 것이다.

퍼킨스는 현실과 동떨어져 사는 수도승과 같은 금욕주의 실천을 권장한 자가 아니었다. 설교를 통한 그의 목양적 조언이나 상담은 본향으로 가는 순례 여정에서 신자들이 겪는 수많은 문제를 건드리는 능력이 탁월하였다. 관념적이라거나 추상적인 공허한 소리가 아니라 매우 현실적이고 실제적인 것들이었다. 예를 들면 음식이나 잠자리(수

면)나 부(富) 문제나 음악이나 예술과 같은 여가 활동이나 흥밋거리 등
을 다룰 때도 그리스도 안에서 어떻게 즐길 것인지 아니면 방종을 방
지하는 것이 어떤 것인지 그 기준이 분명하였다. '우리는 하나님의 이
러한 은사를 우리의 배고픔을 달래고 갈증을 해소하기 위한 단순한
필수품으로 아껴서 사용하는 것이 아니라, 그리스도인의 즐거움과 유
익을 위해 아낌없이 그리고 관대하게 사용해야 한다. 이것이 바로 하
나님께서 모든 믿는 자에게 허락하신 자유이다.'[43] 한 마디로 윌리엄
퍼킨스는 신학과 도덕적 삶에 대한 실제적 조언을 결합하여 기독교
윤리에 대한 철저한 접근 방식을 제시했다. 그의 글은 특히 값없이 베
푸는 하나님의 은혜와 경건한 삶을 추구하는 신자 개개인의 책임 이
행 사이의 관계를 강조하였다. 그런 차원에서 그의 신학과 윤리는 불
가분리의 입장이었다. 그에게서 윤리란 그리스도 안에서 하나님과의
관계에서 형성되는 것이었다. 사람과 사람 사이의 관계도 여기에서
파생하는 덕목과 뗄 수 없는 것이다.

신중함(prudence, 지성과 의지에서 찾아짐), 온순(clemency), 기질(temperance),
너그러움(liberality), 공의(justice), 인내(fortitude, 의연함)와 같은 덕목들은
신자에게 베푸시는 하나님 은혜 안에서만 바르게 실천되는 것이다.
그래서 퍼킨스는 덕을 '하나님 영의 선물이요, 복되게 살도록 적합하
게 지음을 받는 중생의 한 부분'으로 규정하였다.[44] 그의 설명에 따르
면 기독교인의 덕과 이교도의 덕은 상당한 차이가 있다. 후자의 덕은
하나님의 억제하시는 일반은총에 기인하는 것이지 중생시키시는 성
령의 역사로 말미암는 것이 아니다. 퍼킨스는 미덕의 지침으로서 중
용 정도의 이상(理想)을 거부했고, 아리스토텔레스의 미덕 중 일부도

---

43   이 글은 조엘 비키와 스티븐 율이 쓴 *William Perkins*, 85에서 발췌한 것임.
44   *The Works of William Perkins*, vol. 2, 113.

거부했다.[45] 예를 들면 헬라 철학사상에서 말하는 너그러움 혹은 아량 (magnanimity)은 악덕 행위(vice)요 하나님이 주신 사람의 소명에서 이탈 하게 만드는 것이요 겸손을 피하게 하는 것이라고 보았다.[46]

특히 그는 신자가 취할 덕목에서 행동에 앞서 '신중함'을 적극 권장 했는데 하나님을 두려워함으로 말미암는 것이었다. 그가 제시한 행동 으로 옮기기 전에 고려해야 할 원칙 아홉 가지는 다음과 같다.

① 무엇보다도 이 세상에서 자기의 구원과 자기 죄 용서받음을 확실 히 하라.

② 영적 원수들에 대해 깊이 자각하라.

③ 자기 자신을 측량하고 분수 밖의 일을 하지 말라.

④ 하나님이 부르신 일만 하라.

⑤ 선하고 진실한 것만 행하라.

⑥ 덕을 세우고 정직한 것에 부합한 유익과 기쁨을 주는 것을 하라.

⑦ 이익과 즐거움의 대상은 덕과 정직에 속하는 것에게 자리를 내주 라.

⑧ 말씀과 선한 양심을 지킬 수 있는 것에 동의하는 시대성을 수용 하라.

---

[45] 서양철학의 초석이라 할 수 있는 아리스토텔레스의 미덕 윤리학은 도덕적 성품과 인간의 변영 을 이해하는 틀을 제공하는데 여기에는 균형과 절제를 강조하는 "황금 평균" 혹은 "황금 중용" 이라는 개념이 있다. 이는 두 가지 악덕, 과잉과 결핍 사이의 최적의 지점이다. 예를 들어 용기 는 무모함(과잉)과 비겁함(결핍)의 극단 사이에 있는 미덕이다. 관대함 역시 낭비(과도한 기부) 와 인색(부족한 기부) 사이에 위치한 또 다른 미덕이다. 그래서 퍼킨스가 아량을 악덕 행위로 간주한 것이다. 아리스토텔레스의 덕은 적절한 시기에, 올바른 동기와 올바른 방식으로 올바 른 행동을 하는 것에 있다. 기독교의 덕은 신자 속에서 선포되는 말씀으로 말미암는 성령의 열 매이다.

[46] Breward, 'The casuistry of Perkins', in J. I Packer, ed., *The Puritan Papers*, vol. 2 (P&R, 2001), 233.

⑨ 우리가 너무 느리게 또는 너무 빨리 움직이는 경우를 대비해 우리가 신앙으로 제시하는 것을 점검하라.[47]

　그는 매우 현실적이어서 아무것도 없는 것보다는 뭔가 자기의 이상을 가지는 것을 선호했다. 그는 이렇게 말했다. '우리가 바라는 좋은 일을 우리가 하고자 하는 대로 절묘하게 행할 수 없다면, 우리는 중간 정도(중용)에 만족해야 한다. 그리고 좋은 일, 해야 할 일에 있어서는 조금 덜 하는 것으로 만족하는 것이 가장 안전한 길이다. 그렇지 않으면 더 많은 것을 하려고 하다가 극단에 이르러 우리의 행동이 실패하거나 어긋나는 일이 생길 수 있다.'[48] 그는 효과가 많지 않아도 이상과 현실 사이의 균형을 중요하게 여겼다. 아마도 그가 행동하는 교회 개혁가로서의 면모를 전면에 드러내지 못한 이유가 여기에 연유되어 있을지도 모른다. 그러나 퍼킨스가 하나님을 경외하는 윤리적 삶을 강조한 것은 우리가 선물을 주신 이보다 받은 선물 자체에 지나친 관심을 기울임으로 세상적인 것에 노예가 되지 않고 도리어 하나님의 영광과 이웃의 유익을 위한 것으로 활용되어야 함 때문이었다.
　신자의 윤리적 성결한 삶은 음식물조차도 단순히 우리의 배고픔을 채우고 갈증을 해소하기 위해서만 사용하는 것이 아니라, 우리의 기쁨과 즐거움을 위해 자유롭고 관대하게 사용할 수 있는 것이다. 퍼킨스는 이를 우리가 하나님과의 화해의 표시로 물질적인 것들을 받아들이고, 하나님께서 우리에게 주신 물질적인 것에 만족하며, 우리의 밥상조차도 '우리에게 주시는 하나님의 특별한 섭리에 대한 생생한 설

47　Breward, ibid, 234.
48　*The Works of William Perkins*, Vol. 2. 116. Breward가 위의 논문에서 인용한 것임.

교'로 여길 수 있다고 하였다.[49] 모든 물질이 우리의 소용에 봉사하듯이, 우리에게 그 모든 것을 주신 하나님께 쓰임을 받도록 우리도 헌신해야 하며 이 헌신은 우리의 영혼과 몸을 다한 섬김이어야 한다. 이것이 퍼킨스가 주장하는 속량함을 받은 신자의 경건한 삶이다.

필자가 이것을 특별히 강조한 것은, 사실 목사의 설교가 신자들에게 하나님의 영광과 이웃의 유익을 위한 도덕적 성결한 삶을 불러일으키지 못한다면 종교 공무원으로서 직업적 업무 수행, 그 이상도 이하도 아니라는 생각 때문이다. 오늘날 교회 강단의 현실은 세속적인 것에 노예가 되게 하는 위험성을 안고 있는 자기만족과 행복 추구에 집중하게 한다. 반면에 의와 평강과 희락의 하나님 나라와 성도 개개인의 거룩한 삶으로 이어지게 하는 본향을 향한 경건의 열매는 빈약하다. 따라서 퍼킨스의 글을 탐독하는 것은 자연인의 본성을 억제하고 새 사람의 영적 욕구 충족을 주지 못하는 이들이 겪고 있는 문제 해소에 크게 이바지할 것이다. 그런 의미에서 윌리엄 퍼킨스의 생애와 그의 목회신학에 대한 간략한 고찰은 강단을 책임진 목사의 품격이 다른 영적 위력을 구축하려는 욕구를 일으키기에, 충분한 것으로 생각한다. 기록된 말씀을 따라 살며 하나님을 경외하는 경건한 사람이 경건한 가정을 이루고 여기에서 경건한 교회와 사회와 국가를 형성할 수 있는 동력이 생기는 것이다.

---

49 Ibid, Vol. 2, 133.

III. 나가는 글

필자는 퍼킨스의 생애를 다루면서 특히 설교를 중심으로 본 그의 목회신학을 언급했다. 이유는 목사의 삶이 설교여야 하며 설교가 삶이어야 하며 교리가 설교여야 하고 설교가 교리여야 함을 동의하기 때문이다. 개개인 신자의 삶이 세상의 거짓된 풍조에 밀려서 요동하지 않고 오로지 올곧은 마음으로 기록된 말씀에 믿음의 뿌리를 깊이 내리며, 그 위에서 극상품 열매를 기대하게 하는 것은 성령의 나타남과 능력으로 역사하는 신실한 말씀 선포 사역임을 의심하지 않는다. 이는 세상에서 흔히 차별하는 '급'이 다른 사람으로 드러나게 하는 목회가 아니라 그리스도 예수 안에서 '격'이 다른 경건한 신자들을 양산하는 사역이어야 한다. 칼빈주의 신학은 하나님의 영역 주권을 강조한다. 그런 의미에서 하나님의 영광과 이웃의 유익을 위한 섬김의 도구가 된다면 직업의 귀천에 따라 등급을 매기지 않는다. 이것은 교회 안에서 세속적 직업과 지위로 신자들을 편 가르지 않음을 의미한다.

퍼킨스는 지적 탐구력과 영적 통찰력을 구비한 영혼의 의사요 신학자요 설교자였다. 성경 연구에 필요한 원어 공부만이 아니라 신학의 이해를 돈독하게 하는 기본 바탕을 철저하게 닦은 그는 신자들의 영적 상태를 예리하게 분석하고 이를 적절하게 적용한 실천적이고 경험적인 설교자요 목자였다. 남편과 아내로서 겪는 삶, 사회 구성원으로서 하나님의 뜻을 펼쳐야 할 책임과 의무 수행이 요구하는 현장의 필요를 외면하거나 허공에 맴도는 설교가 아니라 매우 구체적이고 사실적인 영원히 복된 삶을 지상에서 누리도록 도왔다.[50] 그는 강퍅한

---

[50] 이 부분과 관련해서 그의 글, *A Treatise of the Vocations*를 참고하라.

심령을 부드럽게 하고, 교만한 자를 겸손하게 만들며, 잠자는 영혼을 깨우고, 갈등과 고민에 휩싸인 자들에게 위로와 용기를 주고, 어두운 심령을 밝히며 죽은 자를 살리며 어둠을 몰아내고 슬픔을 극복하며 깊은 수렁에서 건지며 혼돈에 빠진 자를 바르게 안내하는 것이 오직 하나님 말씀뿐임을 굳게 믿고 그 말씀을 풍성히 드러낸 목자였다.

교회는 최고의 대 목자장인 그리스도를 소유한 자들로 구성되어 있다. 그 소유는 소유하기에 적합한 그릇이라서 취득된 것이 아니다. 만일 하나님이 우리가 당연히 받아야 할 것을 받는 존재로 대하신다면 그 앞에서 죽음의 공포를 피할 자는 아무도 없다. 그러나 지옥의 불구덩이에 떨어지고도 남는 존재들을 하나님 나라 왕실 백성으로 삼으시고 성도들과 같은 시민이 되게 하셨다. 그러므로 주님이 우리를 사랑하신 것과 같이 서로 사랑함이 마땅하다. 이 당연한 진리가 무시되는 교회라면 사단의 소굴일 뿐 만민이 기도하는 아버지의 집은 아니다. 교회가 참된 교회인지 아닌지는 교회 전통이나 관습이 아닌 성경의 가르침으로 결정하는 것이다. 그러므로 목사의 사역은 그리스도를 찬양하기 위하여 그리스도를 통하여 성경이 증언하는 한 분인 그리스도를 전파하는 것이어야 한다. 이것이 신자가 살든지 죽든지 그들의 삶에서 그리스도만을 높이는 삶을 살게 하는 동기요 원동력이 된다. 이런 열매는 그리스도 중심의 사역만이 가져올 수 있다. 그 열매를 오늘날에도 맛보게 되기를 소망한다.

『황금 사슬』(*Armilla Aurea*)에 제시된 윌리엄 퍼킨스의 신학 개요[1]

이상웅 · 총신대학교 신학대학원, 조직신학

WILLIAM
PERKINS

1   본고는 윌리엄 퍼킨스 세미나(2025.1.13.) 발제문으로 준비된 것으로서,
    추후 수정 보완하여 학술지에 기고할 예정임을 밝힌다.

I. 들어가는 말

엘리자베스 1세 통치 시기(1558-1603)에 태어나고 활동했던 윌리엄 퍼킨스(William Perkins, 1558-1602)는 "16세기 청교도 신학자들 가운데 가장 위대한 사람" 내지 "청교도 신학자들의 황태자(prince)"라고 불린다.[2] 불과 44년의 생을 이 땅 위에서 살았지만, 그는 청교도주의의 역사 가운데 기라성 같은 인물로 자리매김해 왔으며, 최근에 이르러서는 총 10권에 이르는 전집으로 편집 출간될 만큼의 방대한 저술들을

---

[2] 이러한 평가들에 관해서는 Tae-Hyeun Park, *The Sacred Rhetoric of the Holy Spirit: A Study of Puritan Preaching in a Pneumatological Perspective*, diss. TUA (Apeldoorn: Theologische Universiteit, 2005), 89. 네덜란드 제2차 종교개혁(nadere Reformatie) 시기의 개혁파 정통신학자 히스베르투스 푸치우스(Gisbertus Voetius)는 퍼킨스에 대해 "모든 종류의 신학과 학술에 정통하고 정력적인 호메루스와 같은 인물"(*Homerus ille practicorum omnifariae theologiae ac scientiarum callentissimus*)이라고 평가하기도 했다(Ernest Stoeffler, The Rise of Evangelical Pietism, 송인설, 이훈영 역, 『경건주의 초기 역사』 [서울: 솔로몬, 1998], 96). 또한 비키와 유일은 퍼킨스에 대한 다양한 평가 문구들을 다음과 같이 소개해 준다: "Scholars have described him as 'the principal architect of Elizabethan Puritanism,' 'the Puritan theologian of Tudor times,' 'the most important Puritan writer,' 'the prince of Puritan theologians,' 'the most famous of all Puritan divines,' 'the Puritan apostle,' and 'the father of Puritanism.'" (Joel R. Beeke and Stephen Yuille, *William Perkins*, Bitesize Biographies [Welwyn Garden City: Evangelical Press, 2015], 12). 또한 Barry G. Waugh, "William Perkins: Augustine's Protégé & Father of Puritan Theology," *Confessional Presbyterian*, 11 (2015): 129-141도 보라.

남기기도 했다.[3] 하지만 그의 명성과 중요성에 비하여 국내에서 퍼킨스의 주요 저술들의 번역 소개도 아직 많지 않은 상황이고,[4] 학술적인 연구 문헌도 그의 성경 해석이나 설교와 기도 등 실천적인 주제 연구에 집중되어 있는 상황이다.[5] 퍼킨스의 신학 사상에 관한 연구 문헌은 몇 편 되지 않으며,[6] 그 가운데 조직신학 혹은 교의신학적 관점에서

---

3 Joel Beeke and Derek W. H. Thomas (eds.), *The Works of William Perkins*, 10 vols. (Grand Rapids: RHB, 2014–2020). 총 6,608쪽의 분량이며, 1–4권은 주해적인 작품을 모았고, 5–7권은 교리적이고 변증적인 작품을 수록하고 있고, 8–10권은 실천적인 저작들을 수록하고 있다.

4 지금까지 국내에 소개된 퍼킨스의 저술은 다음과 같다: *An Expostion of the Symbole or Creed of the Apostles*, 박홍규 역,『사도신경 강해1』(서울: 개혁된 신앙사, 2004), 박홍규 역,『사도신경 강해2』(서울: 퍼플, *n.d.*); *The Art of Prophesying & the Calling of the Ministry*, 채천석 역,『설교의 기술과 목사의 소명』(서울: 부흥과개혁사, 2006); *The Foundation of Christian Religion*, 김홍만 역,『기독교의 기본 원리 – 새 신자를 위한 교리교육』(서울: 지평서원, 2010); *Armilla Aurea: Sive Theologiae Descriptio* (Basel: Waldkirch, 1599), 김지훈 역,『황금 사슬: 신학의 개요』(용인: 킹덤북스, 2016); *An Exposition of the Lords Prayer in the Way of Chatechizing*, 김영호 역,『주기도 해설』(수원: 합신대학원출판부, 2018); *A Treatise of the Vocations*, 박승민 역,『윌리엄 퍼킨스의 직업 소명론: 16세기 청교도 윌리엄 퍼킨스가 쓴 개신교 직업 소명론의 걸작』(서울: 부흥과개혁사, 2022); *A Discourse of Conscience*, 정미선 역,『윌리엄 퍼킨스의 양심론』(서울: 퍼플, 2023): *Beeke and Thomas (eds.)*, *The Works of William Perkins*, vols. 1., 박태현 역,『윌리엄 퍼킨스 전집 제1권』(고양: 새언약, 2024).

5 퍼킨스의 신학적 기여는 주로 실천신학적이라고 볼 수 있기 때문에, 이러한 연구 현황의 편중은 이상한 일이 아닐 것이다(Jonathan Long, "William Perkins: 'Apostle of Practical Divinity,'" *Churchman*, 103/1 [1989]: 53–59). 오덕교, "윌리엄 퍼킨스와 '설교의 기술,'"『헤르메네이아 투데이』20 (2022): 50–57; 박영호, "윌리엄 퍼킨스의『설교의 기술』에 관한 연구,"『복음과 실천』11 (2006): 119–145; 김홍만, "윌리엄 퍼킨스의 성경 해석의 원리,"『국제신학』14 (2012): 113–136; 주도홍, "청교도의 설교 이해: 퍼킨스와 에임스를 중심으로,"『성경과 신학』67 (2013): 235–260; 곽인섭, "기도에 대한 윌리엄 퍼킨스의 이해:『주기도문 해설』을 중심으로"(신학박사논문, 백석대학교, 2016); 곽인섭, "윌리엄 퍼킨스의 '마음의 개혁'에 관한 이해,"『역사신학논총』30 (2017): 57–100; 박태현, "윌리엄 퍼킨스의 '경험적'(experimental) 설교:『설교의 기술』과『그리스도의 산상보훈 강해』를 중심으로,"『복음과 실천』70 (2024): 215–263. 이러한 연구 경향은 퍼킨스가 목회적이고 실천적인 저술들을 통해 많은 영향을 미쳐왔기 때문이다. 클레어 크로스는 그의 목회적인 저작들이 "광대하고 지속적인 대중성"(immense and lasting popularity)을 누려 왔다고 적시해 준다(Claire Cross, *Church and People England* 1450–1660, second edition [Oxford: Blackwell, 1999], 141).

6 안상혁, "메키논–제럿 논쟁과 윌리엄 퍼킨스(1558–1602)의 언약신학,"『신학정론』31/2 (2013): 225–264; 문정식,『개혁주의 언약 사상 – 종교개혁자 존 칼빈과 청교도 윌리엄 퍼킨스 언약 사상, 그 연속과 발전–』(서울: 교회와 성경, 2015); 이성호, "죄의 허용(permission)과 하나님의 의지(will)에 대한 윌리엄 퍼킨스의 개혁신학적 변증,"『갱신과 부흥』25 (2020): 241–268; 류재권, "개혁주의 전통 안에서 살펴본 윌리엄 퍼킨스와 데이비드 딕슨의 언약신학의 특

중요하고 논쟁거리가 되었던 퍼킨스의 주저 『황금 사슬: 신학의 개요』 (Armilla Aurea: Sive Theologiae Descriptio)에 대한 직접적인 연구는 단 한 편이 있을 뿐이다.[7] 그의 제자 윌리엄 에임스(William Ames, 1586-1633)의 『신학의 정수』(The Marrow of Theology)가 1992년에 국내에 번역 소개된 것과 달리 『황금 사슬: 신학의 개요』는 2016년에야 출간되었으나 현재는 절판 상태에 있다.[8]

본고에서는 퍼킨스의 교의학적 주저인 『황금 사슬: 신학의 개요』를 논구해서 그의 신학 사상의 정수가 무엇인지, 또한 신학적 특징이 무엇인지를 확인하는 작업을 수행하고자 한다. 논의를 위해서 퍼킨스가 쓴 라틴어 원서와 영역본들과 한역본을 중심으로 살펴볼 것이며, 관련된 2차 문헌들을 참고하고자 한다. 이어지는 2절에서는 『황금 사슬: 신학의 개요』의 역사적 배경과 구조에 대해서 먼저 살펴보고, 이어지는 3절에서는 『황금 사슬: 신학의 개요』에 개진된 퍼킨스의 주요 신학 사상이 무엇인지를 개략적으로 논구해 보고자 한다. 이러한 논의는 국내에서 일어나고 있는 윌리엄 퍼킨스에 대한 학문적 관심뿐 아니라

징," 『갱신과 부흥』 26 (2020): 109-141.

[7] 김명수, "윌리엄 퍼킨스의 『황금 사슬』에 나타난 사상 연구," 『국제신학』 22 (2020): 183-221. 어니스트 스투플러는 본서에 대해 "경건주의적 퓨리턴 그룹의 정신을 구상화한 가장 초기에 출판된 저서"이자 "그의 주저로 간주되어야 한다"라고 평가했고(Stoeffler, 『경건주의 초기 역사』, 99), 펜리 윌리엄스는 예정론을 담고 있는 책임에도 불구하고 성격상 "목회적 논고"(pastoral treatise)라고 평가했다(Penry Williams, The Later Tudors England 1547-1603 [Oxford: Oxford University Press, 1995], 481). 한편 국내의 서양사학자인 임희완도 "윌리엄 퍼킨스의 이름이 영국 뿐 아니라 유럽 전역에 퍼지게 된 것"은 본서 때문이라고 적시해 주고 있다(임희완, 『청교도 삶 운동 사상』 [서울: 아가페, 1999], 162).

[8] William Ames, The Marrow of Theology, 서원모 역, 『신학의 정수』(서울: 크리스챤다이제스트, 1992); William Perkins, Armilla Aurea: Sive Theologiae Descriptio, 김지훈 역, 『황금 사슬: 신학의 개요』 (용인: 킹덤북스, 2016). 김지훈 박사는 퍼킨스의 라틴어 원전과 영역본을 토대로 한역본을 출간했다. 본고에서는 주로 이 번역본을 참고로 하되 William Perkins, Armilla Aurea: Sive Theologiae Descriptio (Basel: Waldkirch, 1596)와 "The Golden Chain," The Works of William Perkins, 6:1-272를 참고하였음을 밝힌다. 후자는 아래에서 인용할 때에 "The Golden Chain," WWP 6으로 약기하기로 하겠다. 1596년판 라틴어 원전은 prdl.org에서 접근 가능하다.

청교도 문헌을 사모하는 일반 신자들을 위해서도 퍼킨스 신학 사상의 정수와 정체성을 알리는 데 유익할 것이라고 사료된다.[9]

II. 윌리엄 퍼킨스의『황금 사슬』– 배경과 구조

먼저 윌리엄 퍼킨스의『황금 사슬』의 배경을 살펴보고자 한다. 이는 한 사람의 사상이나 저술을 이해하기 위해서는 그 사람과 시대적 배경을 잘 이해하는 것이 필요하다는 일반적인 통념에 따른 것이다.[10] 다만 퍼킨스의 시대와 생애 개략만으로도 한편의 소논문으로 다루기에 큰 과제이므로,『황금 사슬』의 배경 이해를 위한 수준의 간략한 개설로 만족하고자 한다. 또한『황금 사슬』의 전체 내용을 한눈에 파악할 수 있도록 책의 구조를 간략하게 제시해 보고자 한다.

1. 윌리엄 퍼킨스의 약전과『황금 사슬』의 역사적 배경

먼저 퍼킨스의 생애를 간략하게 정리하되,『황금 사슬』의 출간의 배경으로서 정리해 보고자 한다.[11] 퍼킨스는 1558년 워릭셔 벌킹턴

---

9   각주 2에서 소개한 퍼킨스 저작 전집 10권 중 첫 권이 한글로 완간되었고(박태현 역, 『윌리엄 퍼킨스 전집 제1권』 [고양: 새언약, 2024]), 동일한 역자의 수고와 동일한 출판사의 헌신적 노력으로 나머지 아홉 권도 모두 완역해 내기로 결정하고 진행 중인데, 이는 신학자들과 신학도들 뿐 아니라 청교도적인 신앙과 신학을 사모하는 신자들에게도 매우 고무적인 일이라고 생각된다.

10 헤르만 바빙크는 "행위는 존재를 뒤따른다"(operari sequitur esse)는 구절을 즐겨서 자신의 주저『개혁교의학』에서 빈번하게 인용하고 있다(김창원, "헤르만 바빙크(Herman Bavinck)의 언약 신학에 대한 연구"[철학박사논문, 백석대학교, 2015], 34). 바빙크는 이 문구가 쇼펜하우어의 말이라고 하지만, 논자는 이 구절을 중세의 토마스 아퀴나스가 사용하고 있다는 것을 확인한 바가 있다.

11 퍼킨스의 생애에 관해서는 여러 자료원이 있지만 20세기 이전 자료로는 Thomas Fuller, *The Holy State* (Cambridge, 1642), 88–93; *Abel Redevivus: or, The Dead Yet Speaking. The Lives and*

교구에 속한 마스턴 재벳 마을(villiage of Maston Jabet in Bulkinton Parish of Warwickshire)에서 토마스와 해나 퍼킨스 사이에 태어났고, 1577년에 자비생으로 케임브리지 대학교 크라이스트 칼리지(Christ College)에 입학하게 된다. 그의 초기 생애에 관해서는 기록이 전무하다시피 한데, 그의 대학 초기에는 젊음의 혈기를 따라 다소 방탕하게 산 것으로 전해진다. 길을 가다가 말을 듣지 않는 아이를 나무라며 "입닥치지 않으면 저 술주정뱅이 퍼킨스에게 데려가겠다"라고 야단치는 한 여인의 소리를 듣고는 정신을 차렸다고 야사(野史)처럼 전해진다.[12]

퍼킨스는 학업에 매진하여 1581년에 학사 학위를 받고, 1584년에 석사 학위를 취득하기에 이른다. 그는 책들을 광범위하게 읽었을 뿐 아니라 잘 소화하여 필요에 따라 활용하는 재주가 남달랐다고 한다.[13] 1590년에 처음 출간하는『황금 사슬』저자 서문에 보면 그는 자신이 가진 "모든 것이 다 당신으로부터 나온 것"이며 "내게 선하게 사는 것은 당신에게 배운 것"이라고 케임브리지 대학에 대해 감사하는 것을

Deaths of the Modern Divines (London, 1651), 431–440; Samuel Clark, *The Marrow of Ecclesiastical History* (London: Printed for T. U., 1654), 850–853; Benjamin Brook, *The Lives of the Puritans* (1813; repr., Morgan: Soli Deo Gloria, 1996), 2.129–136; Charles Cooper and Thompson Cooper, *Athenae Cantabrigiensis* 1586–1609 (*Cambridge: Deighton, Bell, and Co*, 1861), 2.335–341 등이 있고, 20세기에 공표된 학술적인 수준의 전기 자료로는 John Tuft, "William Perkins 1558–1602: *His Thought and Activity*" (Ph. D. dissertation, University of Edinburgh, 1951), 1–51; Ian Breward, "Life and Theology of William Perkins, 1558–1602" (Ph. D. Dissertation, University of Manchester, 1963); Ian Breward, "Introduction," in *The Works of William Perkins* (Appleford: The Sutton Courtenary Press, 1970): 1–131; Charles Munson, "William Perkins Theologian of Transition" (Ph. D. dissertation, Case Western Reserve University, 1971), 5–62 등이 있다. 최근에 출간된 Beeke and Yuille, *William Perkins*는 대중적인 전기이다.

12 토마스 풀러는 1651년에 출간한 *Abel Redevivus*, 432에서 "Perkins took such wild liberties with himself as cost him many a sigh in his redeuced age"라고 썼고, 1813년에 벤저민 브룩은 "술취한 퍼킨스" 일화를 처음으로 기록으로 남겼기 때문에(Brook, The Lives of the Puritans, 2:129). 브루워드는 이 일화를 위작이라고 평가해 준 바 있다(Ian Breward, "Significance of William Perkins," *Journal of Religious History*, 4/2 [1966]: 116).

13 Clark, *The Marrow of Ecclesiastical History*, 851.

보게 된다.[14] 또한 케임브리지에서 배우고 익힌 문헌들을 통해 지적인 교육을 받았을 뿐 아니라,[15] 더욱 중요한 점은 자신이 "그리스도인으로 거듭 태어"나게 되었기 때문에 "이 사실만으로도 내가 당신에게 드리는 존경이 여러분이 나에게 베풀어준 호의에 응답하기에 부족할 수밖에 없"다고 고백하기도 한다.[16] 퍼킨스는 이처럼 크라이스트 칼리지에서 수학하는 동안 당시 청교도 신학자였던 로렌스 채더튼(Laurence Chaderton, 1536-1640), 윌리엄 휘태이커(William Whitaker, 1548-1595) 그리고 리처드 로저스(Richard Rogers, 1550?-1618) 등에게 영향을 받았는데,[17] 특히 자신의 튜터(tutor)이기도 했던 채더튼에게 깊은 영향을 받는다.

로렌스 채더튼은 프랑스의 삐에르 라무스(Pierre or Petrus Ramus, 1515-1572)의 논리학을 도입하여 가르친 신학자였고,[18] 퍼킨스 역시 "실용적인 특성"을 가진 라무스주의(Ramism)를 잘 배우고 익히게 된다.[19] 그는 라무스주의를 배우고 익힘으로써 "사변적인 이론보다는 실천적인 적용을 추구하는 방향으로 나아갔고, 대중적인 설교자와 신학자가 되기 위한 기술들을 획득"하게 된다.[20] 또한 퍼킨스는 크라이스트 칼리지

---

14 Perkins, 『황금 사슬: 신학의 개요』, 11.

15 엘리자베스 1세 시대 청교도들의 교육에 관해서는 K. R. M. Short, "Theory of Common Education in Elizabethan Puritanism," *Journal of Ecclesiastical History*, 23/1 (1972): 31-48를 보라.

16 Perkins, 『황금 사슬: 신학의 개요』, 11.

17 리처드 로저스에 대해서는 Joel Beeke and Randall J. Pederson, *Meet the Puritans*, 이상웅, 이한상 역, 『청교도를 만나다』(서울: 부흥과개혁사, 2010), 110-117을 보라.

18 비키와 페더슨은 채더튼이 라무스의 책 *Art of Logick*을 케임브리지 학생들에게 소개했으며, 라무스가 가진 장점에 대해서는 "변증법과 수사학 양자를 이해할 만하고 기억할 만하게 만드는 단순한 논리를 제공함으로써 모든 학술적인 주제들을 단순화시키는 한 방법을 제안"한 것으로 적시해 준다(*Beeke and Pederson*, 『청교도를 만나다』, 294). 라무스의 논리학의 두 영역본을 공관할 수 있는 판본이 최근에 출간되었다: Peter Ramus, *The Logic of Peter Ramus* (no place: Berith Press, 2024).

19 Donald K. McKim, *Ramism in William Perkins's Theology* (New York: Peter Lang, 1987).

20 Beeke and Pederson, 『청교도를 만나다』, 295. 라무스의 방법은 특히 퍼킨스의 『설교의 기술과 목사의 소명』에 적용되어진다.

재학 중일 때에 감옥을 찾아가서 복음을 전하는 일에 힘을 썼고, 선한 열매들을 거두기도 했다.[21]

1584년에 문학 석사 학위를 취득한 후에도 퍼킨스는 계속해서 케임브리지에 남아 연구원(fellow)직을 맡아서 후학 양성에 매진하게 된다.[22] 그는 윌리엄 에임스를 비롯하여 여러 기라성 같은 청교도들을 육성하게 된다.[23] 토마스 굿윈(Thomas Goodwin)이 1613년에 케임브리지에 입학했을 때에, 퍼킨스의 제자 5명이 가르치고 있었다고 회상하기도 한다. 그는 1590년부터 1592년까지는 크라이스트 칼리지의 학장(dean) 직무도 수행했다. 그가 대학에서 십계명을 강해하고, 교리문답을 가르치고, 침체된 자들을 상담해 주는 등 다양한 실천적이고 목회적인 차원에서 사역을 수행하면서 많은 영향을 미치지만, 1595년에 과부 티모다이(Timothae)와 결혼을 하게 되면서 대학 규정에 따라 펠로우직을 사임하게 된다.[24]

하지만 케임브리지에서의 퍼킨스의 사역은 대학 사역에만 제한된 것이 아니었다. 그는 펠로우가 되었던 1584년에 재직하던 대학에서 길 맞은편에 소재했던 그레이트 세인트 앤드루스 교회(Great St. Andrews Church)의 강사(lecturer)로 사역을 시작하여 소천할 때까지 설교자로 사역하였기 때문이다. 당시 영국 국교회 교구 목사(rector)와 달리 후원자들에 의해서 재정 지원을 받는 강사는 교회 행정 당국의 간섭과 통제를 받지 않고 설교 사역에만 매진할 수 있는 자리였기 때문에 퍼킨스

---

21 Clark, *The Marrow of Ecclesiastical History*, 851.
22 펠로우로서 퍼킨스에 관해서는 Beeke and Yuille, *William Perkins*. 63–71을 보라.
23 에임스에 관해서는 John Eusden, "서론," in Ames, 『신학의 정수』, 17–18을 보라.
24 Beeke and Pederson, 『청교도를 만나다』, 295. 펠로우는 자신이 담당하는 학생과 숙식도 같이하기 때문에 독신인 사람만이 그 직위를 유지할 수가 있었다.

는 18년 동안 강사직을 유지한다.[25] 퍼킨스는 당시 국교회에서 분리하려는 청교도들과 달리 영국 교회를 인정하고 내부적으로 목회적인 개혁을 시도한 그룹에 속했다.[26] 퍼킨스는 설교와 목회 영역에 있어서 실제적인 기여했을 뿐 아니라, 학술적인 자료들도 집필하여 남겼다. 성도들의 삶을 안내하기 위해 다양한 케이스에 따라 지침을 제공하는 청교도 결의론(casuistry)을 주창하기도 했다.[27]

1592년 제3판 라틴어 원본 표지와 그에 근거한 한역본 표지

---

25 Paul S. Seaver, *The Puritan Lectureships: The Politics of Religious Dissent* 1560−1662 (Stanford: Stanford University Press, 1970), 31, 114, 182−183, 198, 328.

26 Breward, "Introduction," 9, 15, 20−22; William Brown Patterson, "William Perkins as Apologist for the Church of England," *Journal of Ecclesiastical History*, 57/2 (2006): 252−269. 퍼킨스는 독재자 시해(tynannicide)에 대해서도 반대하는 입장을 취했다(27). 1587년 1월 13일에 퍼킨스가 행한 설교에서 성찬을 받으면서 무릎을 꿇는 것을 미신적이라고 발언했다가, 대학 부총장에게 소환되는 일이 있었지만 퍼킨스는 위기를 잘 넘기기도 했다(Breward, "Life and Theology of William Perkins, 1558−1602," 25−31).

27 국내에는 퍼킨스의 *A Discourse of Conscience*, 정미선 역, 『윌리엄 퍼킨스의 양심론』 (서울: 퍼플, 2023)이 역간되어 있다. 헤르만 바빙크는 "결의론의 타당성과 유용성을 배우기 위해서는 퍼킨스, 알스테드, 에임스와 다른 이들을 읽어야 한다"라고 권면해 주기도 한다(Herman Bavinck, *Reformed Ethics*, ed. John Bolt, 2 vols. [Grand Rapids: Baker, 2019−2021], 2:83).

이제 퍼킨스의 『황금 사슬』의 출간 시기에 집중을 해보겠다.[28] 이 책은 그가 케임브리지에서 펠로우와 교회 강사직무를 수행 중이던 1590년에 라틴어로 처음 출간되었다. 따라서 본서는 자신이 가르치고 있던 케임브리지 학생들을 염두에 두고 쓴 신학 개론서라고 하는 점을 알 수가 있다.[29] 또한 당시 학술 공용어였던 라틴어로 쓴 것은 케임브리지 대학 내에 일어났던 예정론 논쟁에 대한 퍼킨스의 답변 내지 해독제이기도 했다.[30] 퍼킨스는 1592년에 라틴어 3판을 통해 완결된 형태의 저술로 매듭을 지었고, 다른 사람들에 의해서 영역본도 출간되기에 이른다. 초판에서 3판에 이르는 출간 경위를 도표로 제시해 보겠다.[31]

라틴어 원본	영역본
초판 1590년 – 31장(71쪽)	없음
2판 1591년 – 57장(170쪽)	1591년(역자 미상)
3판 1592년 – 59장(197쪽)	1592년(Robert Hill역)

28　리처드 멀러가 잘 적시했듯이 로마서 8장 29-30절에서 기원한 "황금 사슬"(*armilla aurea*)라는 표제는 퍼킨스, 맥시 등이 사용하기 이전에 헤르만 렌네케루스(Herman Rennecherus)가 처음 사용한 것이다(Richard A. Muller, *Calvin and the Reformed Tradition: On the Work of Christ and the Order of Salvation* [Grand Rapids: Baker, 2012], 194).

29　빌름 판 아설트는 퍼킨스 3대 주요 저술로 『황금 사슬』과 더불어 *An Expostion of the Symbole or Creed of the Apostles*와 *The Foundation of Christian Religion* 등을 꼽는다(Willem van Asselt [ed.], *Introduction to Reformed Scholasticism*, trans. Albert Gootjes [Grand Rapids: RHB, 2011], 114).

30　Breward, "Life and Theology of William Perkins, 1558-1602," 31-32; Mark R. Shaw, "William Perkins and the New Pelagians: Another Look at the Cambridge Predestination Controversy of the 1590's," *Westminster Theological Journal*, 58/2 (1996): 267-301; Joel Beeke and Greg A. Salazar, "Preface to Volume 6 of William Perkins's Works," *WWP* 6:xvii-xviii.

31　Perkins, 『황금 사슬: 신학의 개요』, 4에 있는 "번역 원문에 대하여"를 참고하여 도표로 만든 것인데, Matthew N. Payne and J. Stephen Yuille (eds.), *The Labors of a Godly and Learned Divine, William Perkins* (Grand Rapids: RHB, 2022), 416에 있는 서지사항에 따라 영역본2판을 1595에서 1592년으로 수정했다. 동일한 서적 415-419에는 『황금 사슬: 신학의 개요』의 라틴어, 영역본, 네덜란드어 역본 등의 출판 역사가 정리되어 있다.

안타깝게도 지상에서 퍼킨스에게 주어진 생애는 44년으로 제한되어, 1602년에 이르러 그는 신장결석 합병증으로 소천하게 된다. 그의 뒤에는 어린 세 아이와 아내가 남겨졌다. 퍼킨스는 늘 대륙 신학에 비해 열세를 면치 못했던 영국으로 하여금 역으로 대륙 신학자들과 교회에 신학적인 저술들의 보급을 통해 영향을 미치게 된 최초의 영국 개신교 신학자가 되었다.[32]

2. 『황금 사슬』의 구조

윌리엄 퍼킨스의 『황금 사슬』의 특징 중 하나는 그가 케임브리지 대학에서 채더튼을 통해서 배우고 익히게 된 라무스적인 방법을 사용했다고 하는 것이다. 그의 『황금 사슬』을 일별해 보더라도 그의 "빈번한 차트, 다이아그램과 논리적인 개요 사용"을 볼 수가 있고, 선택과 유기의 원인과 결과를 도표화해서 제시하는 것을 볼 수가 있다.[33] 배리 바우(Barry G. Waugh)는 퍼킨스의 저작 가운데 아우구스티누스 저술의 영향이 크다는 점과 더불어 라무스의 논리와 다이아그램 사용이 특징적이라고 적시하면서, "제한된 지식 사회 속에서 복잡한 개념들을 가르치기에 특히 유용했던 의사소통의 언어적이고 시각적인 방식"

---

32 Breward, "Life and Theology of William Perkins, 1558–1602," (v–xxxvii) Appendix Two에는 16세기말, 17세기에 영국 밖에서 퍼킨스의 저술들이 얼마나 다양한 언어로 보급되었는지 서지사항을 정리해 준다.

33 Breward, "Life and Theology of William Perkins, 1558–1602," 19. 브루워드는 퍼킨스가 "라무스의 노예적인 제자"(a slavish disciple of Ramus)는 아니었으며, 때로는 그의 해설에 비판적이었다는 점도 예시해 준다. 최근의 논의는 Simon Burton, "Reforging the Great Chain of Being: Ramism Reconsidered," in Joel R. Beeke, Mathew N. Payne, J. Stephen Yuille (eds.), *Faith Working through Love: The Theology of William Perkins* (Grand Rapids: RHB, 2022), 205–227를 보라. 에딘버러의 시니어 렉쳐러인 버튼은 최근에 *Ramism and the Reformation of Method: The Fransciscan Legacy on Early Modernity* (Oxford: OUP, 2024)을 출간했다.

으로 유용했던 것이 바로 후자라는 점을 잘 논증해 준 바 있다.[34] 물론 이러한 도구들을 즐겨 사용한 것은 라미즘의 영향이기도 하지만 일반 신자들도 기독교 신앙의 내용을 시각적으로 잘 이해할 수 있도록 돕기 위한 실천적인 배려에서 비롯된 것이기도 하다.[35]

이제 우리는 퍼킨스의 『황금 사슬』의 구조를 살펴보도록 하겠다. 그의 책은 1592년에 이르러 총 59개 장으로 완결이 되었으나 큰 주제별로 대별하지는 않고 있다. 필자는 그의 논의 내용을 주의 깊게 살펴서 다음과 같은 구조를 제시하고자 한다.

1. 신학서론(1장)
I. 선택론(2–52장)
   2. 신지식론– 하나님의 본성과 사역(2–9장)
   3. 타락과 죄론(10–14장)
   4. 선택의 기초이신 예수 그리스도(15–19장)
   5. 선택의 외적인 수단들–언약과 언약의 인(20–35장)
   6. 선택의 작정의 실행 단계(36–51장)
      6.1. 소명(37장)
      6.2. 칭의(38장)
      6.3. 성화(39–48장)
      6.4. 영화(49–51장)
   7. 로마 교회의 17가지 오류 반박(52장)
II. 유기론(53–58장)
III. 예정의 적용(59장, 부록)

---

34   Barry G. Waugh, "William Perkins: Augustine's Protégé & Father of Puritan Theology," *Confessional Presbyterian*, 11 (2015): 129–141 중 특히 141을 보라. 퍼킨스의 교부 사용에 관해서는 Coleman M. Ford, "'Everywhere, Always, by All': William Perkins and James Ussher on the Constructive Use of the Fathers," *Puritan Reformed Journal*, 7/2 (2015): 95–111도 보라.

35   싱클레어 퍼거슨은 "시각적인 교리문답"(ocular catechism)이라는 표현을 사용했다(Sinclair B. Ferguson, "Life and Ministry," in Beeke, Joel R. and Greg Salazar [eds.], *William Perkins: Architect of Puritanism* [Grand Rapids: RHB, 2018], 12).

이렇게 도식적으로 본서의 구조를 살펴보면 퍼킨스는 선택과 유기로 구성된 예정론을 주된 주제로 삼고 있음을 알 수가 있다. 그러면서도 부제가 말하듯이 그는 신학의 개요를 제시하기 위해서도 힘을 썼다.

III. 『황금 사슬』에 개진된 퍼킨스의 주요 신학 사상

이제 우리는 『황금 사슬』에 개진된 퍼킨스의 신학 사상의 내용 또는 그가 말하는 신학의 개요를 확인해 보고자 한다.[36] 국내에서는 이름만 유명할 뿐 이 책이 어떤 내용을 담고 있는지를 아는 이들이 희소하고, 학술적인 논의는 전무하다시피 하기 때문에, 비록 제한된 지면에서이긴 하지만 본서의 내용을 세밀하게 분석해 보고자 한다.

1. 신학의 정의(1장)

퍼킨스는 시작하는 1장에서 성경과 신학의 관계를 다룬다. 그에 의하면 "성경은 선한 삶을 살게 하기에 충분한 가르침"이다. 신학은 "영원히 복되게 살게 하는 지식"이기에, "복된 삶은 하나님을 아는 지식에서 나온다."[37] 이러한 정의는 사변적 신학을 경계하고 실천적인

---

36 본서에 관해 국내 학자가 발표한 유일한 논문인 김명수, "윌리엄 퍼킨스의 『황금 사슬』에 나타난 사상 연구," 196–215에는 1–52장의 내용을 요약적으로 제시해 주고 있다.

37 Perkins, 『황금 사슬: 신학의 개요』, 39; *Armilla aurea* (1599), 5: "*Corpus Scripturae est doctrina ad bene vivendum sufficiens… Scientia princeps est Theologia. Theologia est scientia beate vivendi in aeternum. Beata vita existit e cognitione Dei.*"

신학을 추구했던 라무스의 영향이고,[38] 그의 제자들에게도 계승되어
지는 바이다.[39] 신지식이라고 정의된 신학은 하나님에 대한 것과 하나
님의 사역에 대한 것으로 양분된다고 말한다.[40]

2. 선택론(2-50장)

퍼킨스의 저술명은 『황금 사슬』이지만, 부제를 보면 "신학의 개요
로서 하나님의 말씀에서 보여 주는 구원과 정죄의 원인들에 대한 놀
라운 순서를 설명한다"라고 되어 있다.[41] 따라서 본서에서 신학의 개
요를 제시하되, 선택론과 유기론을 실마리로 삼고 있다는 점을 알 수
가 있다.[42] 신학에 대한 정의를 다룬 1장을 제외하면, 2장에서 52장
까지는 퍼킨스의 선택론이라고 할 수가 있겠고, 이어지는 53장부터
59장까지는 선택의 반대 면인 유기(reprobation)에 대한 퍼킨스의 해설이
라고 할 수가 있다.

---

38 Willem van Asselt, *The Federal Theology of Johannes Cocceius* (1603-1669), trans. Raymond
Blacketer (Leiden: Brill, 2001), 75.

39 그의 제자 에임스(= 아메시우스) 역시도 신학을 "하나님에 대해 사는 것에 대한 교리 혹은 가
르침"이라고 정의했고(William Ames, *The Marrow of Theology*. 서원모 역, 『신학의 정수』 [서울:
크리스챤다이제스트, 1992], 109), 에임스의 영향 하에 있었던 페트루스 판 마스트리흐트 역시
*"the doctrine of living for God through Christ"*라고 정의하고 있다(Petrus van Mastricht, *Theoretical-
Practical Theology*, trans. Todd M. Rester, 4 vols. [Grand Rapids: RHB, 2018-2023], 1:64). 후
자를 국내에서 『이론과 실천신학』이라고 표제를 바꾼 것은 라틴어 원서(*Theologia theretico-
practica*)의 의도와는 일치하지는 않는다.

40 Perkins, 『황금 사슬: 신학의 개요』, 39.

41 Perkins, 『황금 사슬: 신학의 개요』, 5; *Armilla aurea* (1599), 표제: *"Descriptio, mirandam seriem
causarum & salutis & damnationis iuxta Verbum Dei proponens."*

42 퍼킨스는 53장을 시작하면서 "이상은 선택에 대한 것이었다. 이제 유기의 작정을 다룰 것이다"
라는 문장으로 유기론을 시작하기도 한다(Perkins, 『황금 사슬: 신학의 개요』, 421.

2.1. 신지식론-하나님의 본성과 사역(2-8장)

"복된 삶은 하나님을 아는 지식에서 나온다"라고 신학을 정의한 퍼킨스는 2장에서 하나님과 하나님의 본성에 대해 해설해 준다. 그는 하나님의 존재의 증거들을 예시하고, 여호와 엘로힘 신명에서 여호와는 그의 본성을 가리킨다고 해설하고, 그 본성의 완전성은 단순성과 무한성이라고 말한다.[43]

3장에서는 "하나님의 생명"에 대해서 해설해 주면서, 신적인 본성은 하나님의 지혜, 의지, 그리고 전능하심 등의 속성으로 인해 활력이 있다고 말한다.[44] 하나님의 지식은 예지와 의논(consilium, 작정)으로 나누어서, 특히 후자에 대해 "하나님께서 일어나게 될 모든 사건들의 최고의 근거를 정확하게 꿰뚫어 보시는 것"이라고 정의내린다.[45] 한편 의지에 대해서는 "하나님께서 모든 것을 자유롭고 의로운 한 번의 행위로 의지"하신다고 적시해 준다.[46] 특히 하나님의 선하신 의지와 신학적인 난제인 악의 존재 가능성에 관련해서 퍼킨스는 다음과 같이 해설해 주기도 한다.

하나님은 선한 일을 인정하심으로 의지하신다. 악이 어느 정도 악이 되도록 원하시는 것은 허용적인 것이 아니라, 버려두시는 것이다. 그럼에도 불구하고 하나님은 악에 대하여 자발적 허용을 원하신다. 왜냐하면 악하게 되는 것이 선이기 때문이다.[47]

---

43 Perkins, 『황금 사슬: 신학의 개요』, 40–41.

44 Perkins, 『황금 사슬: 신학의 개요』, 44.

45 Perkins, 『황금 사슬: 신학의 개요』, 46; *Armilla aurea* (1599), 8: "*Confilium Dei, est quo Deus optima rationem rerum omnium quæ sunt rectissimè perfpicit.*"

46 Perkins, 『황금 사슬: 신학의 개요』, 45.

47 Perkins, 『황금 사슬: 신학의 개요』, 45; *Armilla aurea* (1599), 8–9: "*Vult Deus quod bonum est approbando; quod malum quatenus malum, improbando & deferendo: & tamen mali spontaneam permissionem vult: quia bonum est ut fit malum*"

퍼킨스는 하나님의 의지가 대상의 다양성에 따라 "사랑, 미움, 또는 은혜, 의" 등으로 불린다고 적시해 주기도 한다.[48] 이어서 하나님의 전능에 대해서는 "하나님께서 온갖 사역을 행하시는 데 있어서 가장 능력이 있으신 것"이라고 설명하고, 언급은 하지 않았지만 유명론자들의 절대적 능력(*omnipotentia absoluta*)이라는 자의적인 주장을 거부하고 "하나님의 말씀을 거짓되게 하거나 부인하는 것", "본성과 대립되는 것", "모순된 것"은 행하지 않으신다고 적시해 준다.[49]

이어지는 4장에서는 하나님의 영과 그의 복되심에 대해 간략하게 해설해 주고,[50] 5장에서 "신성의 위격에 대하여"라는 제하에 삼위일체론을 간략하게 설명해 준다. 퍼킨스는 위격들에 대해 "한 신성 안에서 공유된 특성을 통하여 서로 구별된 실체들"이라고 정의해 주고,[51] 삼위 간에 위격적으로 동등하시지만 위격들간에 등급이 아닌 질서가 있다고 해설해 준다.[52] 그리고 본질에 있어서는 "그 수가 동일하며, 성부 안에서 전체이며, 성자 안에서 전체이고, 성령 안에서 전체"이시라고 적시해 주고, 삼위 간의 관계 있어서는 페리코리시스(περιχώρησις)로 해설을 해 준다.[53] 퍼킨스는 이어서 성부, 성자, 성령의 위격적 특징들을

---

48 Perkins, 『황금 사슬: 신학의 개요』, 46. 이는 하나님의 공유적 속성 가운데 선(*bonum*)의 다양성으로 해설하는 바빙크의 해설과는 대조적이라고 할 수가 있다(Herman Bavinck, *Gereformeerde Dogmatiek*, 박태현 역, 『개혁교의학2』[서울: 부흥과개혁사, 2011], 261-268).

49 Perkins, 『황금 사슬: 신학의 개요』, 49. 유명론자들의 전능교리와 이에 대한 개혁주의적 비평에 대해서는 Bavinck, 『개혁교의학2』, 310-313을 보라.

50 Perkins, 『황금 사슬: 신학의 개요』, 50-51.

51 Perkins, 『황금 사슬: 신학의 개요』, 52; *Armilla aurea* (1599), 12: "*Personæ sunt quæ in una Deitate subsistentes, incommunicabili proprietate distinguntur.*"

52 Perkins, 『황금 사슬: 신학의 개요』, 52.

53 Perkins, 『황금 사슬: 신학의 개요』, 53. 퍼킨스는 페리코레시스에 대해 "신성의 통일성으로 인하여 각각의 위격들 안에, 그리고 각각의 위격들은 각각의 위격들에 다른 위격들이 존재하시는 것"이라고 정의해 준다.

간략하게 해설해 주는 것으로 삼위일체론을 마무리 짓는다.[54]

퍼킨스는 이어서 하나님의 사역과 작정에 대한 논의로 넘어가는데 (6장), 사역(*opus*)이란 하나님께서 "자신 밖으로, 즉 자신의 본질 밖을 향하여 행하시는 모든 것"이며, "삼위에게 공통된 것"으로 삼위는 각각의 방식으로 참여하시는 것이라고 먼저 해설을 해 준다.[55] 그리고 이러한 하나님의 외적 사역은 작정의 실행이라고 하는 점도 명시해 준다.[56] 퍼킨스는 작정이란 "그분이 영원부터 모든 것을 필연적으로, 그럼에도 불구하고 자유롭게 정하신 것"이라고 정의해 주고 나서 다음과 같이 상술해 주기도 한다.

> 그러므로 모든 과거, 현재, 미래의 사건들과 행위들, 그리고 그것들의 모든 환경, 장소, 시간, 도구, 목적을 그분의 원하심에 따라서 가장 확실하게 작정하셨다. 심지어 악한 자들의 악행들조차도 가장 의롭게 작정하셨다. 만약 그분이 원치 않으셨다면, 그것들은 전혀 존재하지 않았을 것이다.[57]

퍼킨스는 하나님의 작정의 실행을 "행하심과 효과적으로 허용하신 것"으로 양분함으로 죄의 허용 문제를 해설해 주기도 한다.[58]

이어지는 7장에서 퍼킨스는 "예정과 창조"에 대해 간략하게 다룬다. 그는 예정을 "사람과 관련된 작정"(*decretum Dei quatenus hominem respicit*)

---

54 Perkins, 『황금 사슬: 신학의 개요』, 53–56. "*Opera Deitatis ad extra sunt indivisa*"라고 하는 유명한 명제에 관련해서는 Bavinck, 『개혁교의학2』, 400–402, 530 등을 보라.

55 Perkins, 『황금 사슬: 신학의 개요』, 57.

56 Perkins, 『황금 사슬: 신학의 개요』, 57.

57 Perkins, 『황금 사슬: 신학의 개요』, 58; *Armilla aurea* (1599), 15–16.

58 Perkins, 『황금 사슬: 신학의 개요』, 59–61.

이라고 정의 내리고, 예정을 이루는 수단으로는 "창조와 타락"을 거론한다.[59] 하나님의 형상에 따라 창조된 이성적인 피조물들을 다루면서 퍼킨스는 칼빈을 따라 인간만 아니라 천사도 포함시키고 있고, 하나님의 형상을 "그분의 거룩하심을 닮은 이성적 피조물의 선함"이라고 정의해 준다.[60] 8장에서는 천사들에 대해서 간략하게 해설해 주는데, 천사들은 "세상이 시작할 때에 함께 창조되"었다고 적시해 주고, 특성, 수의 방대함, 거주 장소, 등급, 직무 등에 대해서 약술해 준다.[61]

퍼킨스는 천사의 창조에 이어서 9장에서는 창조의 면류관인 인간의 창조에 대해서 해설해 준다. 그는 인간의 죄 없는 "가장 순전한 상태"(*in excellenti statu innocentiæ*)에 대해서 집중한다. 주목해 볼 것은 "인간 본성 전체의 순전함"에 대한 설명으로, 인간은 창조시 "하나님의 의지에 대한, 그리고 모든 피조물을 향한 하나님의 작정에 대한 참되고 순전한 지식"과 "하나님의 의지를 성취하기 위하여 확고하게 세워진 의지, 성향, 육체의 능력"을 부여받았다고 말해 준다.[62] 그리고 아담에게 주어졌던 "행위의 자유"에 대해서는 "그가 두 나무에 대한 명령을 원하고 이행할 수도 있고, 원하지 않고 어길 수도 있는 것"이라고 정의해 준다. 그러하기에 그는 "순전하게 창조되었으나 가변적"이었고, "이처럼 하나님은 자신의 작정을 이루시기 위하여 길을 평탄케 하기를 원"하신 것이라고 해설해 준다.[63]

---

59   Perkins, 『황금 사슬: 신학의 개요』, 62; *Armilla aurea* (1599), 18.
60   Perkins, 『황금 사슬: 신학의 개요』, 63. 바빙크에 의하면 성경에는 천사가 하나님의 형상이라고 하는 명시적인 근거를 찾을 수가 없다(Bavinck, 『개혁교의학2』, 578).
61   Perkins, 『황금 사슬: 신학의 개요』, 64–66.
62   Perkins, 『황금 사슬: 신학의 개요』, 67–68.
63   Perkins, 『황금 사슬: 신학의 개요』, 70; *Armilla aurea* (1599), 22: "*Libertas agendi, qua poterat velle & præstare hoc mandatum de duabus arboribus, & etiam nolleacviolare. Unde primi parentes integri unt facti, sed tamen mutabiles. Sic enim voluit Deus ad suum decretum exequendum, viam sternere.*"

2.2. 타락과 죄론(10–14장)

퍼킨스는 앞서 하나님의 예정을 이루시는 두 수단이 창조와 타락이라고 말한 바가 있는데, 10장에서 먼저 천사의 타락을 다룬다. 그는 타락이란 "이성적 피조물이 죄를 향하여 이탈하는 것" 또는 "처음에 있었던 올바름이 타락하고 결핍한 것, 또는 하나님으로부터 돌아서는 것"이라고 정의 내리며, 그러한 타락은 "하나님의 의의 질서로 인해서 형벌에 처하게 된"다고 명시해 준다.[64] 이성적인 피조물 가운데 먼저 타락한 것은 숭고한 상태에 있던 천사들로서, 그들은 "어떤 강압이나 강제력 없이, 자발적인 의지로써 선택하는 이성으로 타락"하였다고 적시해 준다.[65] 천사들의 타락은 "그들의 본성[이] 비틀어"져서 "하나님께 반역을 하였고, 또한 인류를 멸망시키려는 엄청난 열심"을 가지게 되었다고 말한 후에, 천사들의 타락은 "죄의 첫 원인자"가 되게 했고, "그들의 본성은 (죄를) 이겨내는 데에 더 강한 능력이 있었"으나 타락한 것이기 때문에 더 무거운 죄라고 평가해 준다.[66]

11장에서 퍼킨스는 인간의 타락을 다루는데, 그에 의하면 "아담의 타락은 스스로 금지된 과일을 먹는 불순종으로 떨어진 것"이라고 정의 내려진다.[67] 아담의 범죄는 "하나님을 향한 모욕에서 나온 것"이기 때문에 "타락 안에 있었던 다양한 범죄들에서 나온 것"으로 퍼킨스는 상술해 준다.[68] 이러한 타락의 결과 첫 조상들뿐 아니라 그의 후손들 모두가 불순종한 상태에 처하게 되었다고 명시하는데, 그 이유는 "아담은 사적인 개인이 아니라, 오히려 모든 인류의 대리자 역할"을 맡은

---

64 Perkins, 『황금 사슬: 신학의 개요』, 71.

64 Perkins, 『황금 사슬: 신학의 개요』, 71.
65 Perkins, 『황금 사슬: 신학의 개요』, 72.
66 Perkins, 『황금 사슬: 신학의 개요』, 73–74.
67 Perkins, 『황금 사슬: 신학의 개요』, 75.
68 Perkins, 『황금 사슬: 신학의 개요』, 76.

것이기 때문이다.[69] 퍼킨스는 이어지는 12장에서 원죄(*peccatum originale*)에 대해 다루는데, 그는 원죄를 "첫 번째 세대에 발생한 부패로서, (사람의) 모든 영적이고 육적인 능력을 악으로 향하게 하는 것"이라고 정의 내린다.[70] 그는 타락의 결과 "하나님의 형상이 억압을 당"하고, "아담으로부터 죄를 받"으며, 그 죄가 확대된다고 말한다.[71] 이어지는 13장에서 퍼킨스는 자범죄(*Actuale peccatum*)를 다루는데, 앞서 말한 원죄에서 자범죄는 나오는 것이라고 적시해 준다.[72] 그는 자범죄를 내적인 것과 외적인 것으로 양분하는데, 전자는 또 마음에 속한 것과 의지에 속한 것으로 양분한다.[73] 그는 사람이 직접적으로 범하는 죄를 생각할 때에는 "범죄의 단계와 다양성"을 생각해야 한다고 적시해 주기도한다.[74] 14장에서 퍼킨스는 "죄에 대한 일반적인 형벌"에 대해서 다룬다. 그는 형벌을 삼중적인 것으로 설명하는데, 이생에서 받는 것, "생의 마지막 순간에 당하는 것으로, 죽음 또는 죽음에 해당하는 변화", 그리고 "죽음 후에 하나님의 임재와 그분의 권세 있는 영광에서 분리되는 영원한 멸망" 등이다.[75]

---

69 Perkins, 『황금 사슬: 신학의 개요』, 77.

70 Perkins, 『황금 사슬: 신학의 개요』, 78; *Armilla aurea* (1599), 26: "··· *Originale peccatum, quod est innata in prima generatione prauitas, omnes & animi & corporis facultates ad malum diaponens.*"

71 Perkins, 『황금 사슬: 신학의 개요』, 79–84. 퍼킨스는 타락의 결과 인류가 공통적으로 누리게 된 상태에 대해 "마음의 억눌림, 마음의 확장, 양심의 보존, 양심의 퇴보, 의지의 보존, 의지의 퇴보, 성향들의 퇴보, 육체의 퇴보" 등의 관점에서 해설해 주고 있다.

72 Perkins, 『황금 사슬: 신학의 개요』, 85.

73 Perkins, 『황금 사슬: 신학의 개요』, 85.

74 Perkins, 『황금 사슬: 신학의 개요』, 87–90.

75 Perkins, 『황금 사슬: 신학의 개요』, 67–93. 죄의 형벌에 대한 자세한 해설은 Bavinck, 『개혁교의학3』, 193–233을 보라.

2.3. 선택의 기초이신 예수 그리스도(15-19장)

퍼킨스는 예정의 두 수단인 창조와 타락에 대해 해설한 후, 15장에서는 "선택의 기초"(*fundamentum electionis*)이신 예수 그리스도에 대해 다룬다.[76] 그는 먼저 작정의 실행에 대해서 "택자들의 구원을 위해서 작정하신 것을 유효하게 이루시는 것"이라고 해설해 주고, 그들은 영원한 생명이라는 목적을 위하여 "종속된 수단들로 선택"되었다고 적시해 준다.[77] 이 실행에는 기초(*fundamentum*), 수단(*media*), 단계(*gradus*) 등이 포함되어 있고, 선택의 기초는 곧 예수 그리스도라는 것이다. 퍼킨스는 그리스도께서는 성부와 함께 동시에 모든 것을 작정하신 분이시지만, "중보의 직분을 이행하기 위해 영원부터 아버지에게서 부름을 받"으셨으며, 이는 모든 택자들을 "그리스도 안에서 선택"하시기 위해서 였다고 적시해 준다.[78] 그에 의하면 고려해야 할 두 가지는 성육신(*incarnatio*)과 직분(*munus*)이다. 우선 성육신에 관련해서는 "두 본성, 본성들의 연합, 본성들의 구분" 등이 중요하다고 본다.[79] 그는 그리스도의 신성과 인성에 대해서 간략하게 해설을 해 준다.[80]

이어지는 16장에서는 그리스도의 본성들의 연합(*unio naturarum*)에

---

76 Perkins, 『황금 사슬: 신학의 개요』, 94. 퍼킨스는 15장을 시작하면서 예정을 선택(*electio*)과 유기(*reprobatio*)로 양분하고 나서, 선택의 작정에 대해서는 "하나님께서 그분의 의지의 기뻐하심에 따라서 확정된 사람들을 구원으로 정하신 것인데, 은혜의 영광을 찬양하기 위해서 하셨다"고 해설해 준다(*Armilla aurea* [1599], 36: "*Elecionis decretum est, quo Deus ex benevole affectu voluntatis suæ, certos homines ad salutem deftina uit ad laudem gloriofæ gratiæ.*"

77 Perkins, 『황금 사슬: 신학의 개요』, 94-95.

78 Perkins, 『황금 사슬: 신학의 개요』, 95-96. 퍼킨스는 "그리스도는 우리의 머리(*caput*)로서 예정되셨다"는 아우구스티누스의 말을 인용한다.

79 Perkins, 『황금 사슬: 신학의 개요』, 96; *Armilla aurea* (1599), 37.

80 Perkins, 『황금 사슬: 신학의 개요』, 96-99. 퍼킨스는 "신성은 고난을 받을 수 없다"라고 하는 impassibilitas Dei교리를 견지했고, 그리스도의 인성에 대해서는 "참된 영혼과 참된 육체의 온전하고 완전한 본질, 그리고 본질의 능력과 본질적인 특성들을 가지고 계신 분으로서 참되고 순전한 사람"이셨다고 적시해 준다(97-98).

대해서 다루는데, 이는 "중보 사역을 최대한 수행하기 위한 것"으로 그 연합을 통해 "그리스도에게 있는 인성이 십자가에서 죽음의 고난을 당할 때에, 죽음에게 정복당하거나 영원히 삼켜지지 않을 수 있었"다고 퍼킨스는 해설해 준다.[81] 연합의 방식은 "성자의 위격[이] 인간의 본성을 받아들임으로 창조하셨으며, 창조하심으로 받아들"이신 것이라고 적시해 준다.[82] 그리고 17장에서는 "본성들의 구별"(*distinctio naturarum*)에 대해서 간략하게 다루는데, 그에 의하면 "본성들의 구별이란 그 본성들과 본성들의 특성들과 작용들이 합쳐지거나 뒤섞이거나 변화되지 않고 구별되어 있는 것"이다.[83] 그는 칼케돈 신경의 결정 사항들을 정통적이라고 인정하고, "그리스도께서 가지고 있지 않았던 것을 취하셨고, 그 취하신 것이 (앞으로) 영원하다는 것은 분명"하다는 명제도 제시한다.[84] 이어지는 18장에서는 "그리스도의 출생"에 대해서 간략하게 다루는데, 그의 출생은 "본성의 질서와 여성들의 방식"에 따른 것이라고 해설해 주고, 마리아는 "신성의 어머니"는 아니지만, "테오토코스"(Θεοτόκος, 하나님을 낳은 자)라고 불렸다는 것을 적시해 준다.[85]

퍼킨스는 이어지는 19장에서 그리스도의 직분에 대해서 (*De Munere Christi*) 매우 상세하게 설명을 해 준다. 그리스도는 직분을 수행하기 위

---

81   Perkins, 『황금 사슬: 신학의 개요』, 100.

82   Perkins, 『황금 사슬: 신학의 개요』, 101. 개혁주의 기독론에서 이러한 연합을 위격적 연합(*unio personalis*)라고 부르는데, 이어지는 퍼킨스의 해설 가운데 "전체 안에서 부분들이 연합된 것 같이, 이 두 본성들이 하나님의 아들이신 한 인격 안에서 함께 존재한다"는 문장은 바른 해석이라고 보기는 어렵다. 위격적 연합에 관한 개혁주의적 정해는 문병호, 『기독론』, (서울: 생명의말씀사, 2016), 322-483을 보라.

83   Perkins, 『황금 사슬: 신학의 개요』, 104; *Armilla aurea* (1599), 41.

84   Perkins, 『황금 사슬: 신학의 개요』, 104-105; *Armilla aurea* (1599), 41: "*Postremò constat, Chriftum, id quod non erat assumendo, id quod erat, permansisse.*"

85   Perkins, 『황금 사슬: 신학의 개요』, 106. 퍼킨스는 "그리스도는 하나님으로서는 어머니가 없으시고, 사람으로서는 아버지가 없으시다"라고 말하기도 한다. 또한 마리아의 평생 동정설을 "경건한 믿음"이라고 보았다. 후자에 관련해서는 Bavinck, 『개혁교의학3』, 354-356을 보라.

하여 "아버지로부터 기름 부음을 받으셨"다고 퍼킨스는 먼저 진술한 후에, 그는 "성부께서 주시는 직분을 자원하여 받으"셨고, "이 직분을 전체 인격에 따라서, 그리고 구분되는 두 본성에 따라서 수행하"신다고 정해한다.[86] 그는 칼빈을 따라 그리스도의 직분을 3중직(munus triplex)으로 이해한다. 먼저는 제사장직에 대해서 다루는데, 퍼킨스에 의하면 그리스도께서는 죄인들을 위해서 인성에 따라서는 "하나님의 뜻을 완전하게 순종함"으로 속죄 사역을 이루셨으며, 또한 신성을 따라서는 하나님께 "온전한 순종의 최고의 공적, 즉 하나님 앞에 공로와 효과를 드림으로 이루"셨다고 적시해 준다.[87] 그는 속죄를 고난과 율법의 성취로 양분하고 나서 먼저 그리스도가 받으신 고난에 대해서 자세하게 상술해 준다.[88] 그리고 율법의 성취에 대해서는 "그분이 율법의 모든 의를 수행하심으로써 하나님의 의를 만족시키신 것"이라고 정해한다.[89] 그리스도의 제사장적 사역에는 또한 중보 사역도 포함된다는 점을 그는 설명한다.[90]

이어지는 선지자직에 대한 퍼킨스의 해설은 비교적 간단한데, 그는 선지자직에 대해 "그리스도께서 아버지의 말씀을 계시하셨을 뿐만 아니라, 또한 말씀 안에서 구원을 주는 모든 것을 계시"하신 것이라고 해설해 준다.[91] 또한 그리스도는 "성경을 해석하는 최고의 법"을 가지셨으며, "하나님의 교회에 성경을 판단하고 해석하는 사역을 맡기셨"

---

86 Perkins, 『황금 사슬: 신학의 개요』, 108-109.

87 Perkins, 『황금 사슬: 신학의 개요』, 110-111.

88 Perkins, 『황금 사슬: 신학의 개요』, 111-116. 그리스도의 음부 강하에 대해서는 "죽음의 권세 하에 수치스럽게 매장되신 것"으로 퍼킨스는 해설해 준다(115).

89 Perkins, 『황금 사슬: 신학의 개요』, 116.

90 Perkins, 『황금 사슬: 신학의 개요』, 116-118.

91 Perkins, 『황금 사슬: 신학의 개요』, 118.

다고 해설해 준다.[92]

왕직에 대해서는 "택자들의 구원을 위해서 구원의 은혜를 나누어 주시며 모든 것을 준비하시는 것"이라고 설명하고 나서, 왕직의 수행은 그리스도의 높아지심(*exaltatio Christi*)와 관련되어 있다고 말한다.[93] 그리스도의 높아지심은 부활, 승천, 우편에 앉으심 세 단계로 이루어졌는데,[94] 특히 하나님 우편에 앉으심을 통해 그는 "지고의 천상에서 영광의 충만과 완전한 권세와 통치권을 실제로 받"으시게 되었다고 적시해 준다.[95] 퍼킨스는 그리스도의 왕직을 하늘과 땅에 있는 "하늘의 왕국"을 다스리는 것과 "어두움의 왕국을 폐하시는 것" 등으로 구분하여 해설한다.[96] 이러한 그리스도의 왕적 통치는 "적들이 정복된 후에" 끝이 나게 되며, 그때 왕국은 아버지께 넘기시고 그 자신도 복종하시게 될 것이라고 설명한다.[97]

2.4. 선택의 외적인 수단들–언약과 언약의 인(20-35장)

선택의 기초이신 그리스도에 대한 해설에 이어 퍼킨스는 "선택의 작정을 수행하는 외적인 수단들"에 대한 주제를 다루는데(20장), 그에 의하면 수단(*media*)은 "하나님의 언약과 언약의 인"(*foedus Dei, & sigillum fœderis*)을 가리킨다.[98]

---

92   Perkins, 『황금 사슬: 신학의 개요』, 119.
93   Perkins, 『황금 사슬: 신학의 개요』, 119.
94   Perkins, 『황금 사슬: 신학의 개요』, 120-121.
95   Perkins, 『황금 사슬: 신학의 개요』, 119.
96   Perkins, 『황금 사슬: 신학의 개요』, 122-123. 퍼킨스는 종교개혁자들의 전통을 따라 로마 교황을 적그리스도라고 해석한다(123; Anthony A. Hoekema, *The Bible and the Future* [Grand Rapids: Eerdmans, 1994], 161-162를 보라.
97   Perkins, 『황금 사슬: 신학의 개요』, 124.
98   Perkins, *Armilla aurea* (1599), 52.

(1) 선택의 작정 실행의 외적인 수단들-행위 언약과 은혜 언약

첫 번째 수단인 언약(covenant)에 대해서는 "영원한 생명에 대하여 사람과 맺으신 계약인데 영생을 어떤 조건에 의해서 획득"하는가에 대한 것이라고 설명해 준다.[99] 퍼킨스에 의하면 언약은 행위 언약과 은혜 언약 양자로 나누어진다.[100]

퍼킨스는 먼저 행위 언약에 대해서 다른데, 그는 퍼킨스는 "행위 언약은 완전한 순종이 조건으로 있는 하나님의 언약인데 도덕법에 나타나 있다"라고 적시한 후에, "모든 율법과 행위 언약의 개요가 십계명"이라고 명시해 준다.[101] 통상적으로 십계명이 두 돌판에 새겨져 주어졌다는 것을 퍼킨스도 수용하여[102] 첫 번째 판의 개요를 "생각, 기억, 감정들, 모든 능력으로 하나님을 사랑하라는 것"이라고 해설해 준다. 그리고 이어지는 21장에서 첫 번째 계명에 대한 해설로 시작해서,

---

99   Perkins, 『황금 사슬: 신학의 개요』, 125; *Armilla aurea* (1599), 52: "*Foedus Dei est eius pactum cum hominede vita æterna, certa conditione obtinenda.*"

100 현재까지 퍼킨스 연구에 있어서 집중된 대표적인 주제는 언약신학에 대한 것이다. 그의 언약신학에 대해서는 Victor L. Priebe, "The Covenant Theology of William Perkins" (Ph. D. Dissertation, Drew University, 1967); Song Young Jae, "System and Piety in the Federal Theology of William Perkins and John Preston" (Ph. D. Dissertation, Westminster Theological Seminary, 1998); Andrew A. Woolsey, *Unity and Continuity in Covenantal Thought: A Study in the Reformed Tradition to the Westminster Assembly* (Grand Rapids: RHB, 2012), 461-498 등을 보라. 국내 문헌으로는 류재권, "개혁주의 전통 안에서 살펴본 윌리엄 퍼킨스와 데이비드 딕슨의 언약신학의 특징," 「갱신과 부흥」 26 (2020): 109-141; 문정식, 『개혁주의 언약 사상- 종교개혁자 존 칼빈과 청교도 윌리엄 퍼킨스 언약 사상, 그 연속과 발전-』(서울: 교회와 성경, 2015); 안상혁, "메키논-제렛 논쟁과 윌리엄 퍼킨스(1558-1602)의 언약신학," 「신학정론」 31/2 (2013): 225-264 등을 보라.

101 Perkins, 『황금 사슬: 신학의 개요』, 126; *Armilla aurea* (1599), 53: "*Foedus operum est, foedus Dei cum conditione perfecta obedientiæ: & exprimitur Lege Morali… Legis totius & fœderis operum Epitome, est Decalogus.*" 퍼킨스가 십계명 해설을 배치한 지점과 칼빈이 "도덕법 설명"(*Legis moralis explicatio*)이라는 명칭 하에 십계명 해설을 복음 직전에 위치시킨 것은 구조적 유사성을 띤다고 할 수가 있다(*John Calvin, Institutio Christiana Religionis*, 2.16.1-59; 문병호 역, 『기독교 강요』, 전4권 [서울: 생명의말씀사, 2020], 2:229-315).

102 십계명의 분류 방식에 대한 다양한 논의는 김지찬, 『데칼로그 십계명, 어떻게 이해할 것인가』(서울: 생명의말씀사, 2016), 54-62를 보라.

24장 네 번째 계명까지 한 계명씩 설명한다.[103] 퍼킨스는 일반적인 청교도 전통에 따라 주일의 안식일주의(Sabbatarianism)을 주장한다.[104] 그리고 그는 두 번째 돌판에 기록된 계명을 다섯 번째부터 열 번째 계명이라고 이해했다. 이 부분은 이웃 사랑에 대한 것이며, 이웃을 "그 몸에서 우리와 함께 있는 사람"이라고 정의한다.[105] 25장에서 30장에 이르기까지 5-10번째 계명을 한 계명씩 자세하게 해설한다.[106]

"모든 율법과 행위 언약의 개요가 십계명"이라고 지칭한 십계명에 대한 방대한 해설을 제시한 후에,[107] 퍼킨스는 31장에서는 율법의 유용성(de usu legis)에 대해 해설해 준다. 비중생자의 경우는 "죄를 보여 주고", "우연적으로는 육체로 인하여 죄를 행하게 하고 (죄를) 크게 하"며, "작은 죄만 있어도 영원한 정죄를 선포하며, 구원에 대한 모든 소망을 빼앗아" 간다라고 설명한다.[108] 물론 율법에는 사람을 "중생시키고자 하는 목적"도 있다고 그는 언급하는데, 이는 "죄인이 그리스도께 도망가게 만"듦을 통해서라는 것이다.[109] 반면에 중생된 자들에 대해서는 십계명은 "전 생애에서 새로운 순종으로 나아가게 하"는 기능을 가진다고 적시해 준다.[110]

---

103 Perkins, 『황금 사슬: 신학의 개요』, 129-189.
104 Perkins, 『황금 사슬: 신학의 개요』, 180-189. 예장합동 교단의 예배모범에 의하면 청교도적 안식일주의를 확언하고 있다.
105 Perkins, 『황금 사슬: 신학의 개요』, 190; *Armilla aurea* (1599), 92: "*secunda deinceps est, de amando proximum… Proximus est quiuis eiusdem carnis nobiscum.*"
106 Perkins, 『황금 사슬: 신학의 개요』, 190-273.
107 퍼킨스의 십계명 해설 부분은 별도로 출판되기도 했다: 라틴어-1608년, 화란어 역본-1603년, 독일어 역본-1607년(Payne and Yuille [eds.], *The Labors of a Godly and Learned Divine, William Perkins*, 419). 퍼킨스는 『사도신경강해』와 『주기도 해설』 등은 단행본으로 출간한 적이 있지만, 그의 십계명 해설은 『황금 사슬: 신학의 개요』, 21장-30장을 통해서 확인할 수가 있다.
108 Perkins, 『황금 사슬: 신학의 개요』, 274.
109 Perkins, 『황금 사슬: 신학의 개요』, 275.
110 Perkins, 『황금 사슬: 신학의 개요』, 276. 퍼킨스는 반율법주의(anti-nominanis)에 대항하여 믿음은 율법을 폐하는 것이 아니라 도리어 굳게 세운다고 강조한다.

이처럼 행위 언약에 대한 방대한 해설을 끝낸 후에, 퍼킨스는 이어서 은혜 언약(*Fœdus gratia*, covenant of grace)에 대한 해설로 넘어간다. 그는 먼저 은혜 언약에 대해 "하나님께서 그리스도와 그분의 값없는 은총을 약속하시며, 또한 언약을 맺은 사람에게는 믿음으로 그리스도를 받고, 회개할 것을 요구하시는 것"이라고 정의해 준다.[111] 그리고 은혜 언약은 "하나임에도 불구하고, 구약과 신약으로 구별"된다고 명시해 주기도 하고,[112] 구약은 모형이고, 신약 혹은 새 언약은 "육체로 나타나신 그리스도에 대한 것인데, 복음 안에서 아주 명확하게 설명"해 주셨다고 적시해 준다.[113] 그에 의하면 복음의 목적과 유용성은 두 가지인데, "그리스도 안에서 의를 나타내는데, 이 의가 율법을 완전히 만족시켜 줄 뿐 아니라, 구원을 이루신"다는 것과 성령의 기관 혹은 도구로서 복음은 "마치 수도관과 같"아서 "성령은 열매를 맺는 믿음 안에서 그분의 역사를 이루신"다는 것이다.[114]

(2) 선택의 작정 실행의 외적인 수단들-언약의 인

선택의 외적인 수단들은 언약과 더불어 언약의 인(印)으로 양분되기에, 이어지는 33장에서는 언약의 인인 성례에 대해 퍼킨스는 해설한다. 그에 의하면 성례(*sacramentum*)란 "그리스도와 그분의 구원에 이르는 은혜를 특정한 외적인 의식을 통하여 그리스도인에게 나타내며

---

111   Perkins, 『황금 사슬: 신학의 개요』, 277; *Armilla aurea* (1599), 150: "*Foedus gratiæ est, quo Deus Christum ipsume jusque beneficia gratis promittens, ab homine vicissim exigit, ut fide Christum recipiat, & resipiscat.*"

112   Perkins, 『황금 사슬: 신학의 개요』, 278. 웨스트민스터 신앙고백 7장 5항과 6항에서도 동일한 입장을 천명했다.

113   Perkins, 『황금 사슬: 신학의 개요』, 278.

114   Perkins, 『황금 사슬: 신학의 개요』, 279. 퍼킨스는 그러하기에 "부흥하는 교회 안에서는 복음이 선포되었다….. 복음을 설명하고 낭독할 때 그 교훈과 소리가 성령의 사역으로 말미암아 특별한 효과를 낸다"라고 첨언하기도 했다.

드러내고 인을 치는 것"이라고 정의된다.[115] 그는 성례를 상징과 실체 두 요소로 양분하며, 상징은 "감각할 수 있는 물질, 또는 이것에 대한 행위"라고 해설한다.[116] 그리고 성찬의 실체란 "그리스도와 우리를 위한 그분의 은혜, 또는 그리스도에 대한 행위"라고 말한다. 성례전적 연합의 의미에 대해서는 "관계적인 것"으로 설명해 주기도 한다.[117] 한편 성례 제정의 목적으로는 "믿음의 확증", "고백의 증명과 표", "복음 교리를 보전하고 전파하는 수단", "하나님을 향한 믿음과 감사를 드러내는 신실한 의무", "믿는 자들을 서로 묶어주는 사랑의 끈" 등으로 해설해 준다.[118] 이어지는 34장에서는 세례에 대하여 말하면서 성인 세례뿐 아니라 유아 세례의 정당성을 주장하고,[119] 35장에서는 성찬에 대해 설명한다.[120]

2.5. 선택의 작정의 실행 단계(36–50장)

퍼킨스는 선택 작정의 기초와 실행하는 외적인 수단들을 다룬 후에, 이어지는 36장에서는 하나님의 주권적인 선택의 작정이 구체적

---

115 Perkins, 『황금 사슬: 신학의 개요』, 281; 152–153; *Armilla aurea* (1599), 152: "*Sacramentum est, quo per certos externos ritus Christus eiusq; gratia salutifera Christiano significantur, præbentur, obsignantur.*"

116 Perkins, 『황금 사슬: 신학의 개요』, 282.

117 Perkins, 『황금 사슬: 신학의 개요』, 283.

118 Perkins, 『황금 사슬: 신학의 개요』, 284–285.

119 Perkins, 『황금 사슬: 신학의 개요』, 288–290. 유아세례의 정당성에 대한 퍼킨스의 해설 가운데는 납득하기 어려운 부분들도 있다. 예컨대 믿는 부모가 "은혜 언약의 형태로 인하여 스스로를 위해서, 그리고 다른 사람을 위해서 믿을 수 있"다고 말하는 부분이다(289). 또한 성인 세례의 경우에도 "세례의 중생의 능력, 다시 말하면 죄를 죽이시는 그리스도의 죽으심의 효과, 부활의 능력, 영의 새롭게 하심을 깨닫기 전에는 당신의 영혼은 안식하지 못한다"는 주장도 물세례에 적용할 수 있을지 의문이다(295).

120 Perkins, 『황금 사슬: 신학의 개요』, 287–302. 퍼킨스의 설명은 매우 간결하게 제시되고 있지만, 성찬의 경우 로마 교회의 화체설이나 루터교의 공재설을 간략하지만 비판적으로 소개해 주기도 한다(297–299).

으로 어떻게 실행 내지 적용되는지에 대해서 다루기 시작한다. 퍼킨스는 특이하게도 이 주제를 "하나님의 사랑과 사랑의 선언"(*amor Dei et declaratio amoris divini*) 두 단계로 나누어 말한다.[121] 서론적인 장인 36장에서 그는 하나님의 사랑의 선언을 유아들과 택함 받은 성인들에 대한 것으로 이분화한다.[122] 퍼킨스의 논의는 주로 성인들에 대한 사랑의 선언을 해설하는 데에 치중되는데, 그는 총 네 단계로 나누어 해설한다.

하나님 사랑의 선언의 첫 번째 단계는 유효한 소명(*vocatio efficax*)(37장)인데, 퍼킨스는 구별, 그리스도와 연합 등을 포함하는 것으로 해설하고 나서,[123] 소명의 실행에 대해서는 "구원의 말씀을 듣는 것", "마음이 부드러워지는 것", "믿음" 등으로 제시해 준다.[124] 믿음의 실행은 "먼저 하나님의 말씀에 동의를 보이고, 의심과 불신에 저항[하고], 그 후에 경험이 따라오고, 기쁨을 느낀다"라고 설명한다.[125]

---

121 Perkins, 『황금 사슬: 신학의 개요』, 303. 퍼킨스는 하나님의 사랑(*amor Dei*)에 대해 "하나님께서 타락하였으나 그리스도 안에서 선택하신 사람을 값없이 사랑하시는 것"이라고 정의해 준다(303).

122 Perkins, 『황금 사슬: 신학의 개요』, 304-305. 유아들에 대한 해설에서 퍼킨스는 "모태 속에 있는 선택된 유아들과 갓 태어난 유아들은 비밀하고 설명할 수 없는 근거에 의해서 하나님의 영을 통하여 그리스도께 접붙여져서 출생하며 죽은 유아들도 구원을 받는다"는 입장을 표명했다. 이러한 극단적인 이해는 아브라함 카이퍼에게도 반복되어 나타내는 중생전제설의 입장이다. 이에 대한 바빙크의 견해는 Bavinck, 『개혁교의학4』, 137-141을 보라.

123 Perkins, 『황금 사슬: 신학의 개요』, 306-310.

124 Perkins, 『황금 사슬: 신학의 개요』, 310-317. Cf. J. Stephen Yuille, "Ready to Receive: Humbling and Softening in William Perkins's Preparation of the Heart," *Puritan Reformed Journal*, 5/2 (2013): 91-106.

125 Perkins, 『황금 사슬: 신학의 개요』, 317. 퍼킨스는 이어서 작은 믿음에서 시작하여 "믿음의 최고의 단계인 충만한 확신" 등으로 나누어서 해설해 준다(317-321). 이 주제에 관련해서는 Joel R. Beeke, *Assurance of Faith: Calvin, English Puritanism, and the Dutch Second Reformation* (New York: Peter Lang, 1994), 105-118; Matthew N. Payne, "William Perkins's Doctrines of Faith and Assurance through the Lens of Early Modern Faculty Psychology," *Westminster Theological Journal*, 83/2 (2021): 316-336 등을 보라.

두 번째 단계는 칭의(*iustificatio*)인데(38장), 그는 "하나님은 그리스도의 순종을 통하여 그분 앞에서 의롭다 함을 받은 믿는 자들을 용납"하신다는 말로 해설을 시작한다.[126] 그리스도는 자신을 위해서가 아니라 우리 믿는 자들을 위해서 "모든 율법의 의를 이루"시되 "율법의 만족"이라는 측면에서 이루셨다고 정해한다.[127] 칭의는 또한 "죄를 사하시는 것과 의를 전가하시는 것"으로 구성된다는 점을 적시해 준다.[128] 퍼킨스는 칭의와 묶여있는 다른 요소로서 양자 됨(*adoptio*)를 적시하고 나서 그 특권들을 해설한다.[129]

세 번째 단계는 성화(*sanctificatio*)인데 이 주제에 대한 퍼킨스의 해설은 상당히 길게 개진되어 있다. 서론적인 39장에서 퍼킨스는 성화에 대해 "이를 통하여 죄의 폭정으로부터 자유하게 된 믿는 자들은 점차 내면에서 거룩과 의로움(*infanctitate & iuftitia*)으로 새롭게 된다"라고 적시해 준 후에, 성화는 "죽는 것과 사는 것"(*mortificatio et vivificatio*) 두 요소로 구성된다고 말한다.[130] 이어지는 40장에서는 성화로부터 나오는 "회개와 회개의 열매에 대하여" 해설해 준다.[131] 퍼킨스는 회개의 열매를 "하나님께 새롭게 순종하는 것"으로 명시하고, 이 순종은 "자기 부인과 그리스도에 대한 순종"으로 구성되며, 자기 부인은 "그리스도인의 싸움, 또는 십자가를 인내하는 것"이라고 설명한다.[132] 이어지는 41−

---

126 Perkins, 『황금 사슬: 신학의 개요』, 322.

127 Perkins, 『황금 사슬: 신학의 개요』, 323−324.

128 Perkins, 『황금 사슬: 신학의 개요』, 325−326. 퍼킨스는 우리의 죄가 그리스도에게 전가되고, 그리스도의 의가 우리에게 전가되는 이중 전가(*duplex imputatio*) 교리를 선명하게 주장했다 (406−407도 보라). 퍼킨스의 칭의론에 관해서는 John V. Fesko, "William Perkins on Union with Christ and Justification," *Mid-America Journal of Theology* 21 (2010): 21−34을 보라.

129 Perkins, 『황금 사슬: 신학의 개요』, 327−329.

130 Perkins, 『황금 사슬: 신학의 개요』, 330: *Armilla aurea* (1599), 175.

131 Perkins, 『황금 사슬: 신학의 개요』, 337−338.

132 Perkins, 『황금 사슬: 신학의 개요』, 338; *Armilla aurea* (1599), 181: "*Novæ obedientiæ partes sunt,*

44장에서는 그리스도인의 영적 투쟁에 대해서 정해해 주고,[133] 45장에서는 "십자가의 인내"에 대해서 해설해 준다.[134] 46장에서는 "그리스도께 드리는 고백"이라는 관점에서 "하나님께 드리는 기도"에 대해 해설하고,[135] 47장에서는 "위험속에서 하는 그리스도를 향한 고백"으로서 "변증과 순교"(47장)를 다루며,[136] 이어지는 48장에서는 "그리스도의 지체에게 하는 그분에 대한 고백"으로서 "신자들에게 교훈과 자선을 베푸는 것"에 대해 설명한다.[137]

하나님의 사랑의 선언의 네 번째이자 마지막 단계는 영화(*glorificatio*)인데, 퍼킨스는 영화를 "성도들이 하나님의 아들의 형상으로 완전하게 변화하는 것"이라고 정의한다.[138] 그는 영화의 시점이 "죽음과 함께 시작"된다고 적시하고, "완전함과 완성을 최후의 심판에서 이루어"진다라고 말한다.[139] 퍼킨스는 영화에 대한 논의를 세 개의 장으로 나누어 49장에서는 죽은 택자들의 상태에 대하여 다루는데, 성도의 죽음, 즉 영혼의 분리는 "충만히 거룩하게 된 영혼이 몸과 분리된 직후에 하늘에 올라가기 위한 것"이라고 적시해 주고, 하늘에 간 영혼들은 "거기에서 마지막 심판 때까지 머무르"면서 "하나님을 찬양하며, 다른 한편으로는 영광의 나라의 완성과 충만한 복락을 기대하

---

abnegatio nostri, & obedientia Christi, Matth.16.24. Abnegatio nostri, est vel Christiana militia, vel tollerantia crucis."

133 Perkins, 『황금 사슬: 신학의 개요』, 339–356.

134 Perkins, 『황금 사슬: 신학의 개요』, 357–361.

135 Perkins, 『황금 사슬: 신학의 개요』, 362–365.

136 Perkins, 『황금 사슬: 신학의 개요』, 366–367.

137 Perkins, 『황금 사슬: 신학의 개요』, 368–370.

138 Perkins, 『황금 사슬: 신학의 개요』, 371; Armilla aurea (1599), 199: "Glorificatio, est perfecta sanctorum transformatio in imaginem filij Dei."

139 Perkins, 『황금 사슬: 신학의 개요』, 371.

며 열망"하는 삶을 산다고 정해한다.[140] 이어지는 50장에서는 "최후의 심판에서 택자들의 상태에 대하여" 해설하는데, 퍼킨스에 의하면 재림과 부활 사건이 일어나고 그 후에 최후 심판을 거치게 된다고 약해해 준다.[141] 그리고 이어지는 51장에서는 "최후의 심판 후의 택자들의 상태"에 대한 해설이 제시된다. 퍼킨스에 의하면 택자들은 최후 심판 후에 "하늘에서 영원한 지복을 누리게" 되는데, 그 지복은 "영생과 충만한 영광"으로 구성된다고 해설한다.[142] 그리고 이 두 가지를 누리는 결과로는 "영속적인 기쁨과 하나님을 향한 완전한 경배"라고 정해해 주기도 한다.[143]

2.6. 로마 교회의 17가지 오류 반박(52장)

퍼킨스는 선택론을 모두 개진한 후에, 52장에서는 이 주제와 관련하여 로마 교회의 17가지 오류를 예시하면서 반박하는 장문의 논의를 추가하고 있다. 퍼킨스는 "구원의 원인의 분배에 대한 교황주의자들의 잘못된 가르침들"이라는 제하에 17가지 오류들을 나열하고 자세하게 반박을 해주고 있다.[144] 지면 제한 상 그가 비판한 오류들 목록만 확인하도록 하겠다.

1) 예정은 오직 택자들에게만 있으며, 유기자들은 미리 보신 자들
   이다.

---

140 Perkins, 『황금 사슬: 신학의 개요』, 373–373.
141 Perkins, 『황금 사슬: 신학의 개요』, 375–377.
142 Perkins, 『황금 사슬: 신학의 개요』, 378–380.
143 Perkins, 『황금 사슬: 신학의 개요』, 380–381.
144 Perkins, 『황금 사슬: 신학의 개요』, 383–420; *Armilla aurea* (1599), 205–213에는 15가지의 오류를 제시하고 있고, 내용상 매우 간단한 형태로 제시되어 있다.

2) 예정은 가변적이다.

3) 모든 사람들이 예정되었다.

4) 예정은 그 결과의 최종적인 것들과 관련해서는 사람 안에 원인을 가지고 있다.

5) 세례를 올바르게 시행함으로써 원죄의 형벌뿐만 아니라, 원죄의 타락도 씻겨지는데, 죄의 근거를 제거하기 위한 것이다.

6) 세례는 구원을 위해 절대 필수적인데, 특별히 아이를 위해서 그렇다.

7) 아담의 타락 이후에도 사람은 악을 행하는 것뿐만 아니라, 선을 행하기 위한 자유의지를 가지고 있으나, (타락 이전과는) 차이가 있음이 인정된다.

8) 성령께서는 원함을 주지 않으시고, 오히려 연결되어 있는 의지를 자유롭게 하시고 깨우신다.

9) 은혜를 받기 위한 준비는 자유의지의 능력으로 일어나는 일인데, 이것은 칭의를 당연히 받을 만하다.

10) 거룩한 자들의 믿음, 또는 의롭게 된 자들의 믿음이 있는데, 이로써 사람은 하나님께서 일반적으로 약속하신 축복을 믿는다. 그리고 하나님께서 그들 주위에 계시하신 어떤 신비들에 동의한다.

11) 하나님에 대한 사랑이 질서와 시간의 측면에서 칭의와 하나님과의 화해보다 먼저 온다.

12) 칭의의 형태적 원인은 주입된 의, 또는 내재된 의이다. 이것은 사람들은 하나님 앞에서 형태적으로 의인이 된다.[145]

---

145 *Armilla aurea* (1599), 211: "*Formalem iustificationis causam, esse inhærentem iustitiam. Infusa hæc & inhærens iustitia, licet suum habeat locu, suam laudem, sua præmia.*"

13) 두 번째 칭의는 행위에 의해 이루어진다.

14) 은혜는 죽음에 이르는 죄에 의해 소멸되거나 온전히 잃어버려 진다.[146]

15) 율법의 성취가 이생에서 가능하다.

16) 은혜 속에서 이루어진 행위는 매우 합당하게 영생을 받을 만한 가치가 있다.[147]

17) 특별한 계시가 아니면 우리들의 예정을 알지 못한다.

퍼킨스는 이와 같은 17가지의 오류들을 가르치는 로마 교회의 가르침에 대해 "확실히 신성모독적이며, 사람의 양심을 고문하고 고통을 주는 형틀과 같은 것으로 생각"해야 한다고 평가한다.[148] 그리고 그의 비판적인 반박문을 통해서 앞서 제시해 온 개혁파적인 교리 정해가 무엇인지를 적절하게 적용하고 있는 것도 확인할 수가 있다.[149]

3. 유기론(53-59장)

앞서 말한 대로 2장에서 52장까지는 퍼킨스의 예정론 중 선택론이라고 할 수가 있겠고, 이어지는 53장부터 59장까지는 선택의 반대 면

---

146 *Armilla aurea* (1599), 212: "*Gratiam extingui quovis mortali peccato.*"

147 *Armilla aurea* (1599), 213: "*Opera ex condigno mereri vitam æternam.*" 라틴어 *ex condigno*는 적정 공로를 의미하고, *ex congruo*는 재량 공로를 의미한다.

148 *Armilla aurea* (1599), 208: "*Hæc doctrina Romanensiú est, blasphema quidem ea, & tanquam patibulum æstimanda, quod torquendis & excarnificandis hominum conscientijs extruitur.*"

149 우리가 로마 교회의 17가지 오류에 대한 퍼킨스의 논박을 통해서도 그가 로마 교회에 대항하여 변증적인 열정을 가지고 있음을 확인할 수가 있다. 퍼킨스는 *A Reformed Catholic*에서 로마 교회와 개신교회는 빛과 어둠이 하나가 될 수 없음 같이 서로 하나가 될 수 없다는 입장을 표명하기도 했다(*Yuille, "Ready to Receive: Humbling and Softening in William Perkins's Preparation of the Heart,"* 105에서 재인용).

인 유기(reprobatio)에 대한 퍼킨스의 해설이라고 할 수가 있다. 퍼킨스는 유기의 작정을 예정에 속한 것으로 보고, "이로써 하나님은 특정한 자들을 영원한 정죄와 비참으로 버리고자 결정하신 것"이라고 정의해 주고, 그 목적은 "그분의 의를 찬양하게 하기 위한 것"이라고 명시해 준다.[150] 그에 의하면 유기 작정에는 "어떤 종속되는 수단들"이 있으며, "작정과 실행의 수단들"을 전혀 분리할 수 없다고 주장한다.[151] 54장을 시작하면서 유기 작정의 실행에 대해 퍼킨스는 기초와 단계로 양분해야 한다고 주장한다.[152] 그는 유기 작정 실행의 기초는 "아담의 타락"이며, "이것을 통하여 사람이 죄와 정죄에 매이게 되"는 것이라고 말한다.[153] 하나님께서는 어떤 자들을 "정죄하기로 작정하셔서, 그들에게 모든 정죄의 책임과 근거가 있도록 하"셨으며, 그는 그들을 미워하신다고 그는 말한다. 퍼킨스의 해설을 우리는 주의해서 읽어 볼 필요가 있다.

> 여기에서 하나님의 미워하심이란 하나님께서 죄 안에서 타락한 유기자들을 죄 때문에 미워하시는 것이다. 그리고 이 미워하심은 아담의 타락의 결과이다. 이것은 유기 작정의 원인을 절대로 앞서지 않으며, 오히려 뒤에 오는 것이다.[154]

이어서 퍼킨스는 유기 작정의 실행을 다루는데, 대상을 유아들과

---

150 Perkins, 『황금 사슬: 신학의 개요』, 421.
151 Perkins, 『황금 사슬: 신학의 개요』, 422.
152 Perkins, 『황금 사슬: 신학의 개요』, 423.
153 Perkins, 『황금 사슬: 신학의 개요』, 423.
154 Perkins, 『황금 사슬: 신학의 개요』, 423; *Armilla aurea* (1599), 219: "*Hoc odium Dei est, quo Deus reprobos inpeccatum lapsos obid peccatum detestatur. Et hoc odium effectum est lapsus Adami; decretiverò reprobationis non antecedens est neque causa, sed tantùm consequens.*"

성인들로 나누어 해설한다. 유아들의 경우에는 "태어나자마자 가장 중요한, 그리고 본성적인 죄의 책임으로 인하여 스스로 버림을 받게 되며 죽을 자로서 영원 속에서 유기"된다고 말하고, 성인들의 경우는 효과 없는 부르심으로 부름 받은 성인과 부름 받지 못한 성인으로 양분하여 해설한다.[155] 전자의 경우는 "하나님의 부르심을 깨닫는 것, 다시 타락함, 정죄" 등 세 단계로 실행되고,[156] 후자의 경우는 "본성적으로 무지와 마음의 공허함 속"에 있으면서 완고하게 되며, 자신이 유기되었다는 것을 느끼게 되며, 의로운 보응인 정죄가 따르게 된다고 설명한다.[157]

"예정을 불평하는 새로운 가설에 대하여"라는 제목이 붙은 55장에서는 그 시대 이설들을 열거하여 비평해 주는데, 보편 선택설 또는 보편 구원설, 아담의 타락을 예지는 하셔도 허락 없이 일어난 일이라는 견해,[158] 예지 예정설, 복음의 부르심은 보편적이라는 설 등이다.[159] 퍼킨스는 이러한 이설(異說)들을 세밀하게 다루면서 반박해 주고 있는데, 비판적인 반박 내용들 속에서 그의 예정론의 진수가 선명하게 적시되기도 했다. 특히 예지 예정설을 반박하는 중에 퍼킨스는 다음과 같이 명시적으로 자신의 견해를 제시해 준다.

인류의 창조, 아담 안에서 타락, 인류의 구속은 예정의 실행을 위한

---

155 Perkins, 『황금 사슬: 신학의 개요』, 424.

156 Perkins, 『황금 사슬: 신학의 개요』, 424-429. 퍼킨스는 이들이 다시 죄에 빠지게 되면서 결국에는 성령 훼방 죄에 이르게 된다고 확언하고 길게 해설해 준다(427-429).

157 Perkins, 『황금 사슬: 신학의 개요』, 430.

158 이 주제에 대한 퍼킨스의 견해에 대해서는 이성호, "죄의 허용(permission)과 하나님의 의지(will)에 대한 윌리엄 퍼킨스의 개혁신학적 변증," 『갱신과 부흥』 25 (2020): 241-268을 보라.

159 Perkins, 『황금 사슬: 신학의 개요』, 431-448. 퍼킨스가 염두에 두고 있는 비판의 대상은 그 시대 독일 신학자들이었다(448).

수단들이다. 또한 (이 수단들은) 그것(목적)에 종속되는 것이다. 하나님의 작정의 목적은 그분의 영광을 보이는 것인데, 어떤 사람들은 영광과 지복으로 끌어가기 위해서, 다른 사람들은 의로운 판단에 의하여 멸망으로 끌어가기 위한 것이다. 그러므로 하나님께서 사람의 선택과 유기에 대해서 어떠한 의논을 세우기 전에, 그분의 의논을 실행하기 위한 수단에 대해서 먼저 생각하셨다고 판단해서는 안 된다.[160]

이어지는 56장에서는 "죽음에 처해있는 유기자들의 상태에 대하여" 다룬다. 그에 의하면 "죽은 유기자들은 한편으로는 돌과 같이 무감각하고 우둔하게 되며, 다른 한편으로는 양심에서 나오는 무시무시한 심연과 같은 공포와 구원에 대한 절망 속에 떨"어진다고 한다.[161] 그리고 이어지는 57장에서는 유기자들은 최후의 심판을 받기 위하여 몸으로 부활하게 될 것이지만 "영광스럽지 못하다"라고 명시한다.[162] 이렇게 심판을 거친 유기자들은 지옥에서 영원한 죽음에 처하게 될 것인데(58장), 그 상태에 대해서는 "하나님의 임재와 영광으로부터 격리" 당하게 되고, "완전한 혼란과 극도의 치욕으로 그 고통을 당하게" 되며, "마귀, 그리고 그의 사자들과 연합"하게 되며, "영원 속에서 그

---

160 Perkins, 『황금 사슬: 신학의 개요』, 445; *Golden Chain*, *WWP* 6: 256. 이러한 견해는 소위 베자를 따라 타락 전 선택설(supralapsarianism)을 개진한 것이다. 퍼킨스의 예정론에 대해서는 Richard A. Muller, *Christ and Decree: Christology and Predestination in Reformed Theology from Calvin to Perkins* (Grand Rapids: Baker, 1988), 162, 164–165, 170, 172 등을 보고, Michael T. Malone, "Doctrine of Predestination in the Thought of William Perkins and Richard Hooker," *Anglican Theological Review*, 52/2 (1970): 103–117; Lynne Courter Boughton, "Supralapsarianism and the Role of Metaphysics in 16th Century Reformed Theology." *Westminster Theological Journal*, 48/1 (1986): 63–96 등도 보라.

161 Perkins, 『황금 사슬: 신학의 개요』, 449.

162 Perkins, 『황금 사슬: 신학의 개요』, 450.

들에게 쏟아지는 하나님의 진노를 느끼기 때문에 말할 수 없는 공포와 극도의 불안으로 고통"받게 될 것이라고 퍼킨스는 해설해 준다.[163] 퍼킨스는 이러한 유기 작정의 실행의 목적하는 바는 "죄를 징벌하시는 하나님이 최고의 의가 빛"나게 되는 데 있다고 명시함으로 유기론을 끝맺음한다.[164]

4. 예정의 적용(59장)과 위로(부록)

퍼킨스의 『황금 사슬』의 마지막 장은 예정의 적용(De Pradestinationis applicatione)의 실천적 중요성에 대해 다루고 있다. 퍼킨스는 "예정을 반드시 개인에게 적용해야 한다"라는 당위성을 말한 후에, 예정을 어떻게 판단할 것인가 그 규칙들을 제시해 주고 있다. 택자들은 "영생을 주시는 그리스도 안에서의 선택에 대해서 분명하게 확신"할 수 있으며, 이러한 확신은 "선택의 첫 번째 원인에서가 아니라, 오히려 선택의 마지막 결과"로부터 얻어야 한다고 주장하면서 "영의 내적인 증거와 성화의 결과들"을 제시해 준다.[165] 그는 택자의 확신이 약해질 수도 있지만, 자신의 선택에 대해 의심하지 말고 오히려 "더욱 말씀과 성찬에 참여하여, 안에 계시는 그리스도를 느끼며, 구원에 대한 믿음"에 이르게 되어야 한다고 격려해 준다. 반면에 사람의 유기에 관해서는 어떠한 판단도 하지 말 것을 권하기도 한다.[166]

퍼킨스는 예정의 적용에 이어서 그 유용성을 해설해 준다. 첫째 모

---

163 Perkins, 『황금 사슬: 신학의 개요』, 451-452.

164 Perkins, 『황금 사슬: 신학의 개요』, 452; Armilla aurea (1599), 225: "unde elucet summa Dei iustitia in puniendo peccato."

165 Perkins, 『황금 사슬: 신학의 개요』, 453-455.

166 Perkins, 『황금 사슬: 신학의 개요』, 456-457.

든 구원 역사 속에서 은혜가 모든 일에서 모든 것을 이루신다는 것, 둘째 구원에 대한 의심과 불신을 벗어나, 하나님 앞에 겸손하게 하고, 하나님께 영광을 돌리게 하며, 인내를 가지고 십자가를 지게 하며, 선행에 열심을 내게 한다는 것 등이다.[167]

예정의 적용과 유용성에 대한 퍼킨스의 해설을 보더라도 그의 예정론은 추상적이고 사변적이기보다는 성경 본문들에 기초하고 있고, 특히 신자들의 믿음의 근거를 확고히 하도록 도와주는 실천적인 관심을 가지고 있다는 것을 분명하게 인식할 수가 있다. 이러한 실천적이고 목회적인 퍼킨스의 관심은 그가 부록으로 첨부한 "예정에 대하여 유혹을 받는 자들을 격려하기 위한 특별한 논의"라는 제하에 수록한 튀빙엔 멜펠가르트 회담(Colloquy of Mompelgart)에서 테오도르 베자가 제시한 내용들을 읽어 보더라도 재확인할 수가 있게 된다.[168] 퍼킨스가 첨가한 베자의 답변서는 성도들로 하여금 자신의 선택에 대한 확신을 확고하게 가지도록 돕는 실천적인 권고들로 가득히 채워져 있기 때문이다.[169]

---

167 Perkins, 『황금 사슬: 신학의 개요』, 456-458.
168 Perkins, 『황금 사슬: 신학의 개요』, 459-467; *Armilla aurea* (1599), 230-236.
169 베자의 예정론에 대해서는 John S. Bray, *Theodore Beza's Doctrine of Predestination* (*Leiden*: *Brill*, 1975)을 보라.

IV. 나가는 말

이상에서 우리는 청교도주의의 아버지라고 불리는 윌리엄 퍼킨스의 주요 교의학적 저술인『황금 사슬: 신학의 개요』의 역사적 배경(II)과 주요 내용 개관을 해보았다(III). 이러한 작업은 영국 청교도 신학사상의 원조 격인 퍼킨스의 주요 신학 사상을 개관하고 평가하는 일을 위해서 의미 있는 일이었다고 사료된다. 우리는 앞서『황금 사슬: 신학의 개요』의 전체 내용의 개관을 얻기 위해서 비록 지면의 제한이 있지만 세밀하게 관찰을 해보았는데, 이러한 숙고 작업을 통해 확인되는 몇 가지 사실은 다음과 같다.

우선『황금 사슬』이라고 하는 주 제목이나 "신학의 개요로서 하나님의 말씀에서 보여 주는 구원과 정죄의 원인에 대한 놀라운 순서를 설명한다"라고 덧붙인 추가 내용들을 고려한다면 그가 본서에서 예정론에 집중하고 있다는 것을 부인할 수가 없다는 점이다. 그가 제시한 "시각적 교리문답"인 황금 사슬 도표도 역시 책의 주요 주제가 무엇인지를 시각적으로 잘 보여 준다고 할 것이다. 그러나 본서를 세밀하게 살펴본 결과 우리는 이 책이 예정론 중심이라고 하더라도 사변적인 예정론이 개진된 것이 아니라, 성경 텍스트에 충실하고, 실천적인 목표를 가지고 쓰인 저술이라는 것을 확인하게 되었다. 비록 그가 테오도르 베자를 따라 타락 전 선택설의 입장을 확실하게 표방하고 있지만, 그의 논의 전개는 두통을 유발하는 추상적이고 사변적이며 현학적인 스타일로 개진한 것이 아니라 평이하고 간결한 문체로 되어 있고, 모든 논점에 대해서 필요한 성경 근거들을 제시해 주고 있다. 또한 그의 논의의 목표는 성경적이고 개혁파적인 진리를 잘 드러내려는 진리에 대한 열정도 포함하고 있지만, 무엇보다 자신의 회중이었던 대학생들과 일반 회중들의 심령을 위로해 주고, 그들의 믿음을 바른 교리적 기초 위에 세워주고자 하는 실천적이고 목회적인 데 있음도 분명하게 알 수가 있었다. 이런 면에서 본서가 예정론을 담고 있는 책임에도 불구하고 성격상 "목회적 논고"(pastoral treatise)라고 말했던 펜리 윌리엄스의 평가는 매우 적실하다고 할 수가 있을 것이다.[170]

우리가 확인하게 된 두 번째 사실은 본서가 제목과 부제에서 명확하게 예정론을 전면에 내세우고 있고, 책 전체의 구조가 선택과 유기 중심으로 짜여 있다고 하는 점도 재확인했지만, 『황금 사슬: 신학의 개요』라고 하는 서지 명에 들어있는 "신학의 개요"(*Armilla Aurea: Sive Theologiae Descriptio*)라는 관점에서 본서를 다시 살펴볼 필요도 있다는 점이다.[171] 퍼킨스는 본서를 통해 교의학의 주요 분야들을 전부 다루고 있는 것은 아니지만, 주요 교리들을 논의에 포함시키고 있다는 점을 확인할 수가 있었다. 성경과 신지식론으로 시작해서, 창조론, 타락의 교리, 기독론적인 교리들, 구원사정론적인 논의들, 택자와 유기자의 종말론적인 최후 상태 등의 주제들이 본서의 적재적소에서 다루어지고 있다. 따라서 본서를 단순히 퍼킨스의 예정론으로만 볼 것이 아니라, 그의 청교도 신학 개요로 평가하는 것이 합당하다고 사료된다. 따라서 우리는 본서를 퍼킨스의 저술들 조직신학적인 주저라고 불러도 손색이 없을 것이며, 본서에 관한 세밀한 연구를 통하여 퍼킨스의 개혁신학 사상의 정수(*culmen*)가 무엇인지를 이해하는 일이 가능하다고 생각된다.

본서가 가지고 있는 여러 가지 특징들과 장점들에도 불구하고 본

---

170 Williams, *The Later Tudors England* 1547-1603, 481.

171 라틴어 *descriptio*는 다양한 의미를 가지는 단어인데, 본서와 관련해서 뜻을 찾아보자면 "묘사, 기술, 서술, 설명" 정도가 적합해 보인다(이재룡 편집, 『라-한 사전』 [횡성: 한국성토마스연구소, 2022], 533).

서에 개진된 퍼킨스의 해설 중에는 후대의 개혁신학자들에 의하여 엄밀하게 논구되고 논파된 문제점들을 다소 포함하고 있다는 점도 우리는 부인할 수가 없다는 점도 덧붙이고 싶다. 퍼킨스는 영아의 중생전제설을 표방하고 있고, 물세례 중생론으로 오해될 만한 문장들도 말하고 있다는 것을 예로 들 수가 있고, 그가 교리의 논점들을 제시하고 그 근거로 성경 구절들을 장절만 아니라 내용을 인용하고 있는데, 때로는 주장하는 교리적 논점과 전거 구절(*locus classicus*)로 제시된 내용이 합치하지 않는 경우들도 여러 곳에서 확인할 수가 있었다. 이외에도 비판적인 논의라는 차원에서 본서를 세밀하게 고찰한다면 더 많은 비판점들이나 토론 거리를 발견하게 될 것으로 생각되지만, 본고는 퍼킨스 전문가가 아니라 연구 입문자로서 퍼킨스의 『황금 사슬: 신학의 개요』의 배경과 내용을 고찰하는 일에 집중했기 때문에 비판적 논의는 이 정도로 그치고자 한다. RHB가 완간한 『윌리엄 퍼킨스 전집』 제1권이 한글로 출간이 되었고, 후속적인 번역서들이 이어질 전망이고, 국내 학자들 가운데도 퍼킨스에 관한 관심이 높아지고 있기 때문에 본서에 대한 학술적이고 비판적인 논의뿐 아니라 그의 교의학적 주저들 전체를 아우르는 논구 작업이 왕성해 지기를 소망하면서 본고를 마치고자 한다.

"*Theologia est scientia beate vivendi in aeternum.*
Beata vita existit e cognitione Dei." (William Perkins)

참고문헌

김명수. "윌리엄 퍼킨스의 『황금 사슬』에 나타난 사상 연구." 「국제신학」 22 (2020): 183–221.

김지찬. 『데칼로그 십계명, 어떻게 이해할 것인가』. 서울: 생명의말씀사, 2016.

류재권. "개혁주의 전통 안에서 살펴본 윌리엄 퍼킨스와 데이비드 딕슨의 언약신학의 특징." 「갱신과 부흥」 26 (2020): 109–141.

문병호. 『기독론』. 서울: 생명의말씀사, 2016.

문정식. 『개혁주의 언약 사상– 종교개혁자 존 칼빈과 청교도 윌리엄 퍼킨스 언약 사상, 그 연속과 발전–』. 서울: 교회와 성경, 2015.

안상혁. "메키논–제렛 논쟁과 윌리엄 퍼킨스(1558–1602)의 언약신학." 「신학정론」 31/2 (2013): 225–264.

이성호. "죄의 허용(permission)과 하나님의 의지(will)에 대한 윌리엄 퍼킨스의 개혁신학적 변증." 「갱신과 부흥」 25 (2020): 241–268.

이재룡 편집. 『라–한 사전』. 횡성: 한국성토마스연구소, 2022.

임희완. 『청교도 삶 운동 사상』. 서울: 아가페, 1999.

Ames, William. *The Marrow of Theology*. 서원모 역. 『신학의 정수』. 서울: 크리스챤다이제스트, 1992.

Bavinck, Herman. *Gereformeerde Dogmatiek*. 박태현 역. 『개혁교의학』. 전4권. 서울: 부흥과개혁사, 2011.

_____. *Reformed Ethics*. Ed. John Bolt. 2 Vols. Grand Rapids: Baker, 2019–2021.

Beeke, Joel R. *Assurance of Faith: Calvin, English Puritanism, and the Dutch Second Reformation*. New York: Peter Lang, 1994.

_____. "William Perkins and His Greatest Case of Conscience: 'How a Man May Know Whether He Be the Child of God, or No.'" *Calvin Theological Journal*, 41/2 (2006): 255–277.

_____. "Calvin, Beza, and Perkins on Predestination." *Unio cum Christo*, 3/2 (2017): 71–88.

Beeke, Joel R. and Randall J. Pederson. *Meet the Puritans*. 이상웅, 이한상 역. 『청교도를 만나다』. 서울: 부흥과개혁사, 2010.

Beeke, Joel R. and Stephen Yuille. *William Perkins*. Bitesize Biographies. Welwyn Garden City: Evangelical Press, 2015.

Beeke, Joel R. and Greg Salazar Eds. *William Perkins: Architect of Puritanism*. Grand Rapids: RHB, 2018.

Beeke, Joel R., Mathew N. Payne, J. Stephen Yuille Eds. *Faith Working through Love: The Theology of William Perkins*. Grand Rapids: RHB, 2022.

Boughton, Lynne Courter. "Supralapsarianism and the Role of Metaphysics in 16th Century Reformed Theology." *Westminster Theological Journal*, 48/1 (1986): 63–96.

Breward, Ian. "Life and Theology of William Perkins, 1558–1602." Ph. D. Dissertation, University of Manchester, 1963.

_____. "Significance of William Perkins." *Journal of Religious History*, 4/2 (1966): 113–128.

_____. "Introduction." in *The Works of William Perkins*. Appleford: The Sutton Courtenary Press, 1970: 1–131.

Calvin, John. *Institutio Christiana Religionis*. 문병호 역. 『기독교강요』. 전4권. 서울: 생명의말씀사, 2020.

Clark, Samuel. *The Marrow of Ecclesiastical History*. London: Printed for T.U., 1654.

Cross, Claire. *Church and People England* 1450–1660. Second Edition, Oxford: Blackwell, 1999.

Fesko, J. V. "William Perkins on Union with Christ and Justification." *Mid-America Journal of Theology* 21 (2010): 21–34.

Ford, Coleman M. "'Everywhere, Always, by All': William Perkins and James Ussher on the Constructive Use of the Fathers." *Puritan Reformed Journal*, 7/2 (2015): 95–111.

Hoekema, Anthony A. *The Bible and the Future*. Grand Rapids: Eerdmans, 1994.

Patterson, William Brown. "William Perkins as Apologist for the Church of England." *Journal of Ecclesiastical History*, 57/2 (2006): 252–269.

Perkins, William. *Armilla Aurea: Sive Theologiae Descrip*tio. Basel: Waldkirch, 1596. 김지훈 역. 『황금 사슬: 신학의 개요』. 용인: 킹덤북스, 2016.

_____. A *Golden Chaine, Or, The Description of Theologie: Containing the Order of the Causes of Saluation and Damnation, According to Gods Word. A View Whereof is to Be Seene in the Table Annexed. Hereunto is Adioyned the Order which M. Theodore Beza Used in Comforting Afflicted Consciences*. Iohn Legat, printer to the

Vniversitie of Cambridge, 1600.

_____. "The *Golden Chain*," *The Works of William Perkins*. Eds. Joel Beeke and Derek W. H. Thomas. 10 Vols. Grand Rapids: RHB, 2014−2020: 6:1−265.

Long, Jonathan. "William Perkins: 'Apostle of Practical Divinity.'" *Churchman*, 103/1 (1989): 53−59.

Malone, Michael T. "Doctrine of Predestination in the Thought of William Perkins and Richard Hooker." *Anglican Theological Review*, 52/2 (1970): 103−117.

Muller, Richard A. *Christ and Decree: Christology and Predestination in Reformed Theology from Calvin to Perkins*. Grand Rapids: Baker, 1988.

_____. *Calvin and the Reformed Tradition: On the Work of Christ and the Order of Salvation*. Grand Rapids: Baker, 2012.

Munson, Charles, "William Perkins Theologian of Transition." Ph. D. Dissertation, Case Western Reserve University, 1971.

Payne, Matthew N. "William Perkins's Doctrines of Faith and Assurance through the Lens of Early Modern Faculty Psychology." *Westminster Theological Journal*, 83/2 (2021): 316−336.

Payne Matthew N. and J. Stephen Yuille Eds. *The Labors of a Godly and Learned Divine, William Perkins*. Grand Rapids: RHB, 2022.

Priebe, Victor L. "The Covenant Theology of William Perkins." Ph. D. Dissertation, Drew University, 1967.

Seaver, Paul S. *The Puritan Lectureships: The Politics of Religious Dissent* 1560−1662. Stanford: Stanford University Press, 1970.

Shaw, Mark R. "William Perkins and the New Pelagians: Another Look at the Cambridge Predestination Controversy of the 1590's." *Westminster Theological Journal*, 58/2 (1996): 267−301.

Short, K. R. M. "Theory of Common Education in Elizabethan Puritanism." *Journal of Ecclesiastical History*, 23/1 (1972): 31−48.

Song, Young Jae Timothy. "System and Piety in the Federal Theology of William Perkins and John Preston." Ph. D. Dissertation, Westminster Theological Seminary, 1998.

Stoeffler, Ernest. *The Rise of Evangelical Pietism*. 송인설, 이훈영 역. 『경건주의 초기 역사』. 서울: 솔로몬, 1998.

Tuft, John. "William Perkins 1558—1602: His Thought and Activity." Ph. D. Dissertation, University of Edinburgh, 1951.

Van Asselt, Willem. *The Federal Theology of Johannes Cocceius* (1603—1669). Trans. Raymond Blacketer. Leiden: Brill, 2001.

Van Asselt, Willem Ed. *Introduction to Reformed Scholasticism.* Trans. Albert Gootjes. Grand Rapids: RHB, 2011.

Van Mastricht, Petrus. *Theoretical-Practical Theology.* Trans. Todd M. Rester. 4 Vols. Grand Rapids: RHB, 2018—2023.

Waugh, Barry G. "William Perkins: Augustine's Protégé & Father of Puritan Theology." *Confessional Presbyterian,* 11 (2015): 129—141.

Williams, Penry. *The Later Tudors England* 1547—1603. Oxford: Oxford University Press, 1995.

Woolsey, Andrew A. *Unity and Continuity in Covenantal Thought: A Study in the Reformed Tradition to the Westminster Assembly.* Grand Rapids: RHB, 2012.

Yuille, J. Stephen. "Ready to Receive: Humbling and Softening in William Perkins's Preparation of the Heart." *Puritan Reformed Journal,* 5/2 (2013): 91—106.

윌리엄 퍼킨스의 예정론에 나타난 하나님의 의지로서의 허용[1]

이성호 · 고려신학대학원, 교회사

WILLIAM
PERKINS

1 본 논문은 필자의 "죄의 허용(permission)과 하나님의 의지(will)에 대한 윌리엄 퍼킨스의 개혁신학적 변증," 25 「갱신과 부흥」(2020):241–268을 수정 보완하였다.

I. 서론: 역사적 배경

의심할 여지없이 윌리엄 퍼킨스(William Perkins, 1558-1602)는 16세기 후반 엘리자베스 시대에 있어서 최고의 신학자 중 한 사람이다.[2] 일반적으로 "청교도의 아버지"로 많이 알려졌지만 퍼킨스는 잉글랜드 교회에 소속된 목사로 로마 교회에 대항하여 개신교의 교리를 변증하는 데 많은 노력을 기울였다. 1571년, 그가 13살이 되었을 때 39개조 신조가 최종적으로 잉글랜드 교회의 공식 신조로 확정되었다.[3] 이 신조의 제17조는 예정을 다루고 있는데 예정 교리를 엄밀하게 규정하고 있지는 않다. 따라서 제17조는 칼뱅주의로 해석이 될 수도 있고 알미니우스주의적으로 해석될 수도 있다. 이것은 보다 폭넓은 신학을 추구하는 잉글랜드 교회의 특성을 나타내기도 한다.[4]

---

2 퍼킨스의 생애와 신학에 대해서는 다음 연구서들을 참고하라. W. B. Patterson, *William Perkins & the Making of a Protestant England* (Oxford: Oxford University Press, 2014). Joel R. Beeke & Greg Salazar 편, *William Perkins: Architect of Puritanism* (Grand Rapids: Reformation Heritage Books, 2019).

3 E. J. Bicknell, *A Theological Introduction to the Thirty-Nine Articles of the Church of England*, 3rd ed., (London: Longmans, Green, 1955), 14.

4 18세기 감리교 운동의 두 지도자였던 휫필드와 웨슬리는 각각 칼뱅주의와 알미니우스주의를

예정론에 있어서 잉글랜드 교회는 전반적으로 보았을 때 찰스 1세가 등극하기까지 개혁파 입장에 충실하였다. 1618년 네덜란드에서 도르트 총회가 개최하였을 때 제임스 1세는 사절단을 파송하였으며 그 총회의 여러 결론에 동의했다는 것은 예정론에 대한 잉글랜드 교회의 신학적 입장이 무엇인지를 잘 알 수 있다.[5] 따라서 예정론에 대한 퍼킨스의 입장은 단지 청교도의 입장이었을 뿐만 아니라 당시 잉글랜드 국교회의 주류에 속하는 입장이기도 하였다. 찰스 1세와 윌리엄 로드의 등장 이후에야 알미니우스주의가 잉글랜드 교회에서 대세를 이루기 시작하였고 웨스트민스터 총회에서 이들에 대하여 최종적인 입장이 결정되었다.

예정론에 대한 퍼킨스의 견해는 어느 날 갑자기 형성된 것이 아니라 그 이전부터 잉글랜드 교회에 조금씩 뿌리내리고 있었던 개혁파 신학자들에게서 영향에서 비롯되었다. 대표적인 예로 마틴 부써(Martin Bucer)와 피터 마터 버미글리(Peter Martyr Vermigli)는 에드워드 통치 기간에 옥스퍼드와 캠브리지에서 각각 개혁파 신학을 가르쳤다. 퍼킨스가 캠브리지에서 공부하였다는 것을 기억한다면 그가 부써에게서 영향을 받았다는 것을 쉽게 이해할 수 있을 것이다. 그뿐만 아니라 퍼킨스는 종교개혁 제2세대에 속하는 램버트 다노(Lambert Daneau), 안드레아스 히페리우스(Andreas Hyperius), 자카리우스 우르시누스(Zacharius Ursinus) 등에도 적지 않은 영향을 받았다.[6]

주장했지만 두 사람 모두 잉글랜드 신조에 충실하다고 확신하였다. 이성호, "'때를 얻든지 못 얻든지': 생명력 있는 신자의 삶을 위한 조지 횟필드(George Whitefield)의 투구,"「한국개혁신학」32 (2011): 113-151.

5   Dewey D. Wallace, Jr., *Puritans and Predestination: Grace in English Protestant Theology. 1525-1695* (Eugene: Wipf & Stock Publishers, 1982), 81.

6   Richard Muller, *Grace and Freedom: Williams Perkins and the Early Modern Reformed Understanding of Free Choice and Divine Grace* (Oxford: Oxford University Press, 2020), 14.

칼뱅과 이후 개혁파 신학자들의 관계에 대해서 많은 논의가 있었다. 특히 리차드 멀러의 여러 연구들로 인하여 오늘날 둘 사이의 연속성이 점차 보편적으로 자리를 잡았기 때문에 오늘날 이 둘의 관계를 보다 긍정적으로 바라 볼 수 있게 되었다.[7] 본 논문이 다루고 있는 섭리와 죄의 문제도 마찬가지이다. 칼뱅이 섭리에 있어서 허용이라는 개념을 단호하게 부정한 반면, 퍼킨스는 그 용어를 채택하여 긍정적으로 사용하고 있기 때문에 겉으로 보기에 서로 대립하는 것처럼 보인다. 하지만 두 사람의 저서를 보다 정확하게 읽으면 내용에 있어서 근본적인 차이가 없을 뿐 아니라 말하고자 하는 의도는 거의 같음을 보게 된다. 결국 칼뱅이 거부한 허용이라는 용어를 퍼킨스는 다시 재정의하여 칼뱅이 말하고자 하는 바, 즉 죄의 문제에 있어서 하나님의 의지의 작용을 보다 명확하게 진술하려고 하였다.

1. 문제의 진술

섭리와 죄의 관계는 아우구스티누스 이래로 신학자들이 해결하려고 했던 가장 난해한 신학적 문제 중 하나였다. 물론 운명, 우연, 선/악 이원론과 같은 이교도적인 개념들은 거부되었으며 자유의지를 하나님의 통치 밖에 두는 펠라기우스주의 역시 거부되었다. 가장 큰 이유는 성경의 가르침과 명백하게 상충하기 때문이었다. 따라서 아우구스티누스 이후 인간의 죄는 하나님의 통치와 어떤 식으로 관계가 있

---

7 이 주에 대해 여러 책이 있으나 비교적 최근에 나온 연구서로는 다음 저서를 참고하라. Richard Muller, *After Calvin: Studies in the Development of a Theological Tradition* (Oxford: Oxford University Press, 2003), 63-102. 제1부, 4장과 5장: "Calvin and the "Calvinists": Assessing Continuities and Discontinuities between the Reformation and Orthodoxy." Richard Muller, *Calvin and the Reformed Tradition: On the Work of Christ and the Order of Salvation* (Grand Rapids: Baker Academics, 2012).

는 것으로 받아들여졌는데 이것을 합리적으로 설명하는 것은 결코 쉬운 일이 아니었다.

중세 최고의 스콜라 신학자인 토마스 아퀴나스 역시 이 문제를 해결하려고 노력하였다. 아퀴나스에 있어서 하나님의 섭리는 어떤 사물을 그 존재의 목적에 이르도록 정하는 것으로 계획과 통치 두 부분으로 구성된다.[8] 이 세상에 있는 모든 것들은, 개별적으로든 아니면 일반적으로든, 전부 하나님의 섭리를 따른다. 그렇다면 이 모든 것들에 악도 포함이 되는가? 아퀴나스는 여기에 대해서 긍정적으로 다음과 같이 답을 한다. 약한 동물들의 죽음 자체는 선하지 않지만 그것들이 없다면 사자는 살 수가 없을 것이다. 이와 마찬가지로 폭군의 박해가 없다면 순교자의 인내도 존재할 수 없을 것이다. 따라서 전체적으로 보았을 때 하나님의 섭리는 그 모든 것을 선으로 인도한다.[9]

모든 것이 하나님의 섭리를 따른다면 하나님은 악을 뜻하시는가? (Does God will evil?) 이 질문에 대한 아퀴나스의 답은 부정적이다. 왜냐하면 악이란 어떤 것의 더 나쁜 상태를 의미하는데 더 나쁘게 하는 것은 절대 선하신 하나님의 뜻이 될 수 없기 때문이다.[10] 그런데 악이 실제로 존재하는 것은 사실인데 이것은 어떻게 설명할 수 있을까? 하나님께서 악이 존재하지 않기를 원하지 않는다면 악이 존재하지 않을 것인데, 악이 존재하고 있는 것이 사실이니 하나님은 악을 원하신다고 보아야 하지 않을까? 아퀴나스는 이 질문에 대하여 하나님은 악을 뜻하시는 것이 아니라 허용(permit)하신다고 간단하게 답을 한다.[11]

---

8   Aquinas, *Summa Theologiae*, Ia. q. 22. a. 1 & a. 3.

9   Aquinas, *Summa Theologiae*, Ia. q. 22. a. 2.

10   Aquinas, *Summa Theologiae*, Ia. q. 19. a. 9.

11   Aquinas, *Summa Theologiae*, Ia. q. 19. a. 9. r. 3.

요약하면, 아퀴나스에 따르면 악은 하나님의 섭리에서 벗어나지 않는다. 그렇다고 해서 그 악을 하나님께서 의도하신 것도 아니다. 하나님의 섭리의 영역에 있는 악은 하나님이 허용하신 것이다. 아쉽게도 아퀴나스는 허용에 대해서 충분한 설명을 제공하지 않는다. 적어도 확실한 것은 아퀴나스 신학에 있어서 허용은 하나님의 뜻과 뭔가 반대 혹은 대조되는 의미로 사용되었다는 것이다. 아퀴나스에서 발견되는 허용의 개념은 종교개혁 당시까지 이어졌고 하나님의 의지와 허용의 관계는 개혁파 내에서 훨씬 정교하게 논의되었다. 허용이 도입된 가장 중요한 이유는 하나님을 죄의 조성자로 만들지 않도록 하기 위함이었고 알미니우스 역시 이 전통적인 용어를 사용하여 하나님의 섭리와 죄의 문제를 해결하려고 하였다.[12]

II. 섭리와 죄의 허용에 대하여 칼뱅 신학의 강조점

허용이란 개념은 전통적인 신학적 난제를 온전하게 해결할 수는 없었다. 허용은 하나님으로부터 죄에 대한 책임을 제거할 수 있을지는 모르지만 하나님을 인간 역사에서 일어난 심각한 일에 무관심한 방관자처럼 만들어 버릴 위험이 있기 때문이다. 이와 같은 이유 때문에 칼뱅은 죄의 허용이라는 개념을 강력하게 반대하였다.[13] 칼뱅은 하나님께서 죄를 단지 혹은 마지못해 허용하신 것이 아니라 그 죄를 작정 혹은 의도하셨다고 단호하게 주장하였다. 이중예정론[14]과 더불어

---

12 William den Boer, " 'Cum delectu': Jacob Arminius's (1559-1609) Praise £or and Critique of Calvin and His Theology," *Church History and Religious Culture (2011)*, 76.

13 Nico Vorster, *Created in the Image of God: Understanding God's Relationship with Humanity* (Eugene: Pickwick Publication, 2011), 32.

14 통속적으로 알려진 것과 달리 칼뱅의 예정론은 전혀 새로운 교리가 아니라 아우구스티누스는

죄의 허용을 거부하는 것에서보다 칼뱅의 하나님의 절대 주권 사상이 더 선명하게 나타나는 부분은 없을 것이다.

칼뱅은 창조주 하나님의 지식을 다루는 『기독교 강요』 제1권 마지막 부분에서(제16장~제18장) 하나님의 섭리를 다룬다. 섭리에 있어서 칼뱅이 가장 처음에 강조하는 것은 섭리는 창조와 밀접하게 연결되어 있다는 점이다. 창조주는 구속주와 더불어 참 신과 거짓 신을 구분하는 기준이기 때문에 섭리는 참 종교를 확보하기 위한 매우 중요한 교리였다. 섭리 없는 창조는 차갑고(cold) 메마를(barren) 뿐이고, 섭리 없는 창조주는 이방신과 다를 바가 전혀 없다.[15] 하나님의 섭리를 부정하면 결국 이 세상은 우연이나 운명에 의해 움직일 수밖에 없는데 이와 같은 생각은 결국 이교도들의 세계관에 불과하다.

칼뱅은 이교도적 신관을 거부했을 뿐 아니라 그가 종종 "소피스트"라고 불렀던 학자들에 대해서도 강력하게 비판하였다. 이들은 하나님의 섭리를 받아들였지만 그들이 말하는 섭리는 세상을 움직이는 일반적 원리를 의미하였을 뿐이다. 소피스트들의 하나님은 이 세상의 모든 것을 개별적으로 다스리는 분이 아니라 자연의 거대한 법칙에 따라 세상이 스스로 알아서 움직이게 하시는 분에 지나지 않는다.[16] 하나님도 이 법칙에 매일 수밖에 없고, 그렇게 되면 하나님의 전능하심은 심각하게 손상 받을 수밖에 없다고 칼뱅은 생각한다. 칼뱅은 소피스트들이 하나님을 이 세상에서 일어나는 일을 관찰만 하는 구경꾼으로 전락시킨다고 생각하였으며, 하나님의 섭리는 그분의 눈뿐만 아

물론 토마스 아퀴나스의 전통과도 맥을 같이 하고 있다. Joel R. Beeke, "Calvin on Sovereignty, Providence, and Predestination," *Puritan Reformed Journal* (2010), 78.

15 John Calvin, *Institutes of Christian Religion*, trans. F. L. Battles(Philadelphia: Westminster Press, 1980), I. xvi.1

16 Calvin, *Institutes of Christian Religion*, I. xvi. 4

니라 손도 관련되어 있다고 주장하였다.[17] 많은 사람들이 섭리를 단지 예지(foreknowledge)에 한정시키는데, 섭리는 하나님의 지식이 아니라 하나님의 행위(action)이다. 성경의 가르침에 따라 하나님의 섭리는 참새 한 마리, 머리카락 하나, 비 한 방울에까지 영향을 미친다.

이 세상의 모든 개별적 일들이 하나님의 의지에 따라 일어나는 것은 너무나 확실한 사실이지만 그 일들이 일어나는 방식이나 이유나 목적은 하나님의 계획에 감추어졌고 인간들에게 이해될 수 없다는 사실도 중요하다. 그렇기 때문에 그런 일들이 인간의 보기에 우연이나 운명처럼 보일 수도 있다. 실제로 하나님께서 작정하신 모든 일은 필연적으로 일어난다. 그러나 이 필연성은 절대적 필연성과 상대적 필연성으로 구분되는데, 상대적 필연성은 비연성(contingency)을 배제하지 않는다. 한 예로, 예수님의 뼈는 그 자체로 부러질 수도 있고 부러지지 않을 수 있었지만 하나님의 섭리에 의해 결코 부러질 수 없었다.[18]

만약 죄가 하나님의 섭리에 의해서 필연적으로 일어나면 어떻게 그 죄를 처벌할 수 있겠는가? 오히려 하나님의 뜻을 실행하였으니 상을 주어야 하지 않겠는가? 이와 같은 어려움을 해결하기 위해 아퀴나스는 허용이라는 개념을 도입하였다는 것을 이미 다루었다. 칼뱅 역시 중세 기간 동안 정착했던 이 개념을 잘 알고 있었으나 칼뱅은 그런 구분이 선을 위하여 악을 사용하시는 하나님의 전능하심에 대해서 제대로 이해하지 못했기 때문이라고 생각하였다. 그렇기 때문에 칼뱅은

---

17 Calvin, *Institutes of Christian Religion*, I. xvi. 4

18 John Calvin, *Institutes of Christian Religion*, I. xvi. 9. 칼뱅은 필연성을 언급함에 있어서 전통적인 스콜라적 구분(necessity of consequent vs. necessity of consequency)을 그대로 사용한다. 이 구분은 이후의 개신교 정통주의에서 훨씬 더 광범위하게 사용되었다. Cf. Richard Muller, *Dictionary of Latin and Greek Theological Terms* (Grand Rapids: Baker, 1985), 199.

여러 곳에서 죄의 허용을 반대하였다.[19] 칼뱅은 하나님께서 죄를 단지 허용하셨을 뿐만 아니라 죄를 작정하시거나 의도하셨다고(willed) 분명하게 말했다. "인간이 잘못되거나 부당하게 저지른 어떤 행동이라 하더라도 이 모든 것은 하나님의 바르고 정당한 사역이다."[20] 칼뱅에 따르면 죄는 하나님께서 자신의 공의를 실현시키는 적극적인 도구이며 죄의 허용이라는 개념은 궁극적으로 하나님의 공의를 부정하는 결과를 초래하게 된다.

탁월한 성경 주석가였던 칼뱅은 성경에서 신적 허용을 보여 주는 몇몇 경우들이 있다는 것을 잘 알고 있었다. 예를 들어 하나님은 일주일 중 6일을 인간에게 맡겼고 구약의 백성들에게는 이혼을 허용하셨다. 그러나 이 모든 것들은 단순히 허용된 것이 아니라 "하나님의 비밀스러운 섭리"에 의해 이루어졌다고 칼뱅은 강조하였다.[21] 따라서 칼뱅에게 중요한 것은 성경에서 사용된 용어 자체가 아니라 그 용어가 표현하려고 하는 실체이다. 칼뱅은 자신의 대적들에게 핵심적 이슈가 무엇인지 다음과 같이 질문한다.

만약 허용이란 용어가 당신들에게 그토록 만족과 기쁨을 준다면, 이 질문에 대답하라. 하나님께서 어떤 일들이 일어나게 하실 때 기꺼이 (willingly) 그렇게 하시는가, 아니면 마지못해(unwillingly) 그렇게 하시

---

19 John Calvin, *Institutes of Christian Religion, trans. F. L. Battles* (Philadelphia: Westminster Press, 1980), I. xviii.1 and III. xxiii. 8. 또한 Calvin, *A Defense of the Secret Providence of God in trans. Henry Cole, Calvin's Calvinism* (Grand Rapids: Eerdmans, 1950). 이후로 후자는 "*A Defenses of the Secret Providence*"으로 표기함. 이 책은 아쉽게도 칼뱅의 예정론을 다룰 때 종종 무시되는 경향이 있는데 칼뱅을 제대로 이해하기 위해서는 『강요』와 『변증』을 같이 연구할 필요가 있다.

20 Calvin, *A Defense of the Secret Providence of God*, 169.

21 Calvin, *A Defense of the Secret Providence of God*, 290-291.

는가? 하나님께서 마지못해 하신다는 것은 시편 115편 3절에 의해 부정된다. "주님은 원하시는 모든 것을 행하셨나이다." 그러므로 하나님께서 기꺼이 허용하시는데 보좌에 앉으신 그분을 단지 무관심하거나 참여하지 않는 관중으로 표현하는 것은 완전히 불경한 행위이다. 그러므로 하나님은 그가 이루시기를 원하는 것은 무엇이든지 자신의 지혜에 따라 결정하시고 다스린다고 해야 한다.[22]

이와 같이 칼뱅은 허용이라는 개념에 대해서 매우 부정적이었다. 하지만 여기서 우리가 주목하게 되는 것은 칼뱅이 허용이라는 용어 자체를 절대적으로 반대하지는 않았다는 사실이다. 칼뱅에게 있어서 허용적 의지는 하나님의 결정과 하나님의 통치와 동의적인 표현이었다.[23] 그가 반대한 것은 허용이라는 단어가 줄 수 있는 잠정적인 오해였다. 아쉽게도 칼뱅은 허용적 의지에 대해서 성경적인 단순한 설명에 만족하며 더 이상 자세한 설명은 하지 않는다. 그러나 칼뱅의 섭리교리에 있어서 허용의 어떤 요소(즉 하나님의 의지)가 자리 잡을 가능성이 전혀 없지는 않았다는 점은 기억할 필요가 있다.

칼뱅이 허용을 거부했던 핵심적인 이유는 하나님의 의지를 죄의 사건에서 제외시켰기 때문이었다. 이때문에 칼뱅은 이 허용을 종종 "단순한 허용(mere permission)"이라고 불렀다. 즉 칼뱅이 허용을 반대했을 때 그 허용은 일반적인 의미에서 허용이 아니라 하나님의 의지가 전혀 반영이 되지 않은 허용을 의미하였다.[24] 칼뱅은 의지와 허용이 서로 양립될 수 없다고 보았으며 또한 이후에 개혁파 신학에서 발전

---

22 Calvin, *A Defenses of the Secret Providence of God*, 295.
23 Calvin, *A Defenses of the Secret Providence of God*, 290.
24 Calvin, *A Defenses of the Secret Providence of God*, 202.

하게 될 "허용적 의지(permissive will)"와 "실행적 의지(operative will)"의 구분도 발전시키지 않았다. 이와 같은 구분들은 칼뱅 이후의 신학에서 본격적으로 시도되었으며 우리는 그것들을 윌리엄 퍼킨스에서 찾아볼 수 있다.[25]

III. 죄의 허용에 대한 퍼킨스의 견해

1. 예정: 선택과 유기

윌리엄 퍼킨스는 섭리와 예정에 대한 칼뱅의 신학이 16세기 후반에 잉글랜드에서 어떤 식으로 전개되었는지를 잘 보여 준다. 특히 그의 대표작인 『황금 사슬』(*A Golden Chain*)[26]은 16세기 말 잉글랜드 교회에서 칼뱅주의적인 예정론이 확고한 위치를 차지하고 있었음을 증거한다. 죄의 허용이 예정론의 카테고리 안에 위치해 있기 때문에 죄의 허용에 대한 퍼킨스의 견해를 올바르게 이해하기 위해서는 그의 예정론을 먼저 다룰 필요가 있다. 퍼킨스에 따르면 예정은 인간의 마지막 상태를 결정하시는 하나님의 협정(council)을 의미하는데 이 예정은 선택의 작정과 유기의 작정으로 구성된다.[27] 칼뱅과 마찬가지로 퍼킨스는

---

25 Sean Luke, "Not a Bare Permission: Calvin and the English Reformed on God's Permission to Evil," *Journal of Reformed Theology* 17 (2023), 29–45.

26 소위 구원의 서정(*ordo salutis*)을 다룬 이 책은 퍼킨스를 비롯한 후기 칼뱅주의자들이 예정론을 중심교리로 삼아 사변적 신학을 추구하였다는 것을 보여 주는 증거로 간주되었다. 하지만 구원의 서정이라는 표현 자체가 훨씬 더 이후에 사용되었으며 소위 구원의 서정과 관련된 논의들은 철저하게 로마서 8:28–30절에 대한 성경해석에 근거하였다. Richard Muller, *Calvin and the Reformed Tradition: On the Work of Christ and the Order of Salvation* (Grand Rapids: Baker Academics, 2012), 201.

27 Perkins, *A Christian Plain Treatise of the Manner and Order of Predestination and of the Largeness of God's Grace*, in *The Works of William Perkins* (Grand Rapids: Reformation Heritage Books, 2018), VII. 307. 퍼킨스는 이중예정을 입증하기 위해 아우구스티누스와 세비야의 이시도레와

명백하게 이중예정의 전통에 서 있다. 유기 역시 선택과 마찬가지로 하나님의 의지의 사역인 신적 작정의 한 부분이며 이것은 퍼킨스의 허용을 이해할 때 반드시 유념해야 할 사항이다.

칼뱅과 마찬가지로 퍼킨스 역시 예지 예정의 개념을 단호하게 거부한다. 물론 전지하신 하나님은 누가 믿을 것인지 미리 아시지만, 그 이유는 누가 믿을 것인지 이미 작정하셨기 때문이다. 더 나아가 퍼킨스는 여러 성경 구절을 인용하면서 하나님의 지식은 단지 지식을 의미하지 않고 인준이나 인정을 의미한다고 주장하였다. 대표적인 예는 시편 1편 6절이다. "주님께서 의인의 길은 아시나, 악인의 길은 망하리로다."[28] 여기에서 안다는 말은 단지 하나님께서 의인의 길에 대한 어떤 지식을 의미하는 것이 아니라는 것이 명백하다. 일반적인 견해와 달리 퍼킨스는 자신의 주장을 뒷받침하기 위해, 수많은 성경 주석을 인용할 뿐 아니라 교부들의 저서는 물론 아퀴나스나 롬바르드와 같은 중세 신학자들의 저서도 필요하면 자유롭게 선택적으로 인용하고 있다. 따라서 퍼킨스의 예정론은 사변적인 스콜라 신학보다는 성경 주석과 교부들에 훨씬 많이 의존하고 있다.

퍼킨스는 먼저 하나님의 선택을 다음과 같이 두 개의 사역으로 설명한다. 첫째는 "하나님께서 그의 영원한 호의와 사랑에 이르도록 창조될 어떤 사람들을 선택하시고 나머지는 간과하시는 행위이다."[29] 두 번째 작정 행위는 "구원과 은혜의 영광을 위해 하나님께서 아담 안에서 타락될 바로 그 사람들을 정하거나 구분하셔서 구원과 천상의 영

같은 교부들을 인용한다.

28 Perkins, *A Treatise of the Manner and Order of Predestination*, VI 308, "The Lord knoweth the way of the righteousness, but the way of the wicked shall perish." 한글 성경은 "안다"는 "인정하다"로 번역하고 있다.

29 Perkins, *A Treatise of the Manner and Order of Predestination*, VI: 309.

광에 이르도록 하시는 행위"이다.[30] 그런데 이 두 번째 행위에는 다섯 개의 단계가 있다. 1) 중보자를 정하심, 2) 중보자가 임직받음을 약속하심, 3) 그가 임직 받음을 증거하심(exhibiting), 4) 증거받은 그리스도를 적용하심(application), 5) 그 적용의 성취(accomplishment)가 그것이다.[31] 이 모든 하나님의 선택적 행위에서 인간에게 어떤 원인을 돌릴 수 있는 여지는 전혀 없다. 첫째 행위에서는 하나님의 선한 기쁘심만이 선택의 유일한 원인이고, 둘째 행위에서도 중보자이신 그리스도만이 선택의 유일한 원인이시다. 퍼킨스는 예정 자체와 예정의 실행을 세밀하게 구분하는데, 후자에 있어서 그리스도는 매우 중요한 위치는 차지하고 있다. 그 결과 칼뱅과 마찬가지로 퍼킨스에 있어서도 예정론과 기독론은 밀접한 관계를 맺고 있음을 알 수 있다.

퍼킨스는 이어서 유기를 다음과 같이 정의한다. "유기의 작정은 하나님의 섭리의 사역인데, 이것에 의하여 그분은 초자연적인 은혜에 관하여 어떤 사람들을 간과하시기로 작정하셨는데 그 목적은 그들의 합당한 멸망 속에서 자신의 의와 진노를 나타내기 위함이다."[32] 여기서 먼저 강조되어야 할 것은 유기도 작정이라는 점이다. 이 유기 역시 선택과 마찬가지로 두 부분으로 구성된다. 하나는 어떤 사람을 버리시는 작정이고 다른 하나는 바로 그들을 징벌하시는 작정이다. 그런데 선택과는 달리 유기에서는 작정의 원인에 있어서 차이를 가진다. 전자는 하나님의 선한 기쁨에서 나오며 인간의 죄와 어떤 관련도 없다. 따라서 유기의 첫 번째 측면에 있어서 "죄는 유기 작정의 원인이

---

30 Perkins, *A Treatise of the Manner and Order of Predestination*, VI: 309. 퍼킨스는 전택설의 입장을 따르고 있음을 알 수 있다.

31 Perkins, *A Treatise of the Manner and Order of Predestination*, VI: 309–310.

32 Perkins, *A Treatise of the Manner and Order of Predestination*, VI: 315.

아니고 순서에 있어서 하나님의 예지(foreknowledge)에 앞선다."[33] 퍼킨스는 예지 선택도 거부하였지만 예지 유기의 개념도 단호하게 거부하였다. 하나님은 모든 것을 다 아시고 유기된 자들의 죄를 다 미리 알고 계시지만 그들을 유기하기로 한 궁극적 이유는 그들의 죄를 미리 보았기 때문이 아니라 그들의 유기를 작정하셨기 때문이다.

반면에 유기의 두 번째 측면은 인간의 원죄나 자범죄와 무관하지 않다. 이 경우에 인간의 죄는 하나님의 심판의 원인으로 작용한다. 하나님은 자신의 선하신 뜻에 따라 어떤 사람을 버리시지만, 그들을 벌하실 때에는 그들의 죄에 근거하여 그렇게 하신다. 따라서 유기의 첫 단계에서는 하나님의 뜻이 유기의 궁극적 원인이지만, 유기의 둘째 단계에서는 인간의 죄가 유기의 원인이다. 퍼킨스가 "아담의 행위가 하나님의 허용과 버림에 의한 것"이라고 말할 때에는 이 두 번째 카테고리와 관련되어 있다는 것을 기억할 필요가 있다.[34]

하나님의 예지는 유기와 관련하여 중요한 문제를 제기한다. 전지하신 하나님이 인간의 타락을 미리 보았고, 그것을 막을 수 있었음에도 불구하고 막지 않으신 것을 어떻게 설명할 수 있을까? 하나님께서 그것을 막지 않았다면 그 일에 대해서 책임을 져야 하는 것이 아닌가? 여기에 대해서 퍼킨스는 다음과 같이 대답을 한다.

> 사람의 경우에 일반적으로 다음과 같은 규칙은 진리이다. 어떤 악을 미리 본 사람이 그것을 막지 않았다면 어떤 의미에서 그 사람은 그 일의 행위자라고 할 수 있다. 왜냐하면 인간은 첫 창조 때부터 하

---

33 Perkins, *A Treatise of the Manner and Order of Predestination*, VI:316.
34 Perkins, *A Treatise of the Manner and Order of Predestination*, VI:317. Cf. Richard A. Muller, *Christ and Decree: Christology and Predestination in Reformed Theology from Calvin to Perkins* (Durham: The Labyrinth Press, 1986), 167.

나님의 법의 선고에 매여 있기 때문이다. 그러나 하나님은 모든 법들 위에 계시고 그것들에게 매이지 않으신다. 그분은 절대적인 주님이시고 법의 수여자이시다. 그러므로 그의 행위들은 도덕법의 범위 안에 존재하지 않는다. 따라서 그분은 인간의 결함을 미리 보았지만 그것을 막지 않은 것에 대한 모든 비난으로부터 자유롭다. 왜냐하면 그에게는 악을 허용할 만한 선한 이유가 있기 때문이다.[35]

퍼킨스에 따르면 하나님과 인간 사이의 존재론적 차이는 도덕적 차이를 포함한다. 이와 같은 근본적 차이 때문에 하나님은 자신이 제정하신 도덕법에 매이지 않으신다. 따라서 악을 미리 예방하지 않는 자가 그 악에 대해서 책임을 져야 한다는 일반적인 법이 하나님께는 적용되지 않는다. 하나님의 선한 뜻이 그 모든 법을 초월하기 때문이다. 하나님께서 모든 것을 아신다는 사실이 하나님이 그것의 원인이라는 것을 의미하지는 않는다. 하나님은 인간의 타락을 미리 알았고 그것을 막지 않으셨지만 그럼에도 불구하고 그 타락의 원인이 되지는 않으신다. 타락의 원인이라고 하더라도 그 타락에 대한 책임은 지지 않으신다.

그렇다면 인간의 유기에 대한 선한 이유는 무엇인가? 퍼킨스는 그 이유에 대해서 설명하지 않는다. 하나님의 유기에는 어떤 선한 이유가 있지만 그것은 우리에게 숨겨져 있다. 퍼킨스의 논증에 있어서 가장 중요한 점은 의지와 지식의 관계에 있어서 하나님과 인간은 근본적으로 다르다는 것이다. 인간에게 있어서 지식은 의지에 앞선다. 인간은 의지가 없이 어떤 것을 행할 수 없고, 사전 지식 없이 어떤 것을

---

35 Perkins, *An Exposition of the Symbol or Creed of the Apostles*, V:86.

의도할 수 없다. 하나님의 예지도 본성적으로는 의지에 앞선다고 할 수 있지만 "하나님의 관점이 아니라 우리의 관점에서"[36] 그러하다. 창조주 하나님과 피조물 인간 사이의 근본적인 차이는 퍼킨스의 신학을 이해함에 있어서 매우 중요하다.

2. 죄의 허용

예정에 대한 기본적인 설명을 마친 후에 퍼킨스는 죄와 타락의 문제를 다룬다. 퍼킨스에 있어서 타락은 하나님의 이중 예정을 실현시키는 수단이다. 따라서 타락은 하나님의 적극적인 의지가 반영된 사건이다. 그런데 하나님은 죄의 허용을 통하여 "공의롭게 아담과 그의 후손들이 타락하도록 허락하신다."[37] 퍼킨스에 따르면 타락과 허용을 세밀하게 구분하는 것이 중요하다. "허용은 작정 그 자체의 한 수단이고, 타락은 그 작정을 성취하는 수단, 즉 악으로부터 선을 끌어내는 하나님의 정하심이다."[38] 죄의 허용에 대한 퍼킨스의 정의에서 우리가 놓쳐서는 안 되는 부분이 바로 허용은 하나님의 작정과 분리될 수 없다는 점이다. 간단히 말해서 하나님의 작정이 없는 허용은 전혀 허용이 아니다. 그 결과 퍼킨스의 예정론 속에는 칼뱅이 말한 "단순한 허용"이 설 자리는 없다. 칼뱅이 단순한 허용을 결코 인정하지 않았듯이 퍼킨스도 이 점에는 동일한 입장을 취하였다.[39]

퍼킨스에 따르면 허용과 관련하여 하나님은 악인들의 의지를 6개

---

36 Perkins, *A Golden Chain: Or, the Description of Theology, Containing the Order of the Causes of Salvation and Damnation, according to Gods Word*, VI:23.

37 Perkins, *A Treatise of the Manner and Order of Predestination*, VI:305.

38 Perkins, *A Treatise of the Manner and Order of Predestination*, VI:306.

39 Sean Luke, "Not a Bare Permission," 41.

의 행위를 통하여 다스리신다. 퍼킨스의 말을 인용하면 다음과 같다.

첫째는 허용인데 하나님께서 악인의 의지로부터 은혜를 거두시고
피조물에 맡기는 것이다. 지성에 조명도 하지 않고 의지를 북돋지도
않고 그 자체에 맡기는 것이다. 예를 들어 사람이 야생동물들을 내
버려두는 것과 같다. 둘째는 사탄에 의지를 넘겨주는 것이다…….
셋째는 의지의 부패를 방지하는 것을 전체적으로나 부분적으로 멈
추는 것이다. 넷째는 악한 의지를 꺾으시고 움직이시고 조정하는 것
이다……. 다섯째는 인간 의지의 사악함을 잘 이용하여 본성과 반대
로 선한 목적으로 인도하는 것이다. 심지어 뛰어난 의사도 종종 독
을 사용하여 치료하기도 한다. 마지막 행위 속에서 하나님은 인간이
자신의 악함에 따라 나아갈 때 놀라운 자비에 따라 그를 돌이켜서
자신에게로 향하게 하신다.[40]

여기에서 우리는 퍼킨스가 말하는 허용이라는 단어가 일반적으로
이해되는 개념과 많이 다르다는 것을 알 수 있다. 하나님의 허용은 무
관심이나 "단순 허용(mere permission)"이 아니다. 퍼킨스에 있어서 허용
은 하나님이 악인의 의지를 다스리실 때 사용하는 여섯 가지 방식 중
에 하나이다. 이 허용은 긍정적인 면과 부정적인 면이 있다. 허용의
긍정적인 면은 악인의 의지로부터 은혜를 거두시는 것이고, 부정적인
면은 악인의 지성에 조명도 하지 않으시고 의지를 북돋지도 않는 것

---

40 Perkins, *A Treatise of God's Free Grace and Man's Free Will*, VI:430. 이 저작은 하나님의 작정과 인
간의 자유의지에 대한 신학논문이라기 보다는 마태복음 23장 37-38에 대한 주석적 연구이다.
여기서 퍼킨스는 3가지 주제를 다룬다. 1) 반역의 장소와 사람들(예루살렘) 2) 반역의 정도와
행위들 3) 반역의 질료(matter)와 형상(form). 퍼킨스는 사변적 논리가 아니라 성경 본문에 따
라서 논문의 내용을 구성하였다. 가장 논란이 되는 구절은 "내가 너희를 모으기를 원하였으나
너희가 거부하였도다"이다.

이다. 그리고 이 두 가지의 실체는 하나이다. 은혜를 주지 않으시는 것은 곧 은혜를 거두시는 것이기 때문이다. 이와 같은 허용은 하나님의 영광을 위하여 정하신 바 되었으며 처음부터 끝까지 하나님은 악인의 의지를 다스리신다.

허용을 적극적으로 이해했기 때문에 퍼킨스는 종종 "실행적 허용(operative permission)"이라는 표현을 사용한다. 이것은 특별한 허용인데 이 허용에 의하여 하나님은 "그것이 악이라는 점에서 동일한 일이 다른 것(행위 주체)에 속하도록 허용하시지만, 그것이 선이라는 점에서 하나님 자신이 효과적으로 그 일을 행하신다."[41] 여기서 주목할 것은 이 허용적 작정은 하나님의 작정 그 자체가 아니라 그 작정의 시행에 속한다는 것이다. 하나님의 작정 그 자체에 대해서 언급할 때 퍼킨스는 "하나님은 가장 공의롭게 악한 자의 악한 의지를 작정하시는데 왜냐하면 그가 그것이 일어나지 않기를 원하셨다면 그 일은 결코 일어나지 않았을 것이기 때문이다"[42]라고 말한다. 하지만 작정의 시행에 대해서는 구분을 할 필요가 있다. 작정의 시행은 두 부분으로 구분된다: 하나님의 실행(operation)과 실행적 작정. 하나님의 실행에 따라 모든 것은 효과적으로(effectually) 발생한다. 하지만 악은 보는 관점에 따라 차이가 난다. 악은 그 자체로 악으로 볼 수도 있고 궁극적인 관점에서 선으로도 볼 수 있는데, 우리가 악을 선의 관점에서 볼 때 그 악의 발생은 "실행적 허용"이 된다. 하나님은 어떤 경우에도 악으로서의 악을 실행하시지 않으신다.

실행적 허용을 설명할 때 퍼킨스가 아리스토텔레스의 철학적 개념인 "질료(matter)와 형상(form)"을 사용한 것은 주목할 필요가 있다.

---

41   Perkins, *A Golden Chain*, VI:24.

42   Perkins, *A Golden Chain*, VI:23.

퍼킨스는 성경에 충실한 성경학자였지만 그 당시 보편적으로 받아들여졌던 아리스토텔레스의 철학을 자유롭게 사용하였다.[43] 어떤 자질(quality)이나 행위(action)를 의미하는 질료로서의 죄는 선하지만, "불법 또는 하나님의 법을 어기는" 형상으로서의 죄는 악이다.[44] 그렇게 되면 동일한 일이 동시에 선이 될 수도 있고 악이 될 수도 있다. "우리는 인간이 행한 악과 그 인간을 사용하여 하나님께서 행한 선을 구별해야 한다"고 퍼킨스는 주장하였다.[45] 더 나아가 퍼킨스는 "죄 자체와 그 죄의 허용을 구별해야 하고, 유기의 작정과 실제 심판을 구별해야 하며, 죄 자체가 아니라 죄의 허용이 유기 작정의 수단에 속한다"고 강조하였다.[46]

퍼킨스는 자신의 주장이 하나님을 죄의 조성자로 만든다는 비판을 받고 있다는 것을 잘 알고 있었다. 하지만 퍼킨스는 하나님이 죄나 부패를 인간에게 주입하는 것과 같이 적극적으로(positive) 죄를 짓게 하지 않으며(이 경우에만 하나님이 죄의 조성자가 될 수 있음), 하나님의 의지가 제외된 단순허용으로 죄를 짓게 하지 않고 능동적으로(actively) 인간이 마음을 강퍅하게 하신다고 주장하였다.[47] 따라서 퍼킨스에 있어서 죄에 대한 하나님의 허용은 소극적 행동이 아니라 아주 적극적인 의지의 행위이다. 간단히 말하면 죄에 있어서 하나님의 사역은 적극적인 사역과 부정적인/소극적인 사역 중간에 위치한 능동적 사역이다.

---

43 퍼킨스는 자신의 신학적 주장을 변증하기 위해 아리스토텔레스 철학을 자유롭게 사용한다. 퍼킨스에 있어서 "오직 성경"의 원리는 이성이나 학문의 중요성을 결코 간과하지 않는다. Leif Dixon, *Practical Predestinarians in England, c. 1590–1640* (London & New York: Routeledge, 2014), 103.

44 Perkins, *An Exposition of the Symbol or Creed of the Apostles*, Ⅴ:76.

45 Perkins, *An Exposition of the Symbol or Creed of the Apostles*, Ⅴ:78.

46 Perkins, *An Exposition of the Symbol or Creed of the Apostles*, Ⅴ:345.

47 Perkins, *A Treatise of the Manner and Order of Predestination*, Ⅴ:330.

3. 하나님의 의지

지금까지 살폈지만 하나님의 허용은 일종의 의지이고 단지 어떤 일에 대한 부정을 의미하지 않는다. 퍼킨스는 칼뱅이 하나님께서 아담의 타락을 의도하셨고 허용을 그의 의지와 동일시했다는 것을 잘 알고 있었다.[48] 칼뱅은 허용을 의지와 동일시하는 것에서 만족하였지만 퍼킨스는 허용이 왜 의지가 될 수 있는지 규명하는 데 관심이 있었다. "만약 우리가 의지의 순서에 대해서 질문한다면, 하나님께서는 일차적으로 죄를 막거나 제어하지 않으시고 그 이후에 죄가 발생하도록 의도하셨다"고 퍼킨스는 말한다. 퍼킨스에 있어서 허용은 "막지 않는 의지(will not to hinder)"로 규정될 수 있다. 퍼킨스는 다음과 같이 주장한다.

> 하나님께서 막지 않으시기를 원하시는 것은 무엇이나 막지 않으시는 이유는 1) 그렇게 되기를 의도하시거나, 2) 그렇게 안 되기를 의도하시거나(he does utterly nill that it should be done), 3) 그렇게 되기를 의도하시지 않거나(he does not will it should be done), 4) 또는 어떻게 되든지 상관하시지 않기 때문일 것이다.[49]

퍼킨스는 두 번째 가능성은 논리적으로 틀렸기 때문에, 셋째는 피

---

[48] 퍼킨스는 칼뱅의 『기독교 강요』뿐만 아니라 그의 성경주석도 잘 알고 있었다. 칼뱅을 직접 인용하면서 퍼킨스는 다음과 같이 말한다. "하나님이 인간의 타락을 의도하셨다는 말을 들을 때 어떤 이들은 종종 불쾌하게 생각한다. 그러나 나는 당신에게 묻겠다. 막지 않을 권세를 가지시고 만물을 자신의 능력 안에 두시는 그의 허용이 의지가 아니면 무엇이라는 말인가?" Perkins, *A Treatise of the Manner and Order of Predestination*, VI:324. VI:327-328. 이것은 칼뱅의 창세기 3장 1절에 대한 주석에서 인용한 것이다.

[49] Perkins, *A Treatise of the Manner and Order of Predestination*, VI:324.

터 롬바르드(Peter Lombard)나 스콜라주의자의 견해에 속하고 넷째는 에피큐러스주의이기 때문에 거부하고 첫째를 선호한다. 여기서 우리는 "의도(will)"와 "반대 의도(nill)"를 잘 구분해야 둘째와 셋째의 차이를 정확하게 이해할 수 있다. 반대 의도는 단순히 어떤 것을 의도하지 않는 것을 의미하지 않고 어떤 것이 일어나지 않기를 "의도한다"는 것을 의미한다. 퍼킨스의 관점에 따르면 롬바르드의 주해라고 할 수 있는 중세 스콜라 신학은 에피큐러스주의와 별 차이가 없다. 왜냐하면 그들은 "죄에 관한 한 하나님의 적극적인 행위는 없고, 즉 원하시거나 안 원하시지 않고 단지 그것을 막기를 원하지 않는 부정적 행위만"을 말하면서 이 세상에 일어난 아주 중요한 일들을 하나님의 의지로부터 제외시켜버렸기 때문이다.[50]

(1) 하나님의 셋째 의지

하나님께서 아담의 타락을 의도하셨다고 말하면서도 퍼킨스나 칼뱅은 하나님이 죄의 조성자라는 것을 단호하게 거부하였다. 이를 설명하기 위해서 퍼킨스는 하나님의 의지를 3가지 행위로 구분한다. 첫째는 하나님께서 절대적으로 어떤 것을 의도하시는 것이고, 둘째는 절대적으로 혹은 전적으로 어떤 것을 하지 않기를 의도하시는 것이고, 셋째는 앞의 두 가지 중간에 오는 것으로 하나님께서 "자유롭게 혹은 부분적으로 어떤 것을 의도하시기도 하시면서 반대를 의도하시는 행위"이다.[51] 죄의 허용의 가능성은 세 번째 신적인 의지행위에 기초해 있다. 흥미로운 사실은 퍼킨스의 견해가 롬바르드를 따르는 스콜라주의자들의 견해와 완전히 반대라는 사실이다. 그들에게 있어서

---

50   Perkins, *A Treatise of the Manner and Order of Predestination*, VI:324.

51   Perkins, *An Exposition of the Symbol or Creed of the Apostles*, V:356.

허용은 하나님께서 원하시지도 않고 안 원하시지도 않는 것이라면, 퍼킨스에 있어서 허용은 모순적으로 들리지만 원하시면서도 원하시지 않는 것을 의미하기 때문이다. 퍼킨스에 있어서 허용은 하나님의 두 의지의 종합이며 이 점에서 하나님의 "세 번째 의지"[52]라고 부를 수 있다. 이 셋째 의지에 대해서 퍼킨스는 다음과 같이 말한다.

> 이 의지에 의해서 하나님은 악으로서의 악을 인정하지 않으시며 따라서 그것을 행하지도 않으신다. 그럼에도 불구하고, 하나님이 그것이 다른 것에 의하여 일어나거나 존재하는 것을 허용하기로 의도하시는데 왜냐하면 악을 허용하기를 작정하시는 하나님의 관점에서 보면 악이 있어야 하는 것이 선하기 때문이다. 다른 어떤 방식도 아닌 이 방식에 의해서 하나님께서 아담의 타락을 의도하였다. 그러므로 아무 편견이 없이 판단해 볼 때 하나님은 타락을 작정하셨지만 그것에 대한 책임으로부터 하나님은 자유로우며 그 책임은 전적으로 그 행위자에 있다.[53]

퍼킨스에 따르면, 한편으로 볼 때 하나님은 아담의 죄를 의도하셨고(그것이 선하기 때문에) 다른 한편으로는 그 반대를 의도하셨다(죄 자체는 악이기 때문에). 아담의 타락은 하나님의 두 가지 의지를 동시에 포함하고 있으며 이 점에 있어서 하나님의 셋째 의지로 구분될 수 있다. 여기서 중요한 것은 하나님의 셋째 의지로서의 허용은 의지가 실행되는

---

52 이 의지는 스페인의 예수회 신학자인 몰리나(Luis de Molina, 1535-1600)가 주장한 중간지식(*scientia media*)과는 완전히 구별되어야 한다. 몰리나에 따르면, 이 지식은 하나님의 지식 중 필연적 지식(*scientia necessaria*)과 의지적 지식(*scientia voluntaria*)과 구분되는 제3의 지식으로 미래에 일어날 수많은 가능성에 대한 지식이다.

53 Perkins, *An Exposition of the Symbol or Creed of the Apostles*, V:357.

한 형태라는 것이다.

(2) 특별의지(special will)와 일반의지(general will)

하나님의 셋째 의지에 대한 퍼킨스의 견해는 하나님의 특별의지와 일반의지의 구분을 통해 보다 더 잘 이해할 수 있다.[54] 퍼킨스에 따르면 특별의지는 이렇게 규정된다. "이 의지에 의해 하나님은 어떤 것을 인정하고(approve) 또한 야기하신다(effect). 또한 그것은 하나님의 선한 기쁨으로서 이것에 의하여 하나님은 기뻐하는 가운데 그것을 단순히 의도하셔서 그것을 행하시고 또한 인정하신다."[55] 이와 반대로 "일반적 의지에 의하여 하나님은 어떤 것이 존재하지 않기를 원하시지만 그것들을 막지 않으시기를 원하셔서 결과적으로 그가 단순히 인정하지 않으셨던 것들이 발생하도록 의도하신다."[56]

퍼킨스의 구분은 오늘날 우리가 사용하는 의지의 구분과 거리가 멀다는 것을 알 수 있다. 퍼킨스에 있어서 일반의지와 특별의지는 포함 관계 속에 있지 않다. 특별의지와 일반의지의 핵심은 하나님의 인정의 유무이다. 하나님의 인정을 포함하는 의지는 특별의지이고, 하나님의 인정을 포함하지 않으면 일반의지이다. 이렇게 함으로써 하나님은 자신이 '단순히' 인정하지 않은 타락이 하나님의 의지에 따라 발생할 수 있음을 퍼킨스는 논증하려고 하였다.

---

54 일반적으로 조직신학에서, 일반의지와 특별의지의 구분은 하나님께서 모든 사람이 구원을 얻기를 원하시면서도(딤전 2:4) 오직 일부만 구원을 받는 이유를 설명하기 위해 사용되었다. 따라서 퍼킨스의 구분은 일반적으로 알려진 일반/특별 의지의 구분과 전혀 관계가 없다. Cf. Patrick Riley, *The General Will Before Rousseau: The Transformation of the Divine into the Civic*, (Princeton, 1986), 4ff. 하지만 퍼킨스는 일반/특별 의지를 구분하여 하나님의 두 구원방식을 설명하였다.

55 Perkins, *A Treatise of the Manner and Order of Predestination*, VI:322.

56 Perkins, *A Treatise of the Manner and Order of Predestination*, VI:322.

(3) 비밀스러운 의지(secret will)와 나타난 의지(signifying will)

하나님께서 아담의 타락을 뜻하셨다고 했을 때 어려운 문제 중에 하나는 하나님의 금령을 어떻게 해석할 것인가이다. 하나님께서 아담에게 선악과를 먹지 말라는 것은 하나님의 분명한 뜻이고, 그렇다면 선악과를 먹는 것은 하나님의 의지에 반하는 것이다. 따라서 아담이 선악과를 먹은 사건은 하나님의 의지에 반하여 일어난 것이라고 할 수밖에 있다. 여기에서 이슈가 되는 것은 하나님의 명령과 하나님의 의지와의 관계이다. 퍼킨스는 이 둘이 서로 무관한 것은 아니지만 구분되어야 한다고 생각한다. 그는 전통적인 구분에 따라 하나님의 의지를 비밀스러운 의지 또는 하나님의 선한 기쁨과 나타난 혹은 계시된 의지로 구분하였다.[57]

하나님의 비밀스러운 의지는 퍼킨스에 의해서 다음과 같이 요약될 수 있다. 1. 이 의지는 모든 것을 보시고 야기하시는 하나님의 협정에 따른 하나님의 작정이다. 2. 이 의지 안에는 절대 주권적 능력이 있다. 3. 이 의지는 예외 없이 모든 만물의 일차 원인이시다. 4. 이 의지는 우리에게서 숨겨져 있으며 우리의 신앙과 행위의 준칙이 될 수 없다.[58] 아담의 죄는 이와 같은 비밀스러운 의지에 따라 발생하였다고 퍼킨스는 주장하였다.

비밀스러운 지식을 정의한 다음 퍼킨스는 다음과 같이 하나님의 나타난 의지를 설명한다.

---

57 이 구분은 신명기 29장 29절에 근거하고 있다. "감추어진 일은 우리 하나님 여호와께 속하였거니와 나타난 일은 영원히 우리와 우리 자손에게 속하였나니." 감추어진 하나님의 의지와 계시된 하나님의 의지의 구분은 개혁신학에 있어서 매우 탁월한 관점으로 이해되었다. Cf. Curt Daniel, *The History and Theology of Calvinism* (Springfield: Good Books, 2003), 203.

58 Perkins, *A Treatise of God's Free Grace and Man's Free Will*, VI:397−399.

하나님의 나타난 의지는 자신의 기쁘신 뜻을 일부 계시하실 때 피조물의 선함을 세우기 위하여 그리고 자신의 공의와 자비를 나타내기 위하여 봉사하는 데 사용된다. 이 나타난 의지는 하나님의 선하신 기쁜 의지와 달리 진정한 의미에서 하나님의 의지라고 할 수 없다. 분한 감정이 없는 분노의 결과들만이 하나님의 분노라고 불리는 것처럼, 그의 뜻의 나타남이나 표지가 의지라고 불릴 수 있다.[59]

퍼킨스에 따르면 인간의 관점에서 볼 때 하나님의 분노는 인간적인 분한 감정을 포함하고 있지 않기 때문에 진정한 의미에서 분노라고 볼 수 없는 것처럼 하나님의 나타난 의지도 의지의 표현이지 의지 자체는 아니다. 하나님은 자신의 의지를 어떤 때에는 분명하게, 어떤 때에는 희미하게 나타내신다. 그의 말씀, 그의 허용, 그의 시행은 자신의 뜻을 분명하게 나타내는 세 가지 수단이다. 그러나 순종이나 시험이나 책망을 위한 자신의 목적을 하나님께서 숨기실 때 하나님의 의지는 희미하게 표현된다. 여기에 대해서 퍼킨스는 3가지 예들을 제시한다. 첫째, 하나님께서 아브라함에게 아들 이삭을 죽이라고 명령하셨을 때(창 22:2) 하나님의 목적은 아브라함의 믿음을 시험하는 것이었다. 둘째, 하나님께서 아담에게 "공중의 새와 바다의 물고기를 다스리라"(창 1:28)고 명령하셨을 때 예외나 조건을 숨기셨다. 셋째, 하나님께서 "내가 너희를 넘기지 않겠다"(삿 10:13)고 말씀하셨으나 나중에 넘기신 이유는 이스라엘을 책망하기 위한 자신의 목적을 숨기셨기 때문이다.[60] 이와 같은 숨김 때문에 나타난 의지와 비밀스러운 의지 사이에 모순이 있는 것처럼 보인다.

---

59   Perkins, *A Treatise of God's Free Grace and Man's Free Will*, VI:400.

60   Perkins, *A Treatise of God's Free Grace and Man's Free Will*, VI:402.

그렇다면 아담의 타락을 어떻게 이해할 것인가? 하나님의 비밀스러운 의지는 우리에게 숨겨져 있기 때문에 우리의 논의는 나타난 의지에서 시작해야만 한다. 하나님의 나타난 의지는 아주 분명하다. 선악과를 먹지 않는 것이 하나님께서 원하시는 것이다. 하지만 아담은 선악과를 따먹었다. 이 세상에 일어난 다른 모든 일과 마찬가지로 아담의 범죄도 모든 만물의 제일 원인이 되시고 절대적 능력을 가진 하나님의 비밀스러운 의지에 따라 일어났다. 여기서 우리는 하나님의 분명한 명령 속에 하나님께서 불순종의 가능성을 숨기셨다는 것을 깨달을 수 있다. 간단히 말해서 아담은 분명하게 나타난 하나님의 명령에 감추어진 하나님의 비밀스러운 의지에 따라 스스로 불순종함으로 타락하게 되었다.

하나님의 비밀스러운 의지와 나타난 의지의 구분은 조화시킬 필요가 있는데 오해하면 마치 하나님에게 서로 다른 두 개의 의지가 존재하는 것처럼 보이기 때문이다. 하지만 이 차이를 조화시키는 것은 쉽지 않다. 이 문제에 관하여 퍼킨스는 더 이상의 상세한 설명을 제공하지 않고 이 둘이 구분되지만 하나의 의지라고 설명하는 것에서 만족한다. 이 점에서 퍼킨스는 "이 심오한 비밀을 무작정 파고드는 것은 성급하고 오만하고 정신없는 행동"라는 칼뱅의 경고를 따르고 있다.[61] 칼뱅과 마찬가지로 퍼킨스 역시 성경이 가르치는 범위 안에서 머물기를 원하였다. 이와 반대로 퍼킨스의 반대자들은 허용이라는 개념을 도입하여 하나님의 명령과 하나님의 의지를 분리시키고 말았다.

---

61   Calvin, *A Defense of the Secret Providence of God*, 294.

(4) 의지와 자유

퍼킨스를 비롯한 개혁파 신학자들은 17세기에 들어와서 알미니우
스주의자들에게 "인간에게서 자유의지를 박탈하고 인간의 책임을 말
소하였다"는 비판을 받게 되었다.[62] 물론 개혁파 신학자들 중 어느 누
구도 제2원인으로서의 자유의지가 지니는 중요성을 과소평가하지 않
았고 죄에 대한 책임을 제거하지도 않았다. 퍼킨스에게 있어서도 자유
의지는 죄의 작정을 올바로 이해하는 데 결정적인 중요성을 갖는다.

일반적인 의미에서 의지는 "지성에 의존하여 의도하거나(willing),
하지 않기를 의도하거나(nilling), 선택하거나, 거부하거나 유보하는 능
력"을 의미한다."[63] 퍼킨스에 따르면 의지의 능력은 두 부분으로 구
성되다. 하나는 가부의 선택(contradiction)이고 다른 하나는 다중 선택
(contrariety)이다. 첫째는 동일한 것을 원하거나 안 원하는 능력이고, 둘
째는 여러 개 중에서 하나를 선택하는 능력이다. 이와 같은 이유 때문
에 항상 땅으로 떨어지기만 하는 돌이나 이리로부터 항상 도망치기만
하는 양과 달리 의지를 가지고 있는 영적인 존재들은 항상 똑같은 방
식으로 행동하지는 않는다.[64]

퍼킨스에 따르면 일반적으로 의지는 지성에 의존한다. 하지만 여
기서 하나님의 의지와 인간의 의지를 구별할 필요가 있다. 하나님
의 의지는 하나님의 본성과 동일하지만 인간의 의지는 인간의 본성
과 다르다. 또한 하나님의 의지는 하나님의 능력과 동일하지만 인간
의 의지는 그렇지 않다. 사도 바울은 이것을 다음과 같이 표현하였다.

---

62 Richard A. Muller, "The Grace, Election and Contingent Choice: Arminius's Gambit and the
    Reformed Response," in ed. Thomas R. Schreiner and Bruce A. Ware, *The Grace of God and the
    Bondage of the Will* (Grand Rapids: Erdmans, 1995), 251.

63 Perkins, *A Treatise of God's Free Grace and Man's Free Will*, VI:395.

64 Perkins, *A Treatise of God's Free Grace and Man's Free Will*, VI:397.

"하고자 하는 것이 내게 있으나 하고자 하는 그것을 내가 할 수 없도다"(롬 7:18).[65] 이것은 인간의 타락을 이해하는 데 있어서 중요하다. 아담의 가변성에서 기인하는 타락의 가능성은 견인의 은혜에 따라 결정된다. 아담은 하고자 하였다면 영원토록 선하게 살 수 있는 능력을 하나님으로부터 받았다. 아담의 의지는 그의 지성에 따라 움직이지만 하나님의 의지는 의지와 구별되는 지성의 규칙에 따라 움직이지 않는다. 하나님의 의지 자체가 지성의 절대적인 규칙이기 때문이다. "어떤 것이 합리적이고 정당하기 때문에 하나님께서 그것을 의도하신 것이 아니라, 하나님께서 의도하셨기 때문에 그것이 합리적이고 정당하다."[66] 그러므로 하나님의 의지는 모든 만물의 최고 원인이 된다.

퍼킨스에 있어서 자유는 의지의 본질적인 요소이다. 만약 자유가 없다면 의지는 더 이상 의지라고 불릴 수 없다. 그러나 여기서 말하는 자유는 "강요나 제약의 자유를 의미하며 모든 필연성들로부터의 자유를 의미하지 않는다."[67] 따라서 필연성은 의지의 자유와 상충하지 않는다. 퍼킨스는 필연성을 다음 세 가지로 구분한다: 절대적 필연성, 강요에 의한 필연성, 결과적 혹은 불오적(infallible) 필연성. 이 중에서 두 번째가 의지의 자유를 파괴시키는데 그 이유는 "동의(consent)를 말소시키기" 때문이다.[68] 이와 달리 절대적 필연성과 결과적 필연성은 자유를 파괴시키지 않는다. 예를 들어서 성자의 발생과 성령의 발출은 전자에 속하는데, 이 경우에 하나님은 지극히 자유롭게 그 일을 행하신다. 세 번째 필연성은 "어떤 것이 하나님의 결정이나 작정에 따라

---

65   Perkins, *A Treatise of God's Free Grace and Man's Free Will*, VI:405.

66   Perkins, *An Exposition of the Symbol or Creed of the Apostles*, V:346.

67   Perkins, *A Treatise of Gods Free Grace and Mans Free Will*, VI:396.

68   Perkins, A *Treatise of Gods Free Grace and Mans Free Will*, VI:396.

기존에 선행하는 것에 필연적으로 뒤따르게 될 때"[69] 일어나는데 이역시 자유를 파괴시키지 않는다.

퍼킨스는 의지의 자유를 4개의 카테고리로 구분한다. 1) 선만 원하는 자유 2) 악만 원하는 자유 3) 죄에 의하여 부분적으로 선을 원하는 자유 4) 선이나 악이나 상관없이 선택하는 자유이다.[70] 첫 번째는 하나님께만 속하고 두 번째는 타락 이후 인간에 속하며, 셋째는 중생한 자에게 속하고 넷째는 아담에게 속한다. 따라서 자유란 선택이 아니라 동의에 의해서 성립된다. 하나님은 오직 선만 선택할 수 있고, 타락 이후 인간은 악만 선택할 수 있음에도 불구하고 둘 다 실질적으로 자유롭다고 할 수 있다.

퍼킨스는 아담의 자유에 대해서도 두 가지로 구분한다: 자연의 자유과 은혜의 자유. 전자는 원하거나 안 원하는 능력이고, 후자는 "선하게" 원하거나 원하지 않는 능력이다. 전자는 선택 그 자체에 관한 구분이고 후자는 선택의 방식에 따른 구분이다. 타락 이후에 전자는 여전히 남아있고 후자는 완전히 상실되었다.[71] 따라서 오늘날 모든 인간은 어떤 의미에서는 완전히 자유롭다고 할 수 있고 어떤 의미에서는 전혀 그렇지 않다고 할 수 있다. 타락 이후에도 자유의 본질은 그대로 남는다. 그렇지 않으면 인간은 더 이상 인간이라고 할 수 없기 때문이다.

---

69 Perkins, *A Treatise of Gods Free Grace and Mans Free Will*, VI:396.

70 Perkins, *An Exposition of the Symbol or Creed of the Apostles*, V:84.

71 퍼킨스에 따르면 타락 이후의 인간이 가지고 있는 자유의지의 능력에 대한 이해가 로마 가톨릭 신학과 개혁과 신학을 나누는 결정적인 기준이다. Cf. Perkins, *A Reformed Catholic* (Moscow, Idaho: Cannon Press, 2020), 14-20.

(5) 죄에 대한 책임

죄에 대한 책임 문제는 타락과 회심을 비교할 때 보다 선명하게 이해할 수 있다. 타락과 회심에 있어서 모두 하나님의 의지가 강력하게 역사하고, 인간의 자유의지 역시 완벽하게 보존된다. 바울의 회심의 경우, 하나님은 그의 의지를 변화시킬 때, 그의 동의(consent)를 파괴시키지 않고 오히려 동의를 끌어내어 하고 싶지 않은 의지를 하고자 하는 의지로 변화시킨다. 회심에는 수동적 측면과 능동적 측면이 있는데, 하나님의 은혜가 먼저 인간에게 주어질 때 인간은 전적으로 수동적일 뿐이다. 받은 은혜를 통해 인간은 하나님께로 향하게 되는데, 이때는 하나님의 은혜와 인간의 의지가 동시에 역할을 하게 된다. 하지만 이때에도 은혜가 주된 행위자(a principal agent)이고, 인간의 의지는 은혜가 사용하는 수단일 뿐이다. 이 점에서 로마 교회와 개혁 교회는 근본적으로 다르다.[72]

죄에 대한 책임에 대한 퍼킨스의 질문은 이것이다. 동일하게 인간의 자유의지와 하나님의 주권이 항상 완벽하게 작용하고 강력하게 역사하시는데, 왜 타락의 경우에는 그 원인이 인간에게 있고 회심의 경우에는 그 원인이 하나님께 있는가? 퍼킨스의 논증은 다음과 같다. 인간은 한 방울의 은혜가 주입되지 않아도 얼마든지 죄를 범하지만 그 은혜가 없다면 인간은 스스로 회심할 수 없다. 하나님은 인간에게 은혜를 주지 않음으로 죄를 의도하시는 반면, 은혜를 수여함으로 회심을 의도하신다. 퍼킨스는 이 점에서 아주 흥미롭지만 논쟁적인 비유를 사용하여 죄에 대한 하나님의 무책임을 변증한다. 퍼킨스는 아담의 타락(fall)을 집의 붕괴(fall)와 연결시키는데 다음과 같이 요약될 수

---

72 Perkins, *A Commentary, or, Exposition upon the Five First Chapters of the Epistle to the Galatians,* II:56.

있다. 어떤 집 주인이 바람이 아주 심하게 불 경우에 넘어질 수 있는 집을 건축할 수 있다. 바람이 불기 시작할 때 그가 받침대를 설치하지 않으면 집이 붕괴될 것이지만 그 붕괴의 원인은 집주인에게 있지 않고 바람에 있다.[73] 마찬가지로 아담의 타락에 대한 책임도 그를 저지하지 않은 하나님께 있는 것이 아니다. 이 유비의 핵심은 하나님께서 타락을 의도하셨지만 그 타락을 위한 원인을 제공하지 않았다는 것이다. 하나님은 죄에 대해서 효과적(efficient), 질료적(material), 형상적 원인(formal cause)이 아니다.[74] 하나님은 악한 무엇인가를 인간의 의지에 집어넣으시지 않고 그에게서 단지 어떤 은혜를 거두셨을 뿐이다.

타락과 회심의 차이는 관점의 차이에서도 유래한다. 하나님께서 죄의 원인인가에 대한 질문은 우리가 죄를 어떻게 보는가에 따라 결정된다. 죄는 그것이 하나님의 정의를 실현시키는 한에서 선하다. 이 점에서는 심지어 하나님은 죄의 원인이 되신다고 말할 수도 있다. 그러나 죄가 악으로 고려되는 한, 하나님은 죄의 원인이 되지 않으신다. 이사야 45장 7절에서 하나님은 "나는 빛도 만들고 어둠도 창조하며, 평화도 만들고 악도 창조하느니라"고 말씀하신다. 만약 하나님께서 악을 창조하신다는 것을 그대로 받아들인다면 악에 대한 책임에서 어떻게 자유로울 수 있을까? 퍼킨스는 유다서 주석에서 이 문제를 다음과 같이 다룬다.

---

73 Perkins, *A Treatise of the Manner and Order of Predestination*, VI:306. 이 비유는 알미니우스에 의해서 신랄하게 비판을 받았다. 알미니우스는 아담과 달리 집은 자율적이지 않고 철저하게 수동적이기 때문에 아담의 타락을 집의 붕괴에 비유할 수 없다고 주장하였다. 보다 자세한 것은 다음 자료를 참고하라. Jacobus Arminius, *Modest Examination of a Pamphlet, Which That Very Learned Divine, Dr. William Perkins, Published Some Years Ago, On the Mode and Order of Predestination, and On the Amplitude of Divine Grace, in The Works of Arminius*, Vol. III (Grand Rapids: Baker Book House, 1991), 290–291.

74 Perkins, *A Treatise of the Manner and Order of Predestination*, VI:329.

악에는 세 가지 종류가 있다. 첫째 자연적 악은 타락된 본성에서 오는 것인데 아픔, 병, 역병, 그리고 죽음과 같은 것이다. 둘째, 사나운 짐승이나 나무, 식물, 짐승 안에 있는 독과 같은 질료적 악이다……. 셋째, 하나님의 명령이나 도덕법을 위반하는 도덕적 악이다. 이사야 45장 7절과 같이 하나님은 첫째와 둘째 악의 조성자나 원인이 되신다……. 그러나 죄로서의 도덕적 악에 대해서 하나님은 결코 그 원인이 되지 않으신다.[75]

악에 대한 세 가지 구분을 통하여 하나님을 변증한 다음 퍼킨스는 자신의 견해에 대한 또 다른 반박을 다룬다. 이 반박은 3단 논법으로 다음과 같이 구성된다. 대전제: 하나님은 모든 사물의 원인이시다. 소전제: 죄는 어떤 사물이다. 결론: 따라서 하나님은 죄의 원인이시다. 여기에 대하여 퍼킨스는 다음과 같이 자신의 입장을 논증한다. "죄는 피조물이 아니라 피조물에 의하여 하나님의 형상이 파괴된 것이다. 비록 피조물은 피조물을 창조할 수 없으나 다른 피조물을 파괴시킬 수는 있다."[76] 이 점에 있어서 우리는 퍼킨스는 악을 선의 결여로 보는 아우구스티누스의 전통을 따르고 있다는 것을 분명히 알 수 있다. 따라서 베자와 같이 퍼킨스가 인과론적 신학을 확립하기 위하여 아퀴나스주의자들처럼 악을 선의 결여가 아니라 본질적 존재로 보았다는[77] 주장은 전혀 근거가 없다. 퍼킨스에 의하면 죄는 자연적 습성(natural habit)도 아니고 순수한 부정(pure negation)도 아니고 "선의 결핍이나 결

75 Perkins, *An Exposition upon the Epistle of Jude*, IV:52.

76 Perkins, *An Exposition upon the Epistle of Jude*, IV:52.

77 Cf. Lynne Courter Boughton, "Supralapsarianism and the Role of Metaphysics in 16th Century Reformed Theology," *Westminster Theological Journal* 48 (1986), 87.

여"이다.[78]

따라서 퍼킨스에 있어서 죄는 적극적이거나 실재적인 존재가 아니다. 즉, 죄는 창조된 질료(matter)나 형상(form)이 아니다. 그럼에도 불구하고 죄는 질료에 있어서 어떤 자질(quality)이고 형상에 있어서는 하나님의 법을 위반하는 것이다.[79] 죄의 형상은 나쁘다고 할 수 있으나 그것의 질료 자체는 선하고, 그 질료에 관한 한 하나님은 죄의 조성자라고 할 수 있다. 형상으로서의 죄는 하나님께서 자신의 공의와 자비를 나타내기 위해서 인간이나 천사들과 같은 제2차 원인을 통해 허용이라는 방법으로 발생하게 하신다.

IV. 결론

이상에서 본 논문은 죄의 허용에 대한 퍼킨스의 상세한 변증을 살펴보았다. 이 과정을 통해서 단순히 칼뱅은 허용을 거부하고 퍼킨스는 그것을 받아들였다는 사실에 근거하여 칼뱅의 후예들이 칼뱅의 신학을 왜곡하였다는 신학적 단정을 내리는 것은 매우 위험하다는 것을 알 수 있다. 적어도 이 논문은 죄의 허용에 관한 한, "퍼킨스의 사상은 이전 개혁파 신학의 왜곡이 아니라 개신교 신학의 종합적 출발점에서 나온 긍정적인 결과물"이라는 리차드 멀러(Richard Muller)의 주장과 기본적으로 평행을 이룬다.[80] 겉으로 드러난 사실과는 달리 퍼킨스의 죄의 허용은 칼뱅의 섭리 교리를 전혀 왜곡시키지 않았다.

비록 죄의 허용에 대하여 칼뱅과 퍼킨스는 본질적으로 동일한 신

---

78 Perkins, *A Treatise of the Manner and Order of Predestination*, VI:330.

79 Perkins, *An Exposition of the Symbol or Creed of the Apostles*, V:75–76.

80 Richard A. Muller, "Perkins' A Golden Chaine: Predestinarian System of Schematized Ordo Salutis," *Sixteenth Century Journal* 9 (1978), 81.

학적 입장을 가지고 있었으나 그것을 변증하는 방식에 있어서는 상당한 차이점을 보이는 것도 사실이다. 퍼킨스는 칼뱅보다 훨씬 더 세밀하게 허용이 하나님의 의지의 한 형태라는 것을 강하게 변증하였다. 따라서 통속적인 이해와 달리 허용에 대한 퍼킨스의 강조는 엄격한 인과율적 패턴으로부터 떠나게 되었고 칼뱅의 엄정한 정의로부터도 거리를 두게 되었다.[81] 우리가 주목할 것은 퍼킨스의 변증이 성경 주석에 깊이 뿌리를 내리고 있다는 점이다. 그의 논증은 결코 성경을 떠나서 사변적 신학을 추구하지 않았다. 이 점에서도 퍼킨스는 이전 세대의 종교개혁가들의 주석적 전통을 그대로 계승하고 있다.

퍼킨스는 개혁파적 입장에서 죄의 허용을 변증하면서 이전 세대의 종교개혁가들보다 훨씬 더 자유롭고 광범위하게, 때로는 아주 비판적으로 스콜라주의와 아리스토텔레스 철학을 사용하였다. 이것은 퍼킨스와 칼뱅을 구분하는 중요한 차이점이다. 하지만 이와 같은 스콜라주의적인 변증 방법은 "오직 성경"의 틀 안에서 이루어졌으며 성경의 틀을 벗어날 때에는 앞에서 살펴보았듯이 오히려 비판의 대상이 되었다. 칼뱅과 마찬가지로 퍼킨스에 있어서도 스콜라주의나 아리스토텔레스주의와 성경에 대한 철저한 주석은 서로 공존하고 있었다. 물론 그 정도에 있어서 큰 차이를 보이는데 이것은 신학적인 충돌이 아니라 발전으로 이해할 수 있을 것이다.

---

81 Richard A. Muller, *Christ and the Decree: Christology and Predestination in Reformed Theology from Calvin to Perkins* (Durham: Labyrinth Press, 1986), 164.

결혼과 가정에 대한
윌리엄 퍼킨스의 가르침

우병훈 · 고신대학교 신학과, 교의학

WILLIAM
PERKINS

I. 결혼과 가정에 대한 청교도의 가르침

청교도들은 결혼과 가정에 대한 깊은 관심을 가졌다. 유명한 청교도 연구가인 조엘 비키(Joel Beeke)가 그의 제자 폴 스몰리(Paul M. Smalley)와 함께 조사한 바에 따르면, 청교도들이 결혼과 가정에 대해 출간한 책 가운데 근래에 재출간 책들만 해도 67권이 넘는다.[1] 하지만 안타깝게도 정작 이 주제를 다룬 현대의 연구는 별로 없는 실정이다. 간혹 뉴잉글랜드 청교도 가정에 대한 연구는 더러 있지만, 17세기 잉글랜드의 청교도 가정에 대한 연구는 아주 빈약하다.[2] 게다가 기존 연

---

1   Joel R. Beeke, "Puritans on the Family: Recent Publications," *Puritan Reformed Journal* 10, *no.* 2 (2018): 227–44.

2   대표적인 연구서는 아래와 같다. Margaret Muranyi Manchester, *Puritan Family and Community in the English Atlantic World: Being "Much Afflicted with Conscience,"* Microhistories (New York, NY: Routledge, 2019); Judith S. Graham, *Puritan Family Life: The Diary of Samuel Sewall* (Boston: Northeastern University Press, 2000); Levin Ludwig Schücking, *The Puritan Family; a Social Study from the Literary Sources* (New York: Schocken Books, 1970); Edmund S. Morgan, *The Puritan Family; Essays on Religion and Domestic Relations in Seventeenth-Century New England* (Boston: Published by the Trustees of the Public Library, 1966); Edmund S. Morgan, *The Puritan Family: Religion & Domestic Relations in Seventeenth-Century New England*, New ed., rev. enl. (Westport, CN: Greenwood Press, 1980); M. Michelle Jarrett Morris, *Under Household Government: Sex and Family in Puritan Massachusetts*, Harvard Historical Studies v. 180 (Cambridge, MA: Harvard University Press, 2013); Lawrence Stone, *The Family, Sex and Marriage in England, 1500–1800*

구들은 주로 사회, 경제적 측면에서 청교도의 가정을 연구하는 경우가 많았다. 가령 마르크스주의자였던 크리스토퍼 힐(Christopher Hill)은 1964년에 낸 연구서에서 청교도 가정은 자본주의적 가치와 관습을 예고하는 형태를 보여 주었고 특히 경제적 개인주의가 등장하는 발판 역할을 했다고 주장했다.[3] 반면에 레빈 쉬킹(Levin Ludwig Schücking)과 에드먼드 몰간(Edmund S. Morgan)은 청교도 가정이 독신과 금욕을 거부하고 부부 사이의 친밀함을 강조하는 가족 모델이 발전하는 데 기여했다고 설명했다.[4] 알렉산드라 월샴(Alexandra Walsham)은 청교도 가정이 정치와 교회에 영향을 주었고, 때로는 권위에 대한 은밀한 저항의 기능을 하기도 했다고 주장했다.[5] 2014년에 미첼 모리스는 뉴잉글랜드 청교도에 대하여 연구하여 책을 냈는데, 주로 당시에 가정에서 있었던 문제들이나 소송사건들을 다루었다.[6] 2019년에 마가렛 맨체스터는 양심이라는 주제로 청교도 가족들을 다루었다.

이 글에서 다루는 연구는 이전의 연구들을 무시하지는 않지만 좀 더 현대 교회와 기독교 신자들의 삶에 직접적인 유익을 줄 수 있는 방향에서 진행하고자 한다. 가정에 대해 다루는 수많은 청교도 작품들 중에서 특히 청교도 윌리엄 퍼킨스(William Perkins; 1558-1602)의 작품, 『기독교적 가정경영: 성경에 따라 가정을 세우고 질서를 유지하는 올바른 방법에 대한 간략한 탐구』(Christian Oeconomie, or A Short Survey of the Right

---

(New York: Harper & Row, 1977).

3   Christopher Hill, *Society and Puritanism in Pre-Revolutionary England* (1964; rpt., London: Panther Books, 1969), 429-66.

4   Schücking, *The Puritan Family*, 제1부; Morgan, *The Puritan Family* (1966), 제2장.

5   Alexandra Walsham, "Holy Families: The Spiritualization of the Early Modern Household Revisited," in *Religion and the Household* (Rochester: Boydell Press, 2014), 122-60.

6   Morris, *Under Household Government*, 제3장(다양한 이혼 사건들)과 제4장(엘리자베스 피어스의 강간 사건) 등을 보라.

Manner of Erecting and Ordering a Family, According to the Scriptures)를 다룰 것이다.[7] 이 작품은 결혼과 가정에 대해 다룬 청교도의 작품들 중에서 백미에 해당할 뿐 아니라, 현대까지도 지속적으로 사랑받는 고전이기 때문이다.

이 작품은 사우스웨스턴침례신학교의 교회사 교수 스티븐 율(J. Stephen Yuille)이 주제별로 다룬 적이 있다. 그는 작품 전체에 나타나는 중심적 특징을 아래와 같이 일곱 가지로 정리한다. 첫째, 퍼킨스는 성경을 유일한 규칙으로 삼는다; 둘째, 퍼킨스는 목회적 감각과 신학적 명확성으로 가족 문제를 접근한다; 셋째, 퍼킨스는 창세기 1장과 2장을 근거로 성경적 가족관을 제시한다; 넷째, 퍼킨스는 남편과 아내의 관계를 "한 몸 원리"로 설명한다; 다섯째, 퍼킨스는 친밀한 부부관계의 중요성을 강조한다; 여섯째, 퍼킨스는 상호책임, 구분된 역할, 공통의 목표에 근거하여 영적 가정을 형성한다; 일곱째, 퍼킨스는 사회의 기본단위인 가정을 통해 경건을 증진시키고자 한다. 율의 이러한 분석은 정당하며 작품을 이해하는 데 큰 도움이 된다. 하지만 이 글은 이러한 주제별 분석이 아니라, 내용을 요약해 가면서 특징적인 부분을 부각시키는 식으로 전개하고자 한다. 그럴 때 율의 주제적 접근에서 다루지 못한 부분을 다룰 수 있게 되며, 또한 퍼킨스의 작품을 처음 읽는 이들에게 보다 쉬운 안내자 역할을 할 수 있기 때문이다. 이 글의 구성은 퍼킨스의 『기독교적 가정경영』의 순서를 따르지만, 유사한 내용의 챕터는 묶어서 다루는 식으로 전개하겠다. 이하에서 "작품"

---

7 William Perkins, *Christian Oeconomie or A Short Survey of the Right Manner of Erecting and Ordering a Family, According to the Scriptures, in The Works of William Perkins*, vol. 10, ed. Joseph A. Pipa and J. Stephen Yuille (Grand Rapids, MI: Reformation Heritage Books, 2020), 109–94. 이하에서 이 시리즈는 "Perkins, *The Works of William Perkins*, 10:109–94."와 같이 인용한다.

은 모두 퍼킨스의 이 작품을 뜻한다.[8]

II. 퍼킨스의 『기독교적 가정경영』 서론

스티븐 율은 퍼킨스가 이 작품을 1590년대 초반에 썼을 것으로 추정한다.[9] 퍼킨스는 1595년에 티모시 크래독(Timothye Cradock)과 결혼했다. 이러한 연대표가 맞다면 그는 결혼 전에 이 작품을 써서 결혼과 가정에 대한 생각을 정리한 셈이다. 이 작품은 원래 라틴어로 썼지만 토머스 피커링(Thomas Pickering)에 의해서 영어로 번역되었다. 그 이유는 더 많은 사람들이 읽고 유익을 얻기 위함이라고 표지에 밝혀져 있다.[10] 표지에는 또한 잠언 24:3-4이 인용되어 있다.[11] 제목에 붙은 "oeconomie"라는 말은 부제(*the Right Manner of Erecting and Ordering a Family*)가 암시하는 것처럼 잠언 24:3에서부터 유래한다. 청교도 신학에서 라틴어 "오이코노미아"(*oeconomia*)는 헬라어의 음역이며, 때로 라틴어 "디스펜사티오"(*dispensatio*)의 동의어로 사용되고, "집행, 경영, 사역, 섭리, 관리" 등의 다양한 의미가 있다. 그래서 직역하면 『기독교적 경영』

---

8   이 글은 위에 언급된 Reformation Heritage Books에서 출간한 책을 기준으로 작품을 분석한다. 하지만 필요한 경우, 다른 판본도 사용하고자 한다.

9   J. Stephen Yuille, "A Puritan, Spiritual Household: William Perkins and the 'Right Ordering' of a Family," *Puritan Reformed Journal* 8, no. 2 (2016): 158–79 (159쪽에서).

10 16–17세기에 나온 책들의 표지는 일종의 광고 문구에 해당하는 내용까지 담고 있어서, 책 제목이 아주 긴 경우가 많다. 책 제목뿐 아니라, 책 내용 요약이나 특징까지 싣고 있어서 그렇다. 『기독교적 가정경영』도 역시 제목, 부가 설명, 번역된 경위, 번역자, 책 제목이 유래한 성경 구절, 출판사, 판매자, 출판도시, 출판연도 등이 다 표기되어 있다. 그래서 중요 정보들을 모두 포함하여 서지사항을 제시하면 아래와 같이 된다. William Perkins, *Christian Oeconomie or A Short Survey of the Right Manner of Erecting and Ordering a Family, According to the Scriptures*, trans. Thomas Pickering (London: Printed by Felix Kingston, Sold by Edmund Weaver, 1609).

11 우리말 성경 개역개정판은 아래와 같다. [잠 24] 3 집은 지혜로 말미암아 건축되고 명철로 말미암아 견고하게 되며 4 또 방들은 지식으로 말미암아 각종 귀하고 아름다운 보배로 채우게 되느니라.

이 되겠지만, 부제와 책의 내용에 부합하게 『기독교적 가정경영』이라고 제목을 붙였다.

표지에 이어서 번역자 토마스 피커링이 록포드의 리치 경(Robert Lord Rich)을 비롯한 몇몇 사람들에게 바치는 헌사(1609년 9월 26일)가 나오는데, 여기에서 가정의 중요성, 타락으로 말미암은 가정의 어려움, 성경과 성령에 따른 가정 세우기, 로마 가톨릭의 오류 등의 내용이 서술된다. 도합 18장으로 구성된 이 책의 순서는 전체적으로 봤을 때, 서론격인 1, 2장을 시작으로, 결혼과 남편과 아내의 의무에 대해 3-12장까지 길게 서술되고, 13-14장에서 부모와 자식의 의무, 15-16장에 주인과 종의 의무, 17-18장에 가정을 책임지는 가장(Good-Man)과 여주인(Good-Wife)의 의무를 다룬다.

말고 토드(Margo Todd)는 청교도의 이러한 가정경영이 단순히 프로테스탄트주의의 산물이라기보다는 에라스무스를 비롯한 인문주의자들의 영향 하에서 전달된 고전기 사상에도 근거하고 있다고 주장했다.[12] 특히 그녀는 부부의 동반자 관계를 가르치는 청교도 텍스트들은 프로테스탄트주의가 아니라 인문주의의 영향이라고 주장한다.[13] 그리고 부모의 자녀교육 역시 인문주의의 영향이 적지 않다고 주장한다.[14] 토드의 주장이 전혀 틀린 것은 아니다. 하지만, 그럼에도 불구하고 청교도의 가정경영에 있어서 우리는 인문주의를 1차적으로 생각해서는 안 되고, 성경과 신앙고백에 근거하여 가정을 세우고자 했던 프로테스탄트주의를 1차적으로 생각해야 한다. 『기독교적 가정경영』의 순서를 보더라도, 신약성경, 가령 에베소서 5:22-6:9에 나타나는 가정준

---

12 Margo Todd, "Humanists, Puritans, and the Spiritualized Household," *Church History* 49 (1980): 18-34.

13 Todd, "Humanists, Puritans, and the Spiritualized Household," 22.

14 Todd, "Humanists, Puritans, and the Spiritualized Household," 26.

칙(Household Codes)의 순서와 동일하다.[15] 그리고 퍼킨스가 인문주의적 문헌도 많이 사용하지만, 무엇보다 가장 먼저 성경을 근거로 하여 자신의 주장을 펼치는 것을 보면, 청교도 가정경영에서 인문주의보다는 성경이 더욱 중요한 권위와 역할을 차지하고 있음을 쉽게 깨닫게 된다. 나중에 보게 되겠지만, 퍼킨스는 인문주의적 영향을 성경을 근거로 세심하게 분별하고 있다는 것도 알게 된다.[16] 따라서 『기독교적 가정경영』을 작성하는 데 있어서 1차적 근거는 성경이며, 인문주의는 부차적 역할을 했음을 알 수 있다.

III. 가정의 정의(定義; definition)와 의무

그러면 이제 작품의 순서를 따라서 가정과 결혼에 대한 퍼킨스의 견해를 살펴보면서 현대 교회를 위해서 중요한 지점들을 짚어보고자 한다. [이하에서 괄호 안의 숫자는 『기독교적 가정경영』의 장(챕터)과 쪽수를 나타낸다. 가령, (1/119)는 제1장, 119쪽의 내용이다. 그리고 괄호 안의 성경인용은 해당 내용을 다룰 때 퍼킨스가 인용한 구절들을 모아서 제시한 것이다.]

먼저, 퍼킨스는 가정의 정의를 아래와 같이 내린다.

[가정이란] 한 사람의 개인적 통치 하에서 서로 간에 상호적 관계를 맺는 몇몇 사람의 자연적이고 단순한 사회다. 두 사람으로는 사회를 구성할 수 없으므로 이 사람들은 최소한 세 명 이상이어야 한다. 그

---

15 가정준칙에 대해서는 아래 설명을 보라. Philip H. Towner, "Households and Household Codes," in *Dictionary of Paul and His Letters*, ed. Gerald F. Hawthorne, Ralph P. Martin, and Daniel G. Reid (Downers Grove, IL: InterVarsity Press, 1993), 417–19 (특히 418–19쪽).

16 예를 들어, 노예제도에 대한 아리스토텔레스의 관점을 수정한 것이 대표적이다. Perkins, *Christian Oeconomie*, 188.

리고 같은 머리(head) 아래 세 명 이상이면, 왕들의 가족이나 세상의
국가 구성원들처럼 한 가족이 천 명이 될 수도 있다(1/119).

가족에 대한 이러한 정의는 얼핏 보면 오늘날과 너무 맞지 않아 보
인다. 일단 통치의 개념을 두는 것부터가 가정을 너무 위계질서적이
며 가부장적인 제도로 보는 것 같다. 또한 적어도 세 사람이 있어야
가정이 된다는 것 역시 오늘날 핵가족 개념과 맞지 않아 보인다. 하지
만 퍼킨스의 의도를 좀 더 깊이 고려해 본다면 가정에 대한 그의 정의
가 오늘날을 위해서도 여전히 시사점이 있음을 알게 된다. 그는 이어
서 다음과 같이 말하기 때문이다.

> 가정은 그 자체의 좋은 상태를 위해서 두 가지 의무를 수행해야만
> 한다. 하나는 하나님께 대한 의무이며, 다른 하나는 그 자신을 위한
> 의무이다. 하나님에 대한 의무는 하나님을 개인적으로 예배하고 섬
> 기는 것으로, 모든 가정에서 확립되고 정착되어야 한다(2/120).

이 부분에 비추어서 가정에 대한 정의를 다시 이해해 보자. 퍼킨스
가 가정에 한 사람의 개인적 통치가 있어야 한다고 주장한 이유는 가
부장제에 근거하여 위계질서를 확립하려는 것이 아니다. 오히려 그는
가정의 머리(head)가 있어야 할 주된 이유가 가족원들이 하나님을 섬기
고 예배 드리도록 이끌기 위해서라고 주장한다(17/189). 퍼킨스는 "이
는 남편이 아내의 머리 됨이 그리스도께서 교회의 머리 됨과 같음이
니 그가 바로 몸의 구주시니라"(엡 5:23)라는 구절을 중요하게 다룬다
(10/168). 그리고 아내의 머리로서 남편의 역할은 아내를 자신처럼 사
랑하는 것이라고 분명히 밝힌다(11/171). 하와가 아담의 머리에서 나지

도 않고 발에서 나지도 않고 오히려 갈비뼈에서 난 것은 남편이 아내를 친구(mate)로 여겨야 함을 가르친다고 설명한다(11/172). 그 외에도 아래에서 보겠지만 남편의 의무에 대한 내용들은 가부장제와 맞지 않는 부분이 많다. 따라서, 가정에 대한 퍼킨스의 정의에서 남자를 가정의 머리로 세운다고 해서 그것이 곧 가부장제에 근거한 위계질서 확립과 직결되는 것은 아니라는 사실을 충분히 알게 된다.

그렇다면 한 가지 더, 왜 퍼킨스는 가정이 되기 위해서는 적어도 세 명이 되어야 한다고 주장할까? 그것은 가정이 지닌 사회적 성격이 가장 잘 드러나며 하나님께서 가정에 주신 풍성함을 가장 잘 누리는 일은 부부뿐 아니라 자녀까지 포함하여 세 명 이상이 될 때 가능하기 때문이다. 실제로 퍼킨스는 부부의 도리에 대해서 3-12장까지 길게 서술하고 있어 가정에서 가장 중요한 관계는 부부의 관계임을 강조한다. 하지만 이어서 13-14장에서 부모와 자식의 의무를 각각 서술함으로써 가정이 보다 풍성한 사회성을 누리기 위해서는 자녀가 있어야 함을 강조하고 있다. 따라서 가정에 대한 퍼킨스의 정의는 성경적 관점에서 이해할 때 제대로 파악될 수 있다.

가정의 의무는 퍼킨스에 따르면 두 가지다. 가정의 첫 번째 의무는 하나님께 예배 드리는 일이다(2/120). 이것은 하나님의 명령이며, 성경에 나오는 거룩한 사람들의 관습이었다. 가정의 행복과 번영은 하나님의 은혜와 복주심에 달려 있기 때문에 가족들이 다함께 하나님께 예배드리는 일은 당연하다(딤전 4:8; 시 127:1-3; 시 128:1-2, 6; 삼상 1:27).

퍼킨스는 가정 예배에는 두 부분이 있다고 가르친다(2/121). 첫 번째는 모든 가족 구성원들이 영생에 이르도록 교화하기 위해 하나님의 말씀으로 모이는 것이다. 두 번째는 하나님의 은혜에 대한 감사와 함께 하나님의 이름을 부르는 것이다(신 6:6-7, 20-21, 24). 가정 예배를 위한 시간은 아침과 저녁, 두 번이다(딤전 4:4-5; 신 6:6-7; 시 55:17; 시 127:2). 특히 퍼킨스는 밤에 기도하지 않고 자는 것은 "극단적인 담대함"(a desperate boldness)이라고 경고한다(2/121). 반대로 이렇게 예배 드리는 가정은 작은 교회이며 지상 낙원이라고 표현한다(2/122).

가정의 두 번째 의무는 "가족 구성원 모두가 자신의 능력에 따라 정직하고 수익성 있는 사업에 종사하여 가족 구성원 전체의 현세적 상태와 삶을 유지하는 것"이다(2/122). 퍼킨스는 노동을 중요하게 여기며, 무위도식하는 것을 비판한다(창 3:19; 고전 7:20; 신 13:6). 그는 사람이 충분한 부유하더라도 여전히 일을 해야 한다고 가르친다(2/122; 눅 16:19).

1. 결혼, 독신, 결혼의 목적

퍼킨스에 따르면, 가정은 부부에 따라 구분된다(3/123). 부부는 두 사람이 상호적 관계 속에서 하나가 되는 것이다. 퍼킨스는 이 두 사람 중에 한 사람은 다스리고 다른 사람은 복종한다고 가르친다. 결혼에는 원리적인 요소(principal)와 덜 원리적인(less principal) 요소가 있다. 원리적인 요소는 두 사람의 연합이다. 퍼킨스는 덜 원리적인 요소가 무엇인지 밝히지는 않는다. 아마도 결혼에 부수적으로 수반되는 다양한 요소들을 뜻할 것이다.[17]

퍼킨스는 결혼에서 가장 중요한 요소는 "결혼한 두 사람의 법적인 연합"(the lawful conjunction of the two married persons)이라고 주장한다(3/123).

---

17   퍼킨스는 신자에게 주시는 약속을 원리적인 것과 덜 원리적인 것으로 나눈 적이 있다. 원리적인 혹은 주된 약속(the main or principal promise)은 그리스도에 의해 하나님께서 주시는 의와 영생이다. 덜 원리적인 약속(less principal promise)은 유혹에서 건지심, 위험에서 안전하게 지키심, 건강, 부, 자유, 평화 등이다(Perkins, *The Works of William Perkins*, 10:7).

그것은 남편과 아내가 한 육체를 이루는 것이다(3/123; 마 19:6; 엡 5:31). 퍼킨스는 여기에서 세 명 혹은 네 명이 한 육체를 이루는 것이 아니라고 명시함으로써 일부다처제를 분명히 금지한다(3/123). 믿음의 조상들 중에는 여러 아내와 첩들을 두었던 사람도 있는데, 그들은 당시의 관습에 따라 무지에 의해 죄를 지었지만 그럼에도 변명의 여지가 없다고 퍼킨스는 판단내린다(3/123).

한 가지 흥미로운 사실은 퍼킨스가 결혼을 "무관심한 일"(a thing indifferent) 즉 아디아포라에 속한 일로 본다는 것이다(3/123). 하나님의 나라는 먹는 것과 마시는 것에 있지 않듯이 결혼 그 자체가 하나님 나라의 일과 직결되는 것은 아니다. 하지만 퍼킨스는 세 가지 이유에서 결혼이 독신으로 사는 것보다 "더욱 탁월한"(more excellent) 상태라고 주장한다. 첫째, 결혼은 타락 전 아담의 순결한 상태에서 다른 모든 삶의 상태보다 먼저 낙원에서 하나님에 의해 제정되었기 때문이다. 둘째, 결혼은 삼위일체의 세 위격들 사이에서 가장 진지하고 엄숙한 협의를 거쳐 제정되기 때문이다(창 1:26, 2:18). 셋째, 하나님께서 아담과 하와를 즉시 결합시켜 주셨고, 이 결합의 방식은 아주 훌륭했기 때문이다. 넷째, 하나님께서는 "생육하고 번성하여 땅에 충만하라"(창 1:28)고 말씀하시며 결혼의 상태에 큰 축복을 주셨기 때문이다. 마지막으로, 결혼은 하나님께서 친히 제정하시고 지정하셔서 일반 사회와 교회에서 다른 모든 종류의 삶의 원천과 모판이 되게 하셨기 때문이다(3/123-24).

퍼킨스는 죄가 없었더라면 독신으로 사는 사람은 아무도 없었을 것이라고 주장한다. 하지만 타락 이후에는 상황이 달라졌다. "금욕의 은사"(the gift of continency)를 받은 사람에게 독신은 여러 면에서 결혼보다 더 낫다(3/124). 첫째, 독신은 집안일의 크고 많은 걱정에서 해방시켜 준다. 둘째, 독신자는 마음이 산만해지지 않고 하늘의 일을 묵상하는 데 훨씬 더 적합한 성향을 갖게 된다. 마지막으로, 이생에 속한 문제에서 위험이 현존하거나 임박했을 때 독신자는 결혼한 상태의 사람들보다 더 안전하기 때문에 행복할 것이다(3/124; 고전 7:8, 26, 28, 32). 이처럼 퍼킨스는 결혼이 독신보다는 더욱 탁월하지만, 특별한 은사가 있는 사람은 독신으로 살아도 좋다고 하면서 균형감각을 보여 준다.[18]

결혼의 목적에 대해서 퍼킨스는 네 가지를 제시한다(3/124-25). 첫째, 인간 종족이 번성하고 지속될 수 있도록 자녀를 낳는 것이다(창 1:28, 9:1; 딤전 1:5, 5:14). 둘째, 하나님의 교회가 거룩하고 순결하게 유지되고, 거룩한 사람들이 대대로 항상 존재할 수 있도록 거룩한 씨를 낳는 것이다(말 2:15). 셋째, 인류의 타락 이후 음행을 피하고 결과적으로 육체의 불타는 정욕을 제압하고 누르는 주요한 수단이다(고전 7:2, 9). 넷째, 결혼한 당사자들이 더 편안하고 더 나은 방식으로 소명의 의무를 수행할 수 있게 한다(잠 31:11, 31:13). 결혼은 모든 종류의 사람에게 자유로운 선택의 문제다. 하지만 절제할 수 없는 사람에게는 필수적인 일이다(히 13:4; 고전 7:9). 따라서 결혼을 금지하는 로마 교황은 사탄적(diabolical)이라고 퍼킨스는 주장한다(3/125; 딤전 4:1, 3). 이어서 그는 성경에서 결혼을 반대하는 듯한 구절들(고전 7:5, 7:32; 딤전 5:11)을 인용하면서 그 원래 의도를 설명하고, 성경은 결혼을 반대하지 않음을 논

---

18   이런 입장을 가진 현대의 학자 중에는 기독교 윤리학자 스탠리 하우어와스(Stanley Hauerwas)가 있다. 그는 결혼과 독신 양쪽 모두 긍정하면서 다음과 같이 말한다. "독신과 결혼은 모두 하나님 나라를 증거하는 역사적 기관으로서 교회의 삶을 구성하는 데 필요한 상징적 제도다. 어느 쪽도 다른 한 쪽 없이는 유효할 수 없다. 독신이 교회의 성장을 위해 삶에 영향을 미치는 하나님의 능력에 대한 교회의 신뢰의 상징이라면, 결혼과 출산은 그 투쟁이 길고 험난할 것이라는 교회의 이해의 상징이다." Stanley Hauerwas, *A Community of Character* (South Bend, IN: University of Notre Dame Press, 1991), 191. 한편, 독신에 대한 보다 현대적인 논의는 아래의 글을 보라. 우병훈, "어쩌다 싱글?", https://koreanchristianethics.com/저장소/1499 (2024.4.15. 접속)

증한다(3/125-26).

2. 결혼의 계약 즉, 약혼과 관련한 문제들

제4장에서 퍼킨스는 결혼은 두 가지 부분으로 이뤄지는데, 하나는 시작이고 다른 하나는 성취 또는 완성이라고 한다(4/127). 시작은 결혼의 계약 또는 약혼이다. 계약과 결혼 사이에는 일정한 시간적 거리가 있어야 한다. 그 이유는 첫째, 중대한 일을 결심하기 전에는 성숙한 숙고가 필요하기 때문이다. 둘째, 그러한 기간 동안 혼인의 성립을 방해할 만한 정당한 사유가 있는지를 살펴볼 수 있기 때문이다. 셋째, 이런 경우 약혼하는 사람은 정직함과 필요성을 고려해야 한다. 계약은 적합하고 유능한 판사 및 증인 앞에서 미래의 결혼에 대해 언급하거나 상호 약속하는 것이다(4/127). 한편, 퍼킨스는 약혼 당사자가 결혼의 조건이 이행되기 전에 함께 잠자리를 가졌다면, 앞으로의 계약은 더 이상의 논란 없이 확실하다고 주장한다. 그런 경우 결혼과 마찬가지로 상호 동의가 있었다는 것을 전제로 하기 때문이다(4/129).

제5장은 결혼에 맞는 사람을 선택하는 문제를 다룬다(5/130). 다섯 가지 본질적 지표들(essential marks)이 있고, 세 가지 우유적 지표들(accidental marks)이 있다. 본질적 지표 중에 가장 중요한 두 가지 지표는 첫째, 동성(同性)이 아니라 이성(異性)이어야 한다는 것(롬 1:26; 레 18:22-23)과 둘째, 혈육 관계의 적당한 거리를 유지해야 한다는 것이다(레 18:6). 즉, 결혼에서 동성애와 근친상간을 피해야 한다는 뜻이다(5/130-31). 이어지는 글에서 퍼킨스는 근친상간의 문제를 길게 다룬다(5/131-34). 그리고 성경에서 근친상간을 인정하는 듯한 구절들을 제시하면서

반론을 다룬다.[19] 첫째는 아담의 아들들의 경우다(5/134). 그들은 누이와 결혼했다. 하지만 그것은 상황상 피할 수 없는 경우였기에 근친상간을 지지하는 내용으로 일반화시킬 수 없다. 퍼킨스는 레위기 18:9-11에 근친상간을 분명히 반대하고 있음을 상기시킨다. 또한 아우구스티누스의 주장(『신국론』15.16)을 인용하여, 아담의 시대에는 필수적이었지만 이후에는 근친상간이 하나님의 명령으로 금지되었다고 설명한다(5/134).[20] 둘째는 아브라함의 경우다(5/134). 사라는 아브라함의 누이였는데 아내가 되었다(창 20:12, 11:29). 여기에 대해서 퍼킨스는 여러 가지 대답이 가능하다고 한다. 우선, 사라는 아브라함의 친누이가 아니라 조카였는데 관례상 누이라고 불린 것에 불과했다는 견해가 있다. 다른 견해는 사라가 데라의 딸이긴 하지만 아브라함과 배다른 누이라고 보는 입장이다. 또 다른 견해는 사라가 원래는 하란의 딸이었는데, 하란이 죽고 데라의 가족으로 입양되었다는 설명이다. 퍼킨스는 이 중에 어떤 견해가 맞는지 선택할 수 없지만, 분명한 것은 하나님께서 그 당시에는 완전히 승인할 수 없는 일도 허용하셨음을 기억해야 한다고 주장한다(5/135). 셋째는 다말이 암논에게 한 말이다(삼하 13:13). 하지만 다윗이 다말을 암논에게 줄 수도 있다는 다말의 말은 위기의 순간에 구원 받기 위한 발언으로 보든지, 오류에 빠진 생각으

---

19 이렇게 반론을 다루는 것은 스콜라 신학의 전형적인 방법론에 속한다. 퍼킨스를 비롯한 많은 청교도들은 중세 스콜라적 방법론을 취하여 개혁신학을 옹호하곤 했다. 이에 대해서는 아래 연구를 보라. Richard A. Muller, *Post-Reformation Reformed Dogmatics: The Rise and Development of Reformed Orthodoxy*, Volume 1: Prolegomena to Theology, 2nd ed. (Grand Rapids, MI: Baker Academic, 2003), 34-37. 멀러는 "스콜라주의"(*scholasticism*)라는 말은 주로 방법론을 뜻하지, 특정한 내용을 뜻하는 것이 아니라고 단언한다(앞 책, 35쪽).

20 아우구스티누스에 따르면, 하나님은 인류를 한 가족으로 묶으시기 위해서 초기에는 임시적으로 근친상간을 허용하셨지만, 어느 정도 인류의 숫자가 찼을 때에는 근친상간을 금지하심으로 인간의 사랑이 다만 자기 가족에게만 국한되는 가족이기주의에 빠지지 않고 더 넓은 사회로 확대되도록 하셨다(『신국론』14.1, 15.16). 이에 대한 자세한 설명은 우병훈, 『기독교 윤리학』 (서울: 복있는사람, 2019), 116, 118을 보라.

로 봐야 한다(5/135). 퍼킨스는 율법이 근친상간을 명백하게 금지하기에(레 18:12, 13, 14) 그것을 기준으로 받아들여야 한다고 주장하면서 논의를 마무리한다(5/136). 이어서 퍼킨스는 어느 친족까지 결혼이 가능한지 아주 자세한 경우론(casuistry)을 제시한다.[21]

결혼의 세 번째 지표는 출산을 위한 능력과 적합성을 갖추었느냐 하는 문제다. 신체에 심각한 질병이 있거나 미성년자인 경우에 결혼해서는 안 된다(5/142). 미성년자의 경우 서로 결혼을 합의했다고 해도 무효가 된다. 그런 경우에는 성년이 되어서 새롭게 결혼을 합의해야 한다. 한편, 미성년자가 성행위를 했을 경우에는 반드시 결혼해야 한다. 한쪽이 성인이고 다른 쪽이 미성년인 경우 미성년자가 성인이 될 때까지 기다려야 한다(5/142).

결혼의 네 번째 지표는 불치의 전염병이 없는 건전하고 건강한 신체다(5/142). 전염병이 있는 사람은 결혼을 통해서 그 병을 더욱 옮길 수 있기 때문에 결혼을 금지시켜야 한다.

결혼의 다섯 번째 지표는 두 당사자가 현재 배우자가 없어야 하고 또한 결혼을 약속한 다른 상대가 있어서는 안 된다는 것이다(5/143). 따라서 일부다처제, 일처다부제는 금지되며, 동시에 이혼도 금지된다(신 22:23-24; 마 19:9; 고전 7:11).

이어서 퍼킨스는 결혼의 우유적 지표들을 세 가지 제시한다. 본질적 지표가 결혼의 성립을 위한 필수적인 요소라면, 우유적 지표는 결혼의 행복(well-being)을 위해 필요한 요소다(5/144). 우유적 지표들 가운데 첫째는 그리스도인끼리 결혼해야 한다는 것이다(창 6:2, 24:3, 28:1; 출 34:15-16; 스 10:11; 고후 6:14; 딛 3:10). 불신자와 결혼한다 해서 결혼이 무

---

21 경우론 혹은 결의론은 특정한 경우에 어떤 행동이 윤리적인지 아닌지를 결정해 주는 것을 말한다. 보다 자세한 내용은 우병훈, 『기독교 윤리학』, 241-42을 보라.

효가 되는 것은 아니지만, 그리스도인으로서 행복한 결혼을 위해서는 신자끼리 결혼해야 한다. 그런데 만일 과거에 약혼할 때는 두 사람 모두 불신자였거나 신자였다가, 이후에 시간이 지나면서 불신자 중 한 사람이 신자가 되거나, 신자였던 사람이 불신자가 된 경우는 어떻게 해야 할까? 퍼킨스는 결혼한 사람 중 한 사람이 신자가 되었을 경우 이혼하지 말라는 바울의 가르침(고전 7:12-13)을 확장하여, 결혼 전에 그런 상황이 발생하더라도 (다른 문제들이 결부되어 있지 않는 한) 결혼의 약속은 지속되어야 한다고 주장한다(5/144-45). 이어서 그는 한 가지 가상적 질문에 대답한다. 간음보다 불신이 더 큰 죄라는 것은 분명하다. 간음으로 인해 이혼이 가능하다면 불신으로 인한 이혼이 왜 불가능한가? 이 질문에 대해 퍼킨스는 지금 자신이 다루는 문제는 어떤 죄가 더 큰 죄인가 하는 문제가 아니라, 어떤 죄가 결혼의 본질과 조건을 위협하는 죄인가 하는 문제라고 대답한다. 결혼의 유대를 끊는 죄는 간음이지 우상 숭배나 불신이 아니다. 따라서 퍼킨스는 약혼 상태 가운데 배우자 중 한 사람이 불신자가 되었을 때 결혼은 방해 받을 수 없다고 말한다(5/145).

우유적 지표들 가운데 두 번째는 나이와 상황을 고려해야 한다는 것이다(5/145). 우선, 나이에 있어서 본인과 비슷한 연령의 사람과 결혼하는 것이 좋다. 그래야 평등한 결혼 생활이 되며, 다른 사람에게도 불쾌감을 주지 않으며, 당사자들에게도 불쾌감을 주지 않기 때문이다. 당사자들에게 불쾌감을 준다는 것은, 나이 차이가 많이 나서 한 쪽은 나이가 많은데 다른 쪽은 젊으면 성생활 면에서 문제가 발생할 수 있다는 뜻이다(5/145). 또한, 나이 외에도 사회적 상황이 비슷한 사람과 결혼하는 것이 좋다(5/145). 신분 사회 속에서 살았던 퍼킨스는 비슷한 신분의 사람과 결혼할 것을 권면한다.

우유적 지표들 가운데 세 번째는 사회적 평판이 좋은 사람과 결혼 해야 한다는 것이다(5/146). 가령, 간음을 행한 사람이나, 첩을 둔 사람, 창녀 등을 배우자로 맞이하는 것은 부적절하다. 그리고 이미 약혼한 여인의 자매와 다시 약혼하는 것 역시 부적절하다(5/147).

제6장에서 퍼킨스는 결혼의 계약(marriage contract)에 있어 동의의 중요성을 다룬다(6/148). 동의는 혼인 당사자가 자유롭게 해야 하며, 동시에 부모의 재가를 받아야 한다. 혼인 당사자 사이의 자유로운 동의가 없이 강압적으로 결혼의 계약이 맺어진 경우는 무효다(6/148). 그리고 서로 결혼하기로 동의를 했다 하더라도 자신의 신분이나 재산, 기혼 여부에 대해 속이고 약혼한 경우는 무효가 된다(6/148-50). 약혼자가 광분하거나 정신병이 있는 경우에는 그 현상이 지속적이냐 일시적이냐에 따라서 약혼의 유효 여부가 결정된다(6/150). 정신병이 지속적인 것이 분명하면 약혼은 무효가 된다(6/150). 반면에 정신병이나 광분이 일시적인 것이면 결혼 계약의 효력이 유지된다. 다만 결혼 계약을 할 때 서로가 온전한 상태에 있었어야 하며, 또한 나중에 다시 동의를 갱신함으로써 이전에 했던 약속을 확인하려는 의지가 있어야 한다(6/150-51). 결혼에 있어서는 부모의 동의도 중요한데, 부모의 자유롭고도 합법적인 동의 없이 이뤄진 결혼 계약은 무효가 된다(6/151).

제7장에서 퍼킨스는 결혼 계약이 파기되는 예를 세 가지 경우에 따라 논한다. 첫 번째 경우는 결혼 계약 이후에 심각한 질병이 발생한 상황이다(7/152). 하지만 그 질병이 정말 심각한 것인지에 대한 판단을 내릴 수 있도록 긴 유예 기간을 거쳐야 한다(7/152). 그런 유예 기간 후에 여전히 질병이 심각해서 치유될 수 없고 전염성이 강하다면 결혼의 계약은 취소 가능하다. 왜냐하면 "하나님은 결혼을 당사자 자신이나 다른 사람을 해치는 것이 아니라 돕기 위해 제정하셨기" 때문이

다(7/152). 당시에는 전염병이 걸린 사람은 관계 당국자의 권위에 의해서 결혼을 금지하도록 했다(7/152). 이것은 페스트와 같은 전염병이 심했던 중세적 배경을 생각할 때 이해가 가는 부분이기도 하다. 두 번째 경우는 결혼하기로 한 당사자가 너무 오랫동안 부재할 때의 일이다. 그런 경우 그러한 부재 상태가 자발적인지 아닌지를 보고 결정해야 한다. 만일 어떤 약혼한 남성이 자발적으로 해외로 떠나 너무 오랜 기간 부재하다면, 그와 약혼한 여인은 관계 당국자에게 가서 약혼을 파기할 수 있다(7/153-54). 만일 그러한 부재 상황이 비자발적인 경우, 즉 포로, 투옥, 추방 등의 경우는 결혼하고자 하는 당사자가 특별한 수단을 써서 귀환을 기대하거나, 아니면 사망에 대한 확실한 통지를 받아 결혼을 취소할 수 있다(7/154). 세 번째 경우는 광란이나 정신병이 있는 상황이다. 그럴 경우 약혼은 취소될 수 있지만, 회복의 여부를 기다리면서 충분한 시간을 두는 것이 바람직하다(7/154).

3. 결혼의 성립과 부부의 의무

제8장은 결혼의 성립에 대해 다룬다. 결혼이란 서로의 약속에 근거하여 부부의 결합이 엄숙하게 공포되고 완성되는 것을 뜻한다(8/155). 결혼은 세 가지 행동으로 구성된다. 부모, 목사, 결혼 당사자의 행동이 그것이다.

첫째로 부모의 행동이다(8/155). 자녀의 결혼을 위해 부모는 결혼식 날 신부를 데려와 신랑에게 인도하여 두 사람이 실제로 남편과 아내가 되어 모든 결혼 의무를 서로에게 수행하도록 하는 것이다.

둘째로 목사의 행동이다(8/159). 그것은 축복(blessing) 또는 성별함(sanctification)이며, 목사가 온 회중 앞에서 계약 당사자들을 남편과 아내로 선언하고 엄숙한 기도로 그들과 그들의 신분을 하나님께 의뢰하는 엄숙한 일이다. 이 엄숙한 성별은 하와를 아담에게 주시고 "생육하고 번성하라"(창 2:22, 1:27)고 축복하신 하나님의 행위에 근거한다.

셋째로 결혼 당사자의 행동이다(8/159–60). 이것은 신부가 신랑의 집으로 정숙하고 겸손한 모습으로 인도되는 것이다. 부부의 거처와 관련하여서는, 남자가 "부모를 떠나 그 아내와 합하여 둘이 한 몸을 이루는"(창 2:24) 것이 하나님께서 낙원에서 직접 선포하신 법칙이다.

제9장은 결혼한 부부의 의무로서 동거(cohabitation)를 논한다. 동거는 서로의 의무를 더 잘 수행하기 위해 한곳에서 조용하고 편안하게 함께 사는 것이다(9/161; 고전 7:10, 12–13; 벧전 3:7). 특히 결혼 첫 해는 반드시 동거해야 한다(신 24:5). 하지만 가족을 위한 필수적인 업무를 수행하기 위해 떨어져 있거나, 교회나 사회에서 중요한 일을 위해서 부부가 서로 떨어져 지내는 것은 가능한 일이다(9/161; 잠 7:19; 삼하 11:9, 11–12). 동거와 반대되는 것이 별거(desertion)다(9/162). 별거란 결혼한 사람 중 한 사람이 고의적이고 완고한 마음으로 정당하고 필수적인 이유 없이 상대방을 떠나는 것을 말한다. 이에 대해서 퍼킨스는 세 가지 경우를 다룬다. 첫 번째 경우는 한 쪽이 불신자가 된 경우다(9/162). 그러면 다른 쪽은 불신 배우자를 위해 기도해야 하지만, 만일 불신 배우자가 이혼하기를 원한다면 이혼할 수 있다(고전 7:15). 두 번째 경우는 둘 다 신자인 경우인데 한 쪽이 폭력 때문에 두려워서 별거하는 경우다. 그럴 경우에 생명의 위협을 느끼면서까지 돌아와서 동거할 필요는 없다(9/163). 세 번째 경우는 남편이 포로 상태이거나 악의, 두려움 또는 이와 유사한 이유로 부재 중인 경우다. 이 경우 아내는 충분한 증언이나 명백한 가능성에 의해 남편의 죽음을 알기 전까지는 그가 돌아올 것을 기대하면서 결혼을 파기해서는 안된다. 사람에 따라

서, 4년, 5년, 7년, 10년 동안 남편이 부재한 경우 여자는 자유로워지고 다른 남자와 결혼할 수 있다고 한다. 그리고 만약 죽은 줄로만 알았던 남편이 오랜 시간이 지난 후에 우연히 다시 돌아온다면, 그러한 사실을 모른 채 맺은 후자의 결혼은 무효가 된다. 그것은 당사자의 잘못이 아니라 우연에 의해 발생한 것으로 간주하여 어느 당사자에게도 책임이 전가되어서는 안 된다(9/165).

제10장은 결혼한 부부의 의무로서 친교(communication)를 다룬다(10/166). 남편과 아내의 친교는 서로의 도움과 필요, 위로를 위해 서로의 인격과 재산(goods)을 기꺼이 서로에게 전달하는 의무다(엡 5:28). 이 의무는 주로 서로에게 특별한 사랑(special benevolence)을 베푸는 것으로 구성되는데 이는 예의가 아니라 정당한 빚을 갚는 것이다(10/166; 고전 7:3). 부부 사이에 마땅한 사랑은 서로에 대한 유일하고 전적인 애정으로 표현되어야 하며, 그 방법은 크게 세 가지다(10/166).

첫째, 결혼의 필수 의무인 신체(또는 혼인 침실)의 합법적이고 정당한 사용에 의한 것이다. 혼인 침실(marriage bed)은 남자와 아내 사이에만 있는 은밀하고 비밀스러운 교제를 의미한다. 퍼킨스에 따르면 부부의 성관계는 그 자체로 선하지도 악하지도 않은 "무관심한 것"(indifferent) 즉 아디아포라에 속한 것이다(10/166; 고전 7:27). 그러면서 그는 로마 교회의 두 가지 상반된 방식으로 잘못을 지적한다. 하나는 결혼을 성례로 삼아 결혼의 모든 행위를 그 자체로 선한 것으로 간주하는 오류이며, 다른 하나는 성직자의 결혼을 금지하여 남편과 아내의 은밀한 결합을 더러운 것처럼 여기는 오류다(10/166).

이어서 퍼킨스는 부부의 침실에 대한 두 가지 주의사항을 준다(10/167). 첫째는 그것이 절도 있게 행해져야 한다는 것이다. 하나님 앞에서는 부부의 관계라 할지라도 지나친 정욕을 추구하는 것은 간음과 비교해서 나을 것이 없다. 퍼킨스는 자신의 관점이 고대 교회의 판단이라고 말하면서, 남편과 아내의 관계라 할지라도 "무절제한 정욕"(immoderate desire)은 음행(fornication)이라고 적고 있다(10/167).[22] 둘째는 특정한 상황에서 금욕할 수 있다는 것이다. 특정한 상황이란 부인이 월경 중인 경우(레 18:19; 겔 18:6)나 두 부부가 합의 하에 특별히 금식과 기도에 전념해야 할 때를 가리킨다(고전 7:5). 이런 경우들이 아니면 부부의 침실은 지속되어야 하는데, 퍼킨스는 특히 그에 따른 축복 즉 자녀를 주시기를 기도하라고 권면한다(10/167-68; 시 113:9, 127:3, 창 25:21; 삼상 1:26-27). 퍼킨스는 이렇게 부부의 침실이 건강하게 유지될 때 세 가지 결실이 있다고 한다(10/168). 그 세 가지는 복된 자손을 갖게 되며(신 28:1, 4; 말 2:15), 성령께서 거하시는 몸을 깨끗하게 유지하게 되며(살전 4:3-4), 그리스도와 교회의 관계를 생생하게 보여 줄 수 있다는 것이다(호 2:19; 엡 5:23).

이와 관련하여 두 가지 질문에 퍼킨스는 대답한다. 첫째 질문은 불임의 경우 이혼할 수 있는가 하는 질문이다. 이에 대해 퍼킨스는 그럴 수 없다고 가르친다(10/168). 둘째 질문은 부부 중 한 사람이 음행이나 그와 같은 죄, 가령 근친상간, 동성애, 수간(獸姦) 등의 죄를 저지를 경우 이혼 사유가 되는가 하는 질문이다. 이에 대해서 퍼킨스는 이혼 사유가 된다고 가르친다.[23] 만일 간음자가 회개하고 다시는 그런 죄를 저지르지 않겠다고 할 경우에는 배우자가 그를 다시 받아들일 수 있지만, 이럴 경우에도 간음을 저지른 사람은 교회에 출석하고 목회자

---

22 퍼킨스가 인용한 교부의 작품은 아래와 같다. Ambrosius, De Philosop. in Augustine, *Contra Juliananum* 2.

23 헤르만 셀더하위스, "결혼의 개혁: 오늘을 위한 메시지," 이신열 역, 「갱신과 부흥」 18 (2016): 42에서 루터는 "성적 불능, 간음, 그리고 배우자 중 어느 한 쪽의 성행위에 대한 거부"의 상황에서는 이혼이 가능하다고 주장했다고 밝힌다.

에게 전체 사실을 알리고 회개함으로써 자신의 죄를 진심으로 뉘우치고 용서를 구해야 한다(10/169).[24] 다시 말해서 간음의 경우는 다시 회복이 되기 위해서는 반드시 공적인 권징의 과정을 거쳐야 한다는 뜻이다. 퍼킨스는 간음의 경우에 당사자의 의지를 거슬러서 반드시 화해하라고 강권해서는 안 되며, 이 문제는 개인의 양심에 맡겨야 한다고 가르친다(10/169). 만일 간음을 이유로 이혼하고자 할 경우는 남성이나 여성 모두에게 동등한 권리가 있어서 이혼을 요구할 수 있다(10/169).

이 경우, 이혼 이후에 교회와 기독교 당국자의 허가를 받은 후에 독신의 은사가 없는 무고한 당사자가 다시 결혼하는 것은 합법적이다(10/169). 간음한 가해자의 경우, 교회나 해당 당국자가 재혼의 자유를 허락한다면(당시 영국에서는 그렇지 않았음) 재혼할 수 있지만, 여러 가지 제한을 준수해야 한다(10/169-70). 첫째, 특히 무고한 당사자가 독신으로 사는 동안에는 화해할 수 있을지 여부가 불확실한 한 그러한 자유를 허용해서는 안 된다. 둘째, 가해 당사자가 자신의 죄를 진심으로 회개한 것이 명백히 드러나야만 교회에 받아들여지거나 재혼을 허락받을 수 있다. 셋째, 이 자유는 아무렇지도 않게 그에게 주어지는 것이 아니라, 빈번하고 진지한 훈계를 통해 진심으로 자신의 죄를 애도하고 애통하며, 이미 부끄럽게 남용한 상태의 혜택을 다시 누리려고 욕망하기보다는 홀로 남아있어야 한다.

부부 침실의 의무라는 첫 번째 친교의 의무에 이어서 퍼킨스는 둘째와 셋째 의무를 제시한다. 둘째는 부부가 서로를 소중히 여겨야 한

---

24 칼빈의 제네바 콘시스토리움도 역시 간음 때문에 이혼하고자 하는 가정을 회복시키기 위해 매우 노력한 기록이 있다. 윌리엄 네피, "칼빈의 제네바 이차 체류," 헤르만 셀더하위스 편집, 『칼빈 핸드북』, 김귀탁 역(서울: 부흥과개혁사, 2013), 100-7.

다는 것이다(10/170; 엡 5:29). 부부가 서로를 소중히 여긴다는 것은 서로의 삶을 보존하기 위한 모든 의무를 수행하는 것이다. 그러므로 그들은 자신과 서로의 유익을 위해 자신의 재화와 조언, 수고를 서로에게 거저 전달해야 한다. 셋째는 부부가 사랑과 친절로써 서로 거룩하게 기뻐하고 위로하는 것이다(잠 5:18-19; 아 1:1; 창 26:8; 사 62:7).

4. 남편과 아내의 의무

이상과 같이 결혼의 성립과 부부의 의무를 길게 다룬 후에 퍼킨스는 제11장과 12장에서 남편과 아내의 의무를 다시금 성경적으로 다룬다. 우선 그는 남편을 아내에 대해 권위를 가진 사람, 그리고 아내의 머리라고 규정한다(11/171). 이런 규정이 가부장적 제도의 영향 때문이라기보다는 오히려 성경을 따른 것임은 아내에 대한 남편의 의무를 규정한 부분을 보면 알 수 있다. 퍼킨스에 따르면, 남편의 의무는 두 가지다. 첫째로, 남편은 아내를 자신의 몸처럼 사랑해야 한다(10/171; 엡 5:33; 창 24:67). 이를 위해서 남편은 두 가지를 해야 한다. 우선, 아내를 위험으로부터 보호해야 한다(창 20:16; 삼상 30:5, 8). 또한, 아내의 상황을 자신의 것으로 여겨서 살아 있는 동안 당연히 아내를 부양해야 하고, 죽은 이후에도 아내가 삶을 영위할 수 있도록 마련해 놓아야 한다(엡 5:28-29; 출 21:10; 룻 3:9).

둘째로, 남편은 아내를 귀하게 여겨야 한다(10/171; 벧전 3:7). 이러한 존중에는 세 가지가 있다. 첫째, 아내를 자신의 동반자로 여기는 것이다. 여성이 창조될 때 남자의 머리나 발에서 취해지지 않고 옆구리에서 취해진 것은, 아내가 남편을 다스리도록 만들어지지도, 종으로서 남자에게 복종하도록 만들어진 것이 아니라, 남편의 친구(mate)가

되도록 하기 위함이었다(11/172). 둘째, 분노나 변덕과 같은 여성의 연약함을 지혜와 인내 가운데 참는 것이다(11/172). 셋째, 아내로부터 조언이나 충고를 받기 위해 때때로 인내하는 것이다(11/172; 창 21:12; 삼상 1:23).

이어서 퍼킨스는 두 가지 질문에 대해 응답한다. 첫째 질문은 남편이 아내를 교정(correct)할 수 있는가 하는 질문인데, 퍼킨스는 그럴 수 있다고 한다. 하지만 그럴 때도 여전히 사랑으로 해야 하며 말로 해야 한다. 그는 "남자가 아내를 구타하는 것은 큰 수치다"라는 크리소스토무스의 말을 인용하여 폭력적인 방법으로 아내를 대하는 것을 철저하게 금지시킨다(11/172-73).[25] 둘째 질문은 남편이 아내를 대하는 것이 정부가 시민을 대하는 것과 같으냐 하는 것인데, 퍼킨스는 아니라고 대답한다. 정부는 칼과 권력을 사용할 수 있지만, 남편은 결코 아내를 구타하거나 때려서는 안 된다(11/173). 너무나 고집이 세고 성질이 급한 아내를 둔 남편은 하나님께서 그에게 지워주신 십자가의 몫으로 알고 그 상황을 견뎌야 한다. 만일 참을 수 없는 사람이 있다면 주변 사람들의 용서와 동정을 받을 수는 있겠지만, 그렇다고 해서 전적으로 용서받을 수는 없다(11/173). 이처럼 퍼킨스는 남편의 의무를 다루면서 가부장제에 따른 규칙과 처방을 주기보다는 성경을 기준으로 한 관점과 지침을 제시한다.

제12장은 아내의 의무를 다룬다. 아내는 결혼한 여성으로, 남편에게 복종하며 순종할 의무가 있는 사람이다(12/174; 롬 7:2; 엡 5:24; 골 3:18; 딤전 2:12; 창 3:16; 레 22:12-13, 민 30:13). 아내의 의무는 두 가지다.

---

25 크리소스토무스의 작품 『고린도전서 강해』, 26번 강해(고전 11장)를 인용한다. 영어 번역본은 아래를 보라. John Chrysostom, *The Homilies of S. John Chrysostom, Archbishop of Constantinople, on the First Epistle of St. Paul the Apostle to the Corinthians*, A Library of Fathers of the Holy Catholic Church (Oxford; London: John Henry Parker; J. G. F. and J. Rivington, 1839), 364.

첫째로, 남편에게 복종하고 모든 일에서 남편을 머리로 인정하고 존경하는 것이다(12/174; 창 20:16, 24:65; 고전 11:3; 엡 5:22). 퍼킨스는 아내가 남편의 특권에 동참하며, 남편이 가진 명예와 평판에 따라 크게 영향을 받는 당시 사회 속에서 아내가 남편을 머리로 인정하는 것은 당연하다고 주장한다(12/174-75). 물론 이러한 상황은 오늘날에 그대로 적용할 수는 없다. 현대 사회에서 결혼한 여성의 사회적 지위는 남편의 그것과 독자적인 경우도 적지 않기 때문이다. 하지만 오늘날에도 남편의 특권과 명예, 사회적 지위와 평판이 그와 결혼한 여성에게 영향을 미치는 경우는 매우 흔하다. 따라서 퍼킨스의 판단이 오늘날에도 유효한 면이 있다. 분명한 것은 퍼킨스가 남편에 대한 아내의 순종을 말할 때 이러한 사회적 상황을 제일 중요한 근거로 두지 않고 성경적 근거를 1순위로 둔다는 점이다.

둘째로, 아내들은 범사에 남편에게 순종해야 하는데, 판단과 의지 모두에서 전적으로 남편에게 의존해야 한다(12/175). 이는 교회가 머리이신 그리스도께 순종하고 그분의 명령과 다스림과 지시를 받도록 자신을 양도하는 것과 같다(벧전 3:6). 특히 퍼킨스는 부인이 남편의 동의 없이 집을 떠나 자유롭게 방랑하거나 타향살이를 해서는 안 된다고 단언한다(왕하 4:22). 오히려 아내는 남편을 따라가야 하며 함께 살아야 한다(고전 9:5; 창 13:1, 20:1-3, 31:17). 이것은 아마도 결혼한 여성들 중에 함부로 집을 나가서 가출하는 사례가 있어서 경계하기 위함인 것 같다(12/175).

남편의 의무에 대해서는 비교적 길게 다룬 퍼킨스는 아내의 의무에 대해서는 간략하게 다룬다. 두 가지 의무로 나누었지만 사실은 남편에게 복종하라는 한 가지 의무다(12/174-75). 하지만 이러한 명령은 가부장적 맥락 속에서 판단하기보다는 성경적 관점을 제시한 것으로 보는 것이 더 옳다. 그것은 남편의 의무를 더욱 자세하고 엄격하게 규정한 것을 보면 쉽게 알 수 있다.

5. 부모의 의무

결혼의 의미와 목적, 결혼의 계약, 결혼의 성립, 부부의 의무, 남편과 아내의 의무 등을 자세히 다룬 후에 퍼킨스는 부모와 자식의 의무를 제13장과 제14장에서 각각 다룬다. 먼저 제13장에서 부모의 의무를 다루는데, 이것은 확대된 가족, 즉 부모와 자녀로 구성된 가족을 전제로 한다고 밝힌다(13/176). 부모의 의무는 크게 두 가지인데 양육과 출가다. 우선, 양육을 위해서는 두 가지가 필요하다. 첫째로, 부모는 자녀 교육(또는 양육)을 책임지고 자녀가 생명을 유지할 뿐 아니라, 잘 살도록 도와야 한다(13/176; 엡 6:4). 자녀의 생명을 보존하기 위해 부모는 특히 4가지 의무가 있다. 첫째, 어머니는 아기에게 젖을 먹이고 포대기로 감싸며 키워야 한다(딤전 5:10; 창 21:7; 삼상 1:22; 시 22:9; 눅 11:27, 2:7). 하나님께서는 아이를 낳은 여성에게 젖을 주셨으며, 아이에게 모유보다 더 자연스러운 음식은 없다. 하지만 건강이나 능력이 부족하거나 기타 인정할 수 있는 장애가 있는 경우, 어머니는 아이를 낳은 후 유모(乳母)를 둘 수 있다(창 24:59; 출 2:7-9). 둘째, 부모는 자녀에게 음식과 음료 및 의복을 제공해야 한다(13/177; 마 7:9-10; 딤전 5:8). 셋째, 하나님께서 능력과 수단을 주실 때 자녀의 미래를 위해 무언가를 마련해 놓아야 한다(고후 12:14; 잠 19:14). 이런 지침은 평균 수명이 짧아서 자녀가 장성하기 전에 죽는 일이 많았던 17세기 상황을 고려하면 이해가 될 것이다. 넷째, 자녀의 몸과 마음의 성향과 타고난 은사를 잘 관찰하여 그에 맞는 정직한 소명과 삶의 과정을 안내하는 것이다(13/177; 잠 20:11). 이에 대해서 퍼킨스는 루피누스가 쓴 『교회사』 (*Ecclesiastical History*)로부터, 알렉산드리아의 주교 알렉산더가 어린 아타나시우스가 바닷가에서 놀 때 성직자 놀이를 하는 것을 보고서 그를 가르치고 키웠다는 사례를 제시한다(13/177-78).[26] 그리고 고대 아테네인들이 자녀에게 어떤 직분을 부여하기 전에 먼저 모든 종류의 직업에 속하는 도구들이 놓여 있는 공공장소에 데려가서 그중 어떤 종류의 도구를 가장 좋아하는지 살펴보고, 그 도구가 속한 직업으로 인도하였다는 예도 제시한다.[27] 퍼킨스는 부모의 첫 번째이자 주된 관심은 교회를 위한 것이어야 하며, 가장 지혜롭고 최고의 은사를 받은 자녀를 하나님께 봉헌하고 성경 공부로 양육하여 나중에 교회 사역을 위해 봉사하도록 하는 것이어야 한다고 주장한다(삼상 1:11). 이는 오늘날처럼 목회자로 헌신하는 이들이 적은 시대에 매우 필요한 충고라 판단된다.

둘째로, 자녀 양육의 다음 목표는 자녀가 잘 살며 경건한 삶을 살 수 있도록 돕는 것이다(13/178). 이를 위해 부모는 세 가지를 해야 한다. 첫째, 자녀가 태어난 후 가능한 한 빨리 세례를 통해 참된 교회에 속하도록 해야 한다(13/178). 둘째, 아이가 어느 정도 생각할 수 있는 나이가 되면 아이의 마음에 "경건과 종교의 씨앗"(the seeds of godliness and religion)을 심기 위해 노력해야 한다(13/178; 딤후 3:14-15; 신 6:7, 20; 시 44:1).[28] 셋째, 학문과 종교를 가르치는 교육은 자녀가 기쁨으로 받아들일 수 있도록 질서 있게 이루어져야 한다(13/179). 이를 위해 때때로

---

26 퍼킨스가 인용한 부분은 다음과 같다. Ruffinus, *Eccl. Hist.* 1.14.
27 이 예는 나지안주스의 그레고리우스가 에우독시우스에게 보낸 편지(Nazian. Epist. ad Eudox.)에서 읽었다고 퍼킨스는 여백에서 밝히고 있다(13/178n2).
28 "종교의 씨앗"(semen religionis)과 "신성에 대한 감각"(sensus divinitatis)에 대해서는 아래를 보라. 칼빈, 『기독교강요』, 1.3.1.

적당한 방법으로 그들의 나이에 맞는 놀이를 제공할 필요가 있다(슥 8:5). 하지만 통제가 되지 않을 때는 일단 말로 책망하고, 그것으로 도움이 되지 않을 때는 교정의 매를 들어야 한다(잠 29:15, 17; 히 12:9). 하지만 이 시점에서 두 가지 극단은 조심스럽게 피해야 하는데, 자녀에게 너무 엄격하거나 너무 관대한 일이다(엡 6:3; 삼상 2:23).

양육 다음으로 부모의 일반적인 의무는 자녀를 성혼시켜 출가시키는 것이다(13/179). 자녀를 성혼시키기 위해 부모는 자녀가 결혼에 적합하고 독신의 은사를 가지고 있지 않다는 것을 분별하며, 최선을 다해 제때에 짝을 찾아주기 위해 스스로 또는 친구를 통해 조언을 해 주어야 한다(고전 7:36, 38). 퍼킨스는 이를 위해 구약에서 여러 예를 가져오는데, 어떤 예들은 문맥의 1차적 의미를 주목하기보다는 논의를 돕기 위한 예시로 쓰기 위해 가져오기도 한다(렘 26:6; 창 28:1; 삿 14:2). 퍼킨스는 이렇게 자녀를 출가시키는 의무를 당시 부모들이 소홀히 하고 있음으로 인해, 신자의 자녀들이 종종 음행을 저지르거나 불경건한 결혼을 하게 되는 상황을 안타깝게 여긴다(13/180). 그리고 자녀의 배필을 찾을 때 부모는 아름다움과 재물 또는 다른 외적인 축복보다 경건과 지혜를 더 존중해야 한다고 주의시킨다(13/180). 물론 경건과 지혜를 갖춘 경우에는 외적인 축복을 겸한 사람이 더 대접받을 수 있다(13/180). 하지만 더 좋은 것(즉, 영적인 면)은 무시하고 단지 아름다움만 보고 결혼시키는 것은 죄가 된다(13/180). 마지막으로, 퍼킨스는 결혼 문제에 있어서 부모가 자녀를 온화하게 대해야 하며, 억지로 누군가와 결혼시키거나 누구와 결혼하라고 강요해서는 안 된다고 주장한다(13/180).

6. 자녀의 의무

제14장은 자녀의 의무를 다룬다(14/181). 자녀는 부모에게 복종하는 사람이다. 자녀가 부모에게 수행해야 할 의무는 크게 두 가지다. 첫째, 친부모든 양부모든, 양아버지와 양어머니든, 살아있는 동안 그들에게 순종하는 것이다(엡 6:1; 눅 2:51; 출 18:19; 룻 3:5; 욥 1:5). 특히 퍼킨스는 직업과 결혼에 있어서 부모에 순종하도록 권면한다(14/181). 둘째, 하나님께서 능력을 주시면 부모가 궁핍할 때 음식과 의복 및 기타 필요한 것으로 도움으로써 부모의 사랑과 보살핌에 보답하는 것이다(14/182; 딤전 5:4; 창 47:12; 룻 2:14, 18). 퍼킨스는 부모 봉양을 강조하기 위해서, 부모를 봉양해야 할 의무가 매우 필수적인 상황인데도 자녀가 이를 소홀히 하고 부모를 악한 태도로 대한다면 모세의 율법에도 죽이라고 되어 있음을 상기시키고 있다(14/182; 출 21:15).[29]

이어서 퍼킨스는 두 가지 질문을 다룬다. 자녀가 부모의 동의 없이 종교적 혹은 민사상 서약을 하는 것이 합법적인가 하는 것이다. 퍼킨스는 합법적이지 않다고 대답한다(14/182-83; 민 30:6). 두 번째 질문은 자녀의 재혼 시 부모의 동의가 필요한가 하는 문제다. 퍼킨스는 고대의 민법과 황실법에 따르면 과부는 이전 결혼으로부터 자유로워졌더라도 부친의 동의 없이 다시 계약을 맺어서는 안 된다고 규정되어 있음을 상기시킨다. 이 경우 동의는 절대적으로 필요한 것은 아니지만, 그럼에도 자녀들은 언제든지 부모를 공경할 의무가 있기에(출 20:12), 재혼 시에 부모로부터 조언을 받는 것이 적합하다. 그리고 과부들이 부모 몰래 결혼하는 것은 정당한 비난을 받을 수밖에 없다는 베자

---

29 퍼킨스는 여기에서 맏아들이 다른 형제들보다 아버지의 재산을 더 많이 가져야 한다는 법도 다루는데, 맏아들이 너무 사악하면 예외가 된다고 주장한다(14/182).

(Beza)의 글을 인용한다(14/183).[30]

7. 기타 가정 경영과 관련한 내용

이 책의 15장과 16장은 각각 주인의 의무와 하인의 의무를 다룬다. 이런 내용은 오늘날과 상황이 맞지 않는 부분이 많지만, 기업경영에 (바꿀 것은 바꾸어서[*mutatis mutandis*]) 적용할 수 있다. 가령, 퍼킨스는 주인이 하나님을 두려워하는 마음으로 종들을 위해서 좋은 선택을 해야 한다고 하며(15/184; 엡 6:5-7; 골 3:22), 과도한 일을 시키지 말라고 하고(15/184; 벧전 3:8), 적절하게 보상을 해 줘야 한다고 주장한다(15/184; 잠 31:15). 그리고 종이 아플 경우 모든 수단을 써서 치료하고 회복시켜야 한다고 권면한다(15/185; 골 4:1; 마 8:6). 종들은 주께 하듯이 봉사해야 한다(16/186; 딛 2:9). 한 가지 특징적인 점은 철학자 아리스토텔레스가 노예제도는 자연적인 것이라고 말한 것에 대해 퍼킨스가 반대한다는 점이다(16/188). 퍼킨스는 "노예제도는 자연에서 비롯된 것이 아니라 국가의 법에서 비롯된 것이며 타락의 결과"라고 주장한다(16/188). 왜냐하면 모든 인간은 본질적으로 동등하고 무차별적으로 자유로우며, 다른 사람보다 더 잘 낫다거나 못나지 않기 때문이다(16/188).

가장의 의무(17장), 여주인의 의무(18장)를 다루는 장에서도 몇 가지 특기할 부분이 있다. 가장(the master of the family; good-man of the house)은 집안 전체를 책임지는 사람이다(17/189). 가장의 첫째 의무는 가장의 역할을 감당하고, 가족 내에서 하나님을 예배하는 주체이자 책임

---

30 퍼킨스가 여백에 쓴 서지사항은 아래와 같다. "Beza de repud. & divor. sect. de sponsalibus absq. consens. par. factis."

자가 되는 것이다(17/189; 수 24:15). 둘째 의무는 안식일[31]에 가족을 교회에 데리고 가서 예배 드리도록 하고, 예배 후에는 가족이 들은 것을 고려하여 지식과 순종으로 유익을 얻도록 돕는 것이다(17/190). 셋째 의무는 가족에게 먹을 것과 마실 것과 입을 것을 제공하고, 그들이 조용하고 평안한 삶을 살도록 하는 것이다(17/191; 딤전 5:8). 넷째 의무는 가정의 질서를 유지하고 집안에서 규율을 행사하고, 범죄를 막는 것이다(17/191; 신 21:18-20). 다섯째 의무는 가족이 아닌 낯선 이방인이라도 기독교인이자 신자라면, 특히 말씀의 사역자라면 대접하는 것이다(17/192; 롬 12:13; 히 13:2). 여주인(the mistress of the family, good-wife of the house)은 가장에게 도움과 지원을 제공하는 사람이다(18/193). 그녀의 임무는 두 가지다. 첫째, 자신에게 속한 영역을 잘 다스리는 것이다(딤전 5:14). 둘째, 가족들에게 적절하게 음식을 제공하는 것이다(잠 31:15). 퍼킨스는 한 가지 질문을 다루고 자신의 책을 마친다. 그것은 여주인이 가장의 동의 없이 가족 소유의 재산을 증여하거나 처분할 수 있는가 하는 문제다. 퍼킨스의 대답은 아내에게 고유하게 속한 재산은 그렇게 하는 것이 가능하지만, 그렇지 않은 경우는 아내가 남편의 동의 없이 처분할 수 없다는 것이다.

---

31 청교도는 주일을 안식일로 여겼다. 웨스트민스터 신앙고백서, 제21장을 보라.

IV. 결론: 성경적 가정을 지향하며

루터는 가정을 성품을 위한 학교라고 묘사했다.[32] 퍼킨스의 『기독교적 가정경영』은 가정이 경건과 지혜를 배우고 인생의 기쁨과 보람을 느끼도록 만들어 주는 학교임을 알려준다. 이 작품을 통해 알 수 있는 것은 아래와 같다.

첫째, 퍼킨스는 신자의 가정을 무엇보다 성경적 토대 위에 두기를 원한다. 그가 때때로 고대 그리스와 로마의 고전 작품을 인용하거나 교부들의 작품을 인용하기도 하지만, 지속적으로 가장 많이 인용하는 것은 성경이다. 그는 주제와 직접적으로 관련되는 구절뿐 아니라, 좋은 예시가 되는 성경의 사례들도 두루 인용한다. 이런 경우 인용하는 성경의 1차 문맥과는 맞지 않는 부분도 더러 있으나, 성경을 기준으로 삼는다는 점에서 여전히 유의미하다.

둘째, 퍼킨스의 작품은 청교도에 대한 기존의 통념을 바꾸게 한다. 많은 사람들이 청교도를 생각할 때 금욕이나 절제를 떠올리며, 무료하고 재미없는 삶을 생각한다. 하지만 퍼킨스는 성적인 금욕과 억압을 장려하지 않았다. 오히려 그는 건전한 부부의 침실 생활에 대해 강조하며 성이 주는 기쁨에 대해 열린 태도로 기술한다. 그가 경계하는 것은 도를 넘어선 쾌락 추구나 부부의 관계 바깥에서 이뤄지는 성행위이지, 부부의 침실 자체가 아니다.

셋째, 퍼킨스의 『기독교적 가정경영』에서 주안점은 결혼과 부부의 관계에 놓여있다. 이 책은 결혼과 부부에 대해서 제3장부터 제12장까지 길게 다룬다. 결혼과 부부관계가 가정을 세워가는 데 있어 가장 중

---

32 Roland Bainton, *Here I Stand* (Nashville: Abingdon, 1951), 286-304.

요하기 때문이다. 그럼에도 불구하고, 퍼킨스는 결혼이 무관심한 일, 즉 아디아포라에 속한 일로 본다. 특별한 사명과 독신의 은사가 있다면 싱글로 사는 것도 괜찮다는 뜻이다. 물론, 퍼킨스는 독신보다 결혼이 더욱 탁월한 일이라고 강조하는 것 역시 잊지 않는다.

넷째, 퍼킨스의 작품은 매우 현실적이며 구체적이어서 도움이 된다. 그는 단지 추상적으로 가정생활을 논하지 않았다. 가정과 관련한 다양한 주제를 실제적으로 다룰 뿐 아니라, 거의 매 챕터마다 질문에 대한 대답을 제시하여 독자들에게 도움을 주고 있다. 이러한 질문들은 그가 직접 신자들로부터 받은 것들일 가능성이 높다. 퍼킨스는 이 책 전체에서 탁월한 성경적 균형과 노련한 목회적 안목으로 다양한 주제들을 다룬다.

다섯째, 이 책은 가부장적 문화 속에서 작성되었지만, 가부장제의 폐해를 성경을 통해 최대한 줄이고 있다. 가령, 가정에서 머리는 남편이며 가정경영은 남편이 주도해야 한다고 하지만, 남편은 언제나 아내의 충고와 조언에 귀를 기울여야 한다고 동시에 주장함으로써 균형을 맞춘다. 또한, 남편과 아내의 관계를 "친구"로 묘사함으로써 부부의 동등성을 강조한다. 남편의 의무를 아내의 의무보다 훨씬 길게 서술하는 것도 역시 남편의 책임성을 부각시키는 대목이다.

여섯째, 퍼킨스는 가정경영에서 신앙과 경건을 매우 중요하게 여긴다. 그는 가장의 첫째 의무가 하나님을 예배하는 주체이자 책임자가 되는 것이라고 단언한다. 또한 그는 부모의 자녀교육에서 첫 번째이자 주된 관심은 교회를 위한 것이어야 하며, 가장 지혜롭고 최고의 은사를 받은 자녀를 교회의 사역자로 세워가야 한다고 역설한다. 이런 식으로 그는 경건한 가정 없이 건강한 교회가 없다는 사실을 힘주어 강조했다.

일곱째, 퍼킨스의 책은 오늘날에도 여전히 유용하고 귀감이 되는 교훈으로 가득하다. 그것은 그가 성경적이며, 목회적이며, 실제적으로 이 책을 썼기 때문이다. 시종일관 성경적 원리와 토대 위에서 주제를 논하고, 구체적이지만 균형이 잘 잡혀 있는 관점과 다양한 사례를 제시해 주는 이 책은 가정의 위기가 갈수록 심각해져가는 오늘날 한국사회와 교회를 위해서 매우 좋은 안내자와 처방이 될 것이다. 퍼킨스가 말하는 좋은 가정은 하나님께 예배 드리며, 각자가 자신의 소임을 다하는 경건한 가정이다. 이를 위해서 목회자들과 성도들은 그가 제시하는 내용들을 발판으로 삼아 더욱 풍성하고 깊이 있는 가정경영론을 발전시켜 나갈 책임이 있다.

윌리엄 퍼킨스의
언약 사상과 회심 교리

김효남 · 총신대학교 신학대학원, 역사신학

WILLIAM
PERKINS

I. 들어가는 말

    윌리엄 퍼킨스는 16, 17세기 잉글랜드 청교도주의의 기초를 놓은 인물로서 흔히 "청교도주의의 아버지"로 불린다. 실제로 그는 단순히 신학뿐만 아니라 목회와 신자의 삶에 대한 다양한 분야에서 17세기 청교도들이 가졌던 사상의 기초를 놓은 인물로 불리기에 손색이 없다. 이러한 퍼킨스의 사상은 청교도들의 사상과 더불어 많은 이들의 공격대상이 되었다. 이들은 공격으로 삼았던 주된 대상은 청교도들의 언약 사상과 회심론이었다. 그들은 퍼킨스와 청교도 언약 사상이 칼빈을 비롯한 16세기 종교개혁자들의 언약 개념에서 이탈하였다고 주장한다. 특히 청교도들은 행위 언약을 강조하여 종교개혁자들의 언약 사상의 강조점을 하나님의 은혜에서 인간의 공로로 옮긴 잘못을 범했다고 주장한다.[1] 이런 주장의 대표자는 신정통주의 신학자로 널리 알려진 칼 바르트(Karl Barth)이며, 그에게 영향을 받은 여러 학자들이 함

---

1   이와 비슷한 입장에 있는 학자들로는 페리 밀러(Perry Miller), 딜리스톤(F. W. Dillistone), 로버트 켄달(R. T. Kendall), 풀(D. Poole), 제임스 토렌스(James B. Torrance), 롤스톤 홈즈 III(Rolston Holmes III) 그리고 데이비드 웨어(David A. Weir) 등이 있다.

께 하고 있다. 그들은 퍼킨스와 청교도의 언약 사상에 스며있는 이런 인간의 공로적인 사상이 그들의 회심론에도 반영되어 있다고 생각했는데, 청교도들의 회심 준비 교리가 그에 해당한다고 보았다. 특히 페리 밀러는 이러한 청교도들의 언약 사상이 측량할 수 없는 하나님의 절대적인 의지와 작정과 주권을 훼손하고 구원에 있어서 인간의 역할을 확장한다고 보았는데, 그 씨앗이 퍼킨스의 언약 사상과 회심 교리 안에 있다고 주장했다.[2] 이와 같은 퍼킨스의 영향은 17세기의 존 코튼과 같은 뉴잉글랜드 청교도들이 알미니안주의적 요소를 가지게 할 정도로 지대했다고 한다.[3]

청교도들에 대한 이러한 이미지는 지나간 과거의 유물이 아니다. 그뿐만 아니라 단순히 학자들의 신학적 담론에 머물지도 않는다. 여전히 한국 교회 안에 자리 잡고 있으며, 성도들이 청교도들의 귀한 신학적, 신앙적 유산을 마음껏 향유하지 못하도록 하는 장애물로 남아 있다. 이에 본 논문은 청교도의 아버지라고 불리는 윌리엄 퍼킨스의 언약론과 회심 교리를 분석하여 이러한 주장들이 근거가 없다는 사실을 밝히고자 한다.

---

2 Perry Miller, "The Marrow of Puritan DIvinity," *Publications of the Colonial Society of Massachusetts* no. 32 (1937), 255.

3 Mark R. Shaw, "Drama in the Meeting House: The Concept of Conversion in the Theology of William Perkins" *Westminster Theological Journal no.* 45 (1983), 42.

II. 윌리엄 퍼킨스의 언약신학

청교도주의의 아버지라는 그의 별명이 시사하듯, 윌리엄 퍼킨스는 후대 청교도들에게 지대한 영향을 미쳤다. 자연스럽게 그의 언약신학 또한 청교도 신학의 확립과 발전에 중요한 역할을 했다.[4] 그는 1558년 워릭셔의 마스턴 재벳에서 태어났다. 1577년 6월에 케임브리지의 크라이스트 칼리지에 학생으로 입학했다. 학창시절 한 사건을 통해 퍼킨스는 강력한 회심을 경험했고, 이로 인해 그의 학문적 관심사를 수학에서 신학으로 바꾸게 되었다. 하나님의 은혜로, 리처드 그린햄과 리처드 로저스와 같은 다른 초기 영국 청교도들 가운데서 그는 로렌스 채더튼을 만났는데, 채더튼은 그의 개인 교사이자 평생의 친구가 되었다. 이들은 모두 칼빈주의자들이었고, 퍼킨스는 이러한 칼빈주의자 동료들에 의해 칼빈주의자로 훈련받았다. 그러나 그는 자신의 칼빈주의를 라무스의 방법으로 표현했기에, 그의 신학은 사변적인 것보다는 실제적인 적용을 지향했고, 퍼킨스는 인기 있는 설교자이자 신학자가 되었다.[5] 그는 케임브리지에서 교육을 받았을 뿐만 아니라, 1584년부터 죽을 때까지 크라이스트 칼리지 맞은편에 있는, 매우 영향력 있는 설교단이었던 그레이트 세인트 앤드류스 교회의 강사, 즉

---

4   William Haller, *The Rise of Puritianism*(New York: ColumbiaUniversity Press, 1938; reprint, New York: Harper Torchbooks, 1957), 64; VictorLewis Priebe, "*The Covenant Theology of William Perkins*," (Ph.D. diss., Drew University,1967), 31. 프리베(*Priebe*)는 다음과 같이 말한다. "17세기 동안 청교도들 사이에서 언약신학이 가장 완전하게 발전하고 가장 광범위하게 사용되었다는 것은 의심의 여지가 없다. 이 시기에 존 프레스턴(John Preston), 윌리엄 에임스(William Ames), 조지 다우남(George Downame), 존 솔트마쉬(John Saltmarsh), 피터 벌클리(Peter Bulkeley), 존 볼(John Ball), 그리고 에제키얼 홉킨스(Ezekial Hopkins)와 같은 저명한 신학자들이 수많은 논문을 발표했다. 언약신학의 초기 단계에서 주요 공헌자 중 한 명으로 윌리엄 퍼킨스(William Perkins)가 포함되었다고 일반적으로 간주되어 왔다."

5   Joel R. Beeke and Randall J.Pederson, *Meet the Puritans* (GrandRapids: Reformation Heritage Books, 2006), 470-71.

설교자로 봉직했다. 또한 1590년부터 1591년까지 크라이스트 칼리지의 학장으로도 봉직했다. 한편, 그의 가르치는 사역을 통해 그의 영향력은 영국 청교도 사회뿐만 아니라 외국에서도 증가했다. 존 프레스턴, 리처드 시브스, 윌리엄 에임스, 존 코튼, 윌리엄 구지, 그리고 토마스 굿윈은 퍼킨스로부터 직접적인 영향을 받은 청교도들 중 가장 대표적인 인물들이었다.[6] 퍼킨스 사후 11년이 지난 1613년에 퍼킨스의 모교에 온 굿윈에 따르면, "당시 온 도시는 여전히 대부분의 사람들의 기억 속에 생생한 퍼킨스 목사의 사역의 능력에 대한 이야기들로 가득 차 있었다."[7] 더욱이 그의 영향력은 그의 저서들의 보급으로 배가되었다. 그의 책들은 수없이 많은 판을 거듭했기에, 풀러는 "그것들이 얼마나 두껍게 쌓여 있는지 거의 기적이라고 생각될 정도"라고 감탄했다.[8]

명백히 퍼킨스는 청교도 신학의 기초를 놓는 데 결정적인 역할을 했다. 청교도 언약신학에 대한 그의 공헌을 평가할 때, 퍼킨스 자신이 진정한 언약신학자였는지에 대한 논쟁이 발생한다. 그는 언약에 대한 별도의 논문을 쓰지 않았고, 그의 저작 세 권의 방대한 분량 전체를 통틀어 언약은 단지 17번 정도만 언급될 뿐이다. 그럼에도 불구하고, 그가 여전히 언약신학자로 간주될 수 있는 이유는 "그가 신조의 모든 교리를 언약의 약속들로 해석했고, 언약의 실제적 함의와 구원의 개인적 체험과의 관계를 모두 강조했기" 때문이다.[9] 언약신학에 대한 그

---

6   Christopher Hill, *Puritanism and Revolution: Studies in Interpretation of the English Revolution of the 17th Century* (London: Panther Books, 1968), 213.

7   Robert Halley, "Memoir of Dr. Thomas Goodwin," in *The Works of Thomas Goodwin* (Edinburgh: James Nichol, 1861), 2:lviii.

8   Thomas Fuller, *The Holy State* (Cambridge: printed by Roger Daniel, 1648), 84.

9   Priebe, "Covenant Theology of William Perkins," 34.

의 태도는 사도신경 해설에서 분명히 드러났다. 그리스도의 인격과 그의 사역을 설명하면서, 그는 은혜 언약의 의미를 다음과 같이 서술했다.

> 언약의 기초와 근거는 중보자이신 그리스도 예수이시니, 그분 안에서 하나님의 모든 약속들이 예와 아멘이 되며, 따라서 그분은 언약의 천사(the angel of the covenant)요, 마지막 시대에 모든 민족들과 맺을 백성의 언약(the covenant of the people)이라고 불린다. 그러므로 이제 우리가 언약의 실체를 상세히 밝히는 일을 진행하면서, 다음으로 삼위일체의 제2위에 관한 신조의 그 부분으로 나아가야 하는데, 이는 그의 독생자 예수 그리스도를 등의 말씀으로 제시되어 있다. 이 말씀으로부터 신조의 바로 끝까지, 오직 언약의 혜택들과 내용을 현저하게 펼쳐 보이는 요점들만이 제시되어 있다.[10]

그는 하나님의 언약을 대부분의 핵심적인 기독교 교리들과 연관시켰다. 다시 말해, 그는 신조 전체가 은혜 언약의 내용과 혜택들을 확장하고 펼쳐 보이는 것으로 이루어져 있다고 선언했다.[11] 이러한 방식으로 퍼킨스는 인간과의 하나님의 언약을 기초로 하여 자신의 신학적 틀을 확립했다.

퍼킨스는 『황금 사슬』(A Golden Chaine)에서 가장 명확하게 자신의 언약 개념을 보여 주었는데, 이 저작은 루터 교회와 로마 가톨릭 교회의 펠라기우스주의적 오류들과 싸우기 위해 저술되었다.[12] 이 저작은 "첫

---

10 William Perkins, *The workes of that famous and worthy minister of Christ in the vniversitie of Cambridge*…3vols. (London: Printed by Iohn Legatt, 1631), 1:65.

11 Priebe, "Covenant Theology of William Perkins," 33.

12 Perkins, *Workes*, 1:11.

째는 하나님에 관한 것이고, 둘째는 그의 사역들에 관한 것"인 두 부분으로 구성되어 있다.[13] 그는 또한 하나님의 사역들을 그의 "작정"과 "작정의 실행"으로 나누었다. 그는 인간을 향한 하나님의 작정을 "예정"이라 부르는데, 이는 궁극적으로 예수 그리스도를 통해 시간 속에서 수행된다. 그러나 예정의 "외적 수단들"은 "하나님의 언약들과 그것의 인침"이다. 이러한 방식으로 언약신학은 퍼킨스의 전체 신학에서 중심적 역할을 했다.

그의 논문 "청교도주의의 기원들"에서, 트린테루드는 칼빈의 언약 개념을 라인란트 개혁자들의 것과 구별했다. 그는 또한 청교도들이, 적어도 언약관에 있어서는 후자로부터 더 많은 영향을 받았다고 주장했다.[14] 그러나 프리베는 퍼킨스의 언약 개념이 칼빈의 것과 매우 유사했음을 입증함으로써 이 주장을 반박한다. 주도적 청교도이자 청교도주의의 창시자들 중 한 사람으로서, 퍼킨스의 언약 개념은 청교도 언약신학의 표준으로 간주될 만하다. 그렇다면 왜 트린테루드는 이러한 구별을 고안해냈는가? 앞서 보았듯이, 청교도 언약신학과 준비 개념은 모두 하나님과 인간의 관계에서 인간의 역할을 강조한다. 퍼킨스의 언약 정의에서 분명히 드러나듯이, 퍼킨스는 이 점에서 라인란트 개혁자들과 다르지 않았다.

> 하나님의 언약은 영생을 얻는 것에 관하여 특정한 조건 하에 하나님께서 인간과 맺으신 계약이다. 이 언약은 두 부분으로 구성되는데, 바로 인간에 대한 하나님의 약속, 하나님에 대한 인간의 약속이

---

13 Perkins, *Workes*, 1:11.
14 Leonard J. Trinterud, "The Origins of Puritanism" *Church History* vol. 20, no.1 (Mar., 1951), 45.

다. 인간에 대한 하나님의 약속은, 만약 어떤 사람이 조건을 이행한다면 그의 하나님이 되시겠다고 하시는 것으로서 하나님께서 자신을 인간에게 매시는 것이다. 하나님에 대한 인간의 약속은 사람이 자신의 주님께 충성을 맹세하고 그들 사이의 조건을 이행하겠다는 것이다.[15]

그의 칼빈주의적 신학 체계라는 관점에서 보지 않는다면, 그의 언약 개념은 쉽게 하나님과 인간 사이의 계약으로 오해될 수 있을 것이며, 이는 인간의 의지에 달려 있는 책임을 인간에게 부과하는 것이다. 그러나 퍼킨스는 확고한 칼빈주의자였고 예정론적 전제 하에서 자신의 언약신학을 발전시켰다.[16] "계약"이라는 용어가 이러한 맥락에서 사용되어야 한다 하더라도, 그것은 항상 오직 자신의 선하신 기쁨에 근거하여 언약 관계에 들어가기로 선택하신 주권적 하나님이라는 포괄적 개념의 관점에서 해석되어야 할 것이다.[17]

프리베(Priebe)는 자신의 학위논문에서 "퍼킨스는 하나님의 자유롭고 절대적인 주권의 교리를 보존하는 데 흔들림 없이 헌신하면서도, 그럼에도 불구하고 언약 관계에서 인간의 책임 혹은 적극적 참여를 위한 용인할 만한 자리를 찾아야만 했다"고 쓰고 있다.[18] 그는 은혜 언약의 구성원이 되는 것과 관련된 두 가지 조건을 도입했다. 이것들에 더하여, 그는 또한 율법을 지키는 것의 필요성도 강조했다. 이 두 요소를 구체적으로 다루기 전에, 우리는 퍼킨스가 행위 언약을 은혜 언

---

15 Perkins, *Workes*, 1:32.

16 원종천, 『청교도 언약 사상: 개혁 운동의 힘』 (서울: 대한기독교서회,1998), 47.

17 Perkins, "To the Christian Reader," *Works*, 1: 2. *Priebe, "Covenant Theology of William Perkins,"* 60도 참고하라.

18 Priebe, "Covenant Theology of William Perkins," 73.

약과 구별했다는 점을 지적한다. 행위 언약에 관하여 그는 다음과 같이 썼다.

> 행위 언약은 완전한 순종이라는 조건으로 맺어진 하나님의 언약이며, 도덕법에 표현되어 있다. 도덕법은 하나님 말씀의 일부로서, 인간의 본성과 행위 모두에 있어서 완전한 순종을 명하고, 그 반대되는 것을 금한다(롬 10:5, 딤전 1:5, 눅 16:27, 롬 7:14). 율법은 두 부분을 가진다. 순종을 명하는 칙령(Edict)과, 순종에 매이게 하는 조건(condition)이다. 그 조건은 율법을 성취하는 자들에게는 영생이요, 범법자들에게는 영원한 죽음이다. 십계명 즉 열 가지 계명은 전체 율법과 행위 언약의 요약이다.[19]

비록 행위 언약의 성취를 위해서는 율법에 대한 완전한 순종이 요구되지만, 아무도 전체 율법을 완전히 지킬 수 없다. 따라서 그에게 행위 언약은 이미 실패한 언약이다. 그러나 행위 언약과 율법이 무용한 것은 아니다. 율법은 여전히 인간의 구원 과정에서 분명한 역할을 한다. 그는 율법의 세 가지 용도를 다음과 같이 설명했다.

> 불신자들에게 있어서 율법의 용도는 세 가지이다. 첫째는 죄를 드러내어 알게 하는 것이다(롬 3:20). 둘째 용도는 육신으로 인하여 부수적으로(accidentarily) 죄를 일으키고 증가시키는 것인데, 이는 인간으로 하여금 항상 명령된 것으로부터 벗어나서 금지된 것으로 기울어지게 한다(롬 7:8). 셋째 용도는 가장 작은 불순종에 대해서도 용서

---

19 Perkins, *Workes*, 1:32.

의 희망을 전혀 제시하지 않은 채 영원한 저주를 선포하는 것이다. 율법은 범법자들에게 이 선고를 선포하며, 부분적으로는 위협을 통해, 부분적으로는 공포를 통해 인간을 다스리고 지배한다(롬 3:19; 갈 3:10; 고후 3:7). 죄가 인간을 다스리는 목적은 죄인들로 하여금 그리스도께로 피하도록 강요하는 것이다(갈 3:22). 이 율법의 권능은 죄인이 회개하지 않는 한 영구적으로 지속된다. 그리고 회개의 첫 번째 행위가 그를 자유롭게 하여, 더 이상 그는 율법 아래 있지 않고 은혜 아래 있게 된다(삼하 12:13). 그러므로 만약 당신이 진지하게 영생을 원한다면, 첫째, 하나님의 율법의 척도로 당신 자신과 당신의 삶의 과정을 엄밀하게 점검하라. 그런 다음, 죄에 합당한 저주를 당신의 눈앞에 두라. 그리하여 이와 같이 당신 자신의 비참함을 슬퍼하고, 영원한 행복을 얻는 데 있어서 무능한 당신 자신의 능력에 완전히 절망하여, 당신 자신을 포기하고 그리스도 예수를 찾고 구하도록 자극받도록 하라.[20]

행위 언약과 율법은 여전히 매우 깊은 관련이 있는데, 이는 그것들이 죄인들을 은혜 언약으로 인도하기 때문이다. 다시 말해서, 행위 언약이 없다면 죄인들은 은혜 언약에 들어갈 수 없으며, 율법이 없다면 은혜도 없다. 따라서 율법은 은혜 언약으로의 입문을 향해 필수적인 기능을 수행한다. 이 율법은 퍼킨스가 인간의 책임을 강조하기 위해 제시한 첫 번째 요소이다. 그러나 율법은 아직 은혜 언약에 들어가지 않은 자들에게만 작용하는 것이 아니라, 인간이 은혜 언약에 들어간 후에도 적용된다. 퍼킨스는 계속해서 다음과 같이 말한다.

---

20   Perkins, *Workes*, 1:70.

거듭난 자들에게 적용되는 율법의 용도는 매우 다르다. 왜냐하면 율법은 거듭난 자들의 전 생애의 모든 과정에서 새로운 순종으로 그들을 인도하는데, 이 순종은 그리스도로 말미암아 하나님께 받아들여질 만한 것이다.[21]

중생 이후의 사람에게는 율법의 기능이 바뀐다. 불신자들에게 율법은 육신으로 말미암아 죄를 드러내고 확대하며, 그들이 자신들의 위태로운 상황을 깨닫고 예수 그리스도께로 피하도록 하기 위해서 하나님의 영원한 형벌을 알려주는 역할을 한다. 반면에 거듭난 자들에게 율법의 역할은 칼빈이 말하는 율법의 제3용도와 유사하게 기능하여 신자들의 삶에 있어서 거룩함의 기준으로 봉사하게 된다. 이와 같은 율법에 대한 이해를 바탕으로 퍼킨스는 행위 언약과 은혜 언약이라는 인간이 하나님과 맺은 언약 관계 속에서 인간의 역할이 가지는 의미를 더욱 부각하려고 시도했다.

퍼킨스가 언약에서 인간의 역할을 강조하기 위해 도입한 두 번째 요소는 은혜 언약의 구성원이 되기 위한 두 가지 조건을 제시하는 것이다. 퍼킨스는 때때로 언약 개념을 설명하면서 "조건"이라는 용어를 사용했는데, 이 단어를 통해 그는 믿음과 회개가 은혜 언약의 조건들이라는 사실을 지적했다. 이는 은혜 언약에 대한 그의 정의에 분명히 표현되어 있다. "그것은 하나님께서 그리스도와 그의 혜택들을 자유롭게 약속하시면서, 인간으로부터 다시 요구하시는 것으로서, 그가 믿음으로 말미암아 그리스도를 받아들이고, 자신의 죄들을 회개하는 것이다."[22]

---

21 Perkins, *Workes*, 1:70.
22 Perkins, *Workes*, 1:70.

다른 개혁파 신학자들처럼 퍼킨스는 믿음을 은혜의 선물로 간주했는데, 비록 그가 "조건"이라는 용어를 사용했음에도 그러했다. 믿음의 본성에 대해 그는 아래와 같이 설명한다.

첫째로, 나는 그것이 하나님의 선물이라고 말한다…. 그들이 구원받을 믿음이 그들과 함께 태어나고 자란다고 생각하는 우리 인간들의 맹목적인 견해를 반박하기 위해서이다. 나는 이것이 초자연적인 선물이라는 말을 덧붙이는데, 이는 그것이 우리가 태어날 때의 부패한 본성보다 위에 있을 뿐만 아니라, 우리의 첫 조상들이 창조되었던 그 순수한 본성보다도 위에 있기 때문이다. 왜냐하면 무죄 상태에서 그들은 이 믿음을 원하지 않았고, 그때는 메시아로서의 하나님의 아들에 대한 믿음도 필요하지 않았기 때문이다. 하지만 타락 이후에, 은혜 언약에서 처음으로 이 믿음이 규정되고 가르쳐졌다. 이 한 가지 점에서, 믿음은 하나님의 다른 선물들, 즉 하나님에 대한 두려움, 하나님에 대한 사랑, 형제들에 대한 사랑 등과 다르다. 왜냐하면 이것들은 우리 이전에 이미 인간의 본성 안에 있었고, 단지 갱신될 뿐이기 때문이다. 그러나 의롭게 하는 믿음은 어떤 갱신도 받아들이지 않는다. 왜냐하면 이 믿음이 처음으로 마음에 접목되는 것은 타락 이후 죄인이 회심할 때이기 때문이다.[23]

비록 퍼킨스는 믿음을 하나님의 선물로 여겼지만, 믿음과 칭의는 동시에 일어난다. 그는 다음과 같이 선언했다.

---

23 Perkins, *Workes*, 1:124.

용서와 믿음의 주심과 받음은 모두 동일한 순간에 발생한다. 왜냐 하면 하나님께서 죄를 용서하실 때, 동일한 순간에 인간으로 하여 금 그 동일한 용서를 믿음으로 받도록 하시기 때문이다. 본성의 순서로는 믿음이 용서를 받는 것보다 앞서지만, 시간적으로는 그렇지 않다.[24]

이 구절에서 퍼킨스는 어떤 의미에서도 언약 관계에 들어가는 순간 이전의 조건으로서 믿음을 위치시키려는 의도를 전혀 가지고 있지 않았다. 따라서 믿음이 하나님에 의해 주어지고 믿음이 칭의 이전에 오지 않기 때문에, 퍼킨스가 "조건"이라는 용어를 사용했음에도 불구하고, 그것의 공로적 의미에서 엄격히 말하면 전혀 "조건"이 아니다.[25]

퍼킨스가 제시한 다른 "조건"은 회개다. 그는 회개가 "경건한 슬픔에서 일어나는 은혜의 역사로서, 이로 말미암아 인간이 자신의 모든 죄로부터 하나님께로 돌이키고, 생활의 개선에 합당한 열매들을 맺는 것"을 의미한다고 말했다.[26] 이 정의가 회개가 회심 이전에 오는 것을 가리키는지 아니면 회개가 성화의 일부로 주어진다는 것인지는 불분명하다. 퍼킨스는 "회개"라는 용어로 이 둘을 모두 포함하려 했던 것으로 보인다. 그러나 중요한 것은 이 회개가 "시간적으로 어디에 속하느냐"가 아니라, "회개의 본질이 무엇이냐"일 것이다. 그는 회개의 정의에 자신의 중요한 진술을 다음과 같이 덧붙인다. "하나님께로 돌이키는 자는 먼저 하나님에 의해 돌이켜져야 하며, 우리가 돌이켜진 후에야 비로소 우리는 회개한다." 『황금 사슬』에서, 그는 회개를 구원의

---

24 Perkins, *Workes*, 2:254.

25 Priebe, "Covenant Theology of William Perkins," 77.

26 Perkins, *Workes*, 1:455.

원인들의 순서 가운데 성화에 대한 설명 속에서 다루었는데, 그 이유는 "어떤 사람도 자신을 부인함으로써 마음으로부터 죄를 미워하고 의를 포용하지 않고서는 진지하게 회개할 수 없기 때문이다. 이것은 하나님께서 보시기에 거듭나고 의롭다 하심을 받고 참된 믿음을 부여받은 자가 아니면 어떤 사람도 원하거나 행할 수 없다."[27] 회개의 모양이 어떠하든지 상관없이, 퍼킨스는 하나님의 선행하는 역사 없이는 참된 회개가 결코 인간의 영혼에서 실현될 수 없다고 인식했으므로, 회개를 단순히 언약 구성원이 되기 위한 조건으로 치부할 수는 없었다. 이 명제를 더욱 뒷받침하는 것으로서, 퍼킨스는 회개와 중생이 동시에 일어난다는 점을 제시한다. 그는 다음과 같이 설명한다.

> 본성의 순서를 고려한다면, 회개 이전에 오는 다른 하나님의 은혜들이 있어야 한다. 왜냐하면 인간이 회개를 시작할 수 있는 능력을 가지기 전에 그의 양심이 어떤 방식으로든 하나님과의 화해와 관련하여 그리스도 안에서 안정되어야 하기 때문이다. 그러므로 칭의와 성화는 본성의 순서에서 회개 이전에 오지만 둘 다 동시적인 사건이다. 사람이 거듭나자마자, 그만큼 빨리 그 사람은 회개한다.[28]

가설적으로 회개가 먼저 와야 하는 것처럼 보이는데, 이는 그것이 먼저 설교되고 설교를 듣는 자들에게서 먼저 분명해지기 때문이다. 그러나 퍼킨스는 칭의와 성화가 논리적으로 회개 이전에 와야 할 뿐만 아니라, 시간적으로도 회개와 은혜가 함께 와야 한다고 지적함으로써 이 가정에 답했다. 퍼킨스는 회개가 중생 이전에 오는 것처럼 보

---

27 Perkins, *Workes*, 1:84-85.
28 Perkins, *Workes*, 1:455.

이는 이유를 "중생은 나무껍질 안에 숨어있는 나무의 수액과 같고, 회개는 꽃이나 잎이나 열매가 나타나기 전에 신속하게 자신을 보여 주는 싹과 같다"라고 말함으로써 분명히 설명했다.[29]

마지막으로, 믿음과 회개는 은혜 언약의 본질을 고려할 때 이 언약의 조건이 될 수 없다. 퍼킨스는 이 언약의 본질을 다음과 같이 설명한다.

> 은혜 언약이란 하나님께서 그리스도와 그분에게 속한 은택들을 자유롭게 약속하시면서, 다시 인간에게 요구하시는 것으로서, 그 사람이 믿음으로써 그리스도를 받아들이고 자신의 죄들을 회개하는 것이 은혜 언약이다… 이 언약은 또한 유언(a Testament)이 되기도 한다. 왜냐하면 그것은 부분적으로 유언(a testament or will)의 본질과 특성들을 가지고 있기 때문이다. 그리고 이 언약은 유언자의 죽음으로 확증되기 때문이다. 히 9:16… 둘째로, 이 언약에서 우리는 하나님께 어떤 큰 것을 제공하거나 약속하지 않고, 단지 받기만 한다. 이는 마치 사람의 마지막 유언이 유언자를 위해서가 아니라 상속인의 유익을 위해서 주어지는 것과 같다.[30]

퍼킨스는 은혜 언약이 외견상으로는 쌍무적 언약과 유사해 보이지만, 실제로는 그 본질이 일방적이라는 것을 분명히 분별했다. 유언이 유언자의 죽음으로 유효하게 되듯이, 은혜 언약에서도 죄인들은 유언자, 예수 그리스도의 죽음으로 하나님의 은혜, 즉 유언을 얻을 수 있

---

29 Perkins, *Workes*, 1:455.
30 Perkins, *Workes*, 1:71.

었다.[31] 결과적으로, 비록 그가 은혜 언약의 정의에서 "조건"이라는 용어를 사용하기는 하지만, 그가 제시하는 조건들인 믿음과 회개는 구원을 위한 공로적인 선행 조건들이 아니라, 오히려 성령을 통해 하나님에 의해 부여되는 것들이다. 그럼에도 불구하고, 믿음과 회개는 그것들이 인간의 역할과 노력을 배제하지는 않기 때문에 조건으로 간주될 수 있다. 비록 인간이 예수 그리스도를 믿고 죄를 회개하는 데 있어 첫 번째 주체인 것은 아니지만, 자신의 구원의 목적을 위해 첫 번째 주체가 역사하는 대상인 두 번째 주체가 된다.

확고한 칼빈주의자로서, 퍼킨스의 언약신학은 칼빈의 것과 매우 유사하다. 따라서 그가 언약신학의 본질을 설명할 때 하나님의 은혜를 강조한 것은 자연스러운 일이다. 다른 한편으로, 영국 교회의 절박한 상황은 그로 하여금 칼빈이 했던 것보다 하나님과의 언약 관계에서 인간의 역할에 더 큰 가치를 두게 했다. 따라서 언급했듯이, 그는 행위 언약과 은혜 언약 모두에서 율법을 지키는 것의 중요성을 강조하고, 믿음과 회개가 구원의 조건들이라고 제시함으로써 영국 사람들에게 거룩한 삶을 살 것을 촉구했다. 그러나 그의 강한 칼빈주의적 성격은 하나님이 첫 번째이자 근본적인 주체임을 확신시킴으로써 그가 하나님의 주권을 훼손하는 것을 막아주었다. 폰 로어(von Rohr)는 이를 잘 요약했다. "은혜 언약은 조건적이면서 절대적이다. 그 안에서 믿음은 구원에 선행하는 조건으로서 요구되지만, 바로 그 믿음이 이미 택하심의 결과로서 그것에 의해 선물로 부여된다."

---

31   원종천, 『청교도 언약 사상: 개혁 운동의 힘』, 51.

III. 퍼킨스의 회심 교리

1. 회심과 회개

앞에서 설명한 대로, 퍼킨스는 언약에 들어가기 위한 조건으로서 믿음과 회개(repentance)를 제시하는 것처럼 보인다. 그러나 엄밀히 말하면, 퍼킨스가 언급한 조건들 중 어느 것도 회심을 위한 조건이라고 할 수는 없는데, 이는 둘 다 회심보다 먼저 성취되어야 할 것이 아니기 때문이다. 믿음은 은혜의 선물로서 중생과 함께 오며, 회개는 외적으로는 먼저 오는 것처럼 보이지만 은혜의 열매로서 중생에 뒤따른다.[32]

여기서 잠시 퍼킨스가 사용하는 회개(repentance)라는 용어의 의미와 관련하여 논의하는 것이 좋을 것 같다. 퍼킨스가 사용한 "회개"라는 용어와 현대 신학에서 사용하는 "회심(conversion)"이라는 용어의 의미를 구분할 필요가 있다. 물론 윌리엄 퍼킨스도 회심(conversion)이라는 용어를 사용한다. 하지만 그는 종종 회개라는 용어를 사용하여 회심의 의미를 표현하기도 한다. 그런 의미에서 그에게 회심과 회개는 그 자체로 구별되는 용어는 아니다. 그 이유는 16세기에는 구원서정(ordo salutis)이라는 용어가 구원에 이르게 되는 일련의 과정을 의미하는 전문적인 술어로 존재하지 않았기에, 회심(conversion)과 회개(repentance)가 신학적인 용어로 고정되지 않았기 때문이었다.[33] 그는 회개를 "경건한 슬픔에서 일어나는 은혜의 역사로서, 이로 말미암아 인간이 자신의 모든 죄로부터 하나님께로 돌이키고, 생활의 개선에 합당한 열매들을

---

32 Perkins, *Workes*, 1:455, 2:254.
33 구원서정에 대한 더 자세한 역사적인 논의는 Hyonam Kim, *Salvation By Faith: Faith, Covenant, and the Order of Salvation in Thomas Goodwin* (Göttingen: Vandenhoeck & Ruprecht Gmbh & Co, 2019)을 참조하라.

맺는 것"이라고 정의했다.[34]

　하지만 퍼킨스가 "회개"와 "회심"을 완전히 동일한 의미로 사용한 것은 아니다. 그는 회개라는 용어를 좀 더 폭넓게 사용하는 경향이 있기 때문이다. 먼저 언급할 것은 위에서 말한 회개의 정의를 신자가 된 이후 전 생애에 걸쳐서 반복되는 의미로 사용하는 경우다. 이것은 일반적으로 우리가 말하는 회개와 그 의미가 유사하다. 하지만 그는 처음으로 죄인이 하나님께로 돌이키는 과정과 관련하여서 이 용어를 사용하면서 두 개의 서로 다른 의미로 사용한다. 이는 넓은 의미와 좁은 의미의 회개로 표현할 수 있을 것이다. 먼저 넓은 의미의 회개에 대해서 살펴보자. 그는 회개라는 용어를 한 영혼이 처음 하나님께로 돌이키는 전 과정을 일컫는 용어로 사용한다. 이 경우 회개는 믿음을 포함하는 과정이다. 그는 회심과 회개가 모두 "죄인이 주께로 돌이키는" 순간을 나타내지만, "죄인의 회심이 한 순간에 모두 이루어지는 것이 아니라, 시간의 연속성 속에서 그리고 특정한 정도와 단계들에 의해" 이루어진다고 주장했다.[35] 다시 말하면, 퍼킨스는 인간이 하나님께로 처음 돌아가는 전 과정을 회개로 표현했으며, 그 과정 안에는 다양한 단계(stages) 혹은 정도(degrees)가 있다고 주장했다. 퍼킨스는 이 회개의 개념을 다른 곳에서도 적용하는데, 『겨자씨 한 알』(A Grain of Mustard Seed)이라는 작품에서 그는 "회심(conversion)"이라는 용어를 동일한 의미로 사용한다.[36]

　퍼킨스가 사용한 회개라는 용어의 두 번째 용법은 좁은 의미의 회개로 이해할 수 있다. 이 용어는 방금 언급했던 넓은 의미의 회개의

34　Perkins, *Workes*, 1:455.

35　Perkins, *Workes*, 1:637.

36　Perkins, *Workes*, 1:638.

단계들 혹은 정도들 가운데 속한 한 단계로서 넓은 의미의 회개에 이르는 특정한 한 국면을 "회개"라고 불렀다. 그리고 그는 이 회개라는 단계에 앞서서 믿음이 온다고 설명함으로써 회개와 믿음을 구분하고 있다.

2. 넓은 의미의 회개로서의 회심: 열 단계(stages) 혹은 정도(degrees)

퍼킨스가 사용한 넓은 의미의 회개는 일련의 과정으로서 죄인이 세상을 향해서 살다가 하나님께로 돌이키는 전 역사를 포함한다. 앞서 언급한대로 퍼킨스는 넓은 의미의 회개를 "회심(conversion)"이라는 말로 표현하기도 한다. 그는 다음과 같이 말한다. "죄인의 회심(conversion)은 모든 것이 단 한 순간에 이루어지지 않고, 시간이 지속되는 가운데 이루어진다. 그리고 어떤 분량과 정도(by certain measures and degrees)로 진행된다."[37]

결국 퍼킨스에게 회심이란 순간이 아니라 일련의 과정으로서 점진적으로 진행된다. 하지만 이 과정에도 퍼킨스는 회심을 크게 두 가지로 설명하는데, 넓은 의미에서 회심은 본격적인 성령의 특별한 구원의 역사인 새롭게 하는 은혜의 역사뿐만 아니라 그 전에 성령의 일반적인 역사인 억제하는 은혜의 역사도 그 준비 과정으로 포함한다. 하지만 좁은 의미에서 그는 중생은 그리스도와의 연합과 칭의 그리고 양자가 일어나는 과정을 의미하는 것으로서 이때는 새롭게 하는 은혜가 역사한다. 그런 의미에서 퍼킨스는 중생을 경험하는 사람은 그 첫 순간부터 하나님의 자녀라고 말했다.[38]

---

37   Perkins, *Workes*, 1:637.

38   Perkins, *Workes*, 1:637.

퍼킨스는 *Cases of Conscience*라는 책에서 이 회개의 과정을 열 단계 혹은 정도로 나누어서 설명한다. 열 단계의 주요한 목록은 네 가지 제목으로 요약될 수 있는데, 바로 겸비(humiliation), 믿음(faith), 회개(repentance), 그리고 새로운 순종(new obedience)이다.[39] 퍼킨스는 구원 과정으로서의 회개(repentance as the process of salvation)를 다음과 같이 설명한다.

인간의 구원을 위한 역사와 이를 수행하는 데 있어서, 일반적으로 하나님께서는 두 가지 특별한 행위를 하신다. 이 두 행위는 첫 번째 은혜를 주시는 것과 그 이후에 두 번째 은혜를 주시는 것이다. 이 두 가지 하나님의 역사 중 전자는 열 가지 개별적 행위들을 가진다.

I.   하나님은 인간에게 구원의 외적 수단들, 특별히 말씀의 사역을 주신다. 그리고 그것과 함께, 그는 어떤 외적 혹은 내적 십자가를 보내시어, 우리의 본성의 완고함을 깨뜨리고 정복하여, 그것이 하나님의 뜻에 순응하게 되도록 한다….

II. 이것이 이루어지면, 하나님은 인간의 마음을 율법에 대한 고찰로 이끄시어, 그 안에서 무엇이 선하고 무엇이 악한지, 무엇이 죄이고 무엇이 죄가 아닌지를 일반적으로 보게 하신다.

III. 율법에 대한 진지한 고찰에 기초하여, 그는 인간으로 하여금 자신이 하나님을 거스르는 자신의 특별하고 고유한 죄들을 특별히 보고 알게 하신다.

IV. 죄를 보는 것에 기초하여, 그는 율법적 두려움으로 마음을 치시는데, 이로 말미암아 인간이 자신의 죄들을 볼 때, 그로 하여금 형벌과 지옥을 두려워하게 하시고, 자신 안의 어떤 것과

---

39   Perkins, *Workes*, 1:637.

관련해서도 구원을 절망하게 하신다.

이제 이 네 가지 행위들은 실제로 은혜의 열매들이 아니니, 왜냐하면 버림받은 자도 여기까지 이를 수 있기 때문이다. 그러나 그것들은 단지 은혜에 선행하는 준비의 역사들일 뿐이다. 뒤따르는 다른 행위들이 은혜의 효과들이다.[40]

퍼킨스는 하나님께서 죄인을 구원하실 때, 크게 나누면 두 개의 특별한 행위를 하신다고 말한다. 이것은 "은혜를 주시는 행위"로 표현되는데, 이 은혜는 첫 번째 은혜와 두 번째 은혜로 구별된다. 이 중에 첫 번째 은혜에는 하나님의 열 가지 행위가 포함되어 있다. 이 열 가지 행위 가운데 처음 네 가지 행위는 택자들만 경험할 수 있는 특별한 구원적 은혜라고 할 수 없고, 유기자들도 경험할 수 있다는 의미에서 일반적인 은혜라고 말할 수 있다. 퍼킨스는 첫 번째 은혜에 속하는 하나님의 열 가지 행위들 중에 처음 네 가지 행위에 대해서는 "실제로 은혜의 열매들은" 아니라고 말한다. 하나님의 첫 번째 은혜의 행위에 속한 네 가지 행위가 실제로는 은혜의 열매가 아니라는 그의 말이 모순적으로 들리지만, 택자들에게 구원을 목적으로 주어지는 은혜와 모든 사람들에게 구원목적이 아닌 다른 이유로 주어질 수 있는 은혜로 구분하면 이해하기 쉽다. 첫 번째 은혜의 행위에 속하는 열 가지 하나님의 행위 중에 처음 네 가지 행위는 구원목적이 아닌 다른 목적으로 주어지는 은혜에는 속하였지만, 구원을 목적으로 주어지는 은혜에는 속하지 않았다는 의미이다. 그렇다면 이 네 가지 행위들은 무엇일까?

퍼킨스는 가장 먼저 하나님께서 말씀을 주셔서 우리 마음의 완고

---

40 Perkins, *Workes*, 2:13.

함을 깨뜨려 하나님의 뜻에 순응하게 하는 행위를 말하고, 다음으로 는 하나님께서 율법을 인간의 마음에 보여 주어 선과 악 혹은 죄와 죄 가 아닌 것을 구별하도록 하신다고 주장한다. 세 번째 행위는 이 율법 을 자신에게 적용하여 스스로 죄인이라는 사실을 깨닫게 하신다. 마 지막으로 하나님은 그 죄인이 율법적 두려움을 느끼고 그 율법이 가 져올 형벌과 지옥을 두려워하며, 구원에 관하여 자신에게 아무런 희 망을 찾지 못하고 절망하게 하신다. 앞에서 말했던 것처럼 이 첫 번째 은혜에 속하는 처음 네 행위는 구원을 목적으로 주어진 은혜의 결과 는 아닌데, 그 이유는 이 과정은 택자에게만 주어진 고유한 과정이 아 니기 때문이다.

하지만 여기서 약간의 혼동이 올 수 있다. 왜냐하면 엄밀히 말해서 이 네 가지 하나님의 행위를 택자가 아닌 이들도 경험할 수 있기는 하 지만, 택자들에게 구원을 목적으로 주어질 수도 있다는 의미에서 이 네 행위들을 구원을 목적으로 하는 은혜가 아니라고 말하기도 어렵기 때문이다. 결국 이 네 가지 행위는 그 대상과 목적에 따라 구원을 위 한 특별한 은혜일 수도 있고, 그렇지 않을 수도 있기에, 단순히 택자 가 아닌 사람들도 경험할 수 있다는 이유로 일반은혜(common grace)라고 부를 수는 없다. 퍼킨스가 말하고자 하는 것은 하나님께서는 대상이 택자냐 그렇지 않느냐에 따라 다른 목적으로 이 네 가지 행위를 하실 수 있지만, 이 네 가지 행위 이후에 주어지는 은혜가 오직 택자에게만 임하는 구원의 은혜라는 점에서 이 행위들이 구별된다는 사실이다. 그러므로 비록 이 네 가지 행위는 택자와 유기자가 모두 경험할 수 있 지만, 하나님께서 택자를 대상으로 은혜를 베푸실 때에는 이것도 역 시 넓은 의미에서 구원을 목적으로 하는 은혜라고 말할 수 있다. 그래 서 퍼킨스는 특히 택자에게 구원을 목적으로 주어지는 이 네 가지 행위를 "준비의 역사들(works of preparation)"이라고 불렀다. 왜냐하면 이 은혜는 직접적으로 구원을 이루는 은혜라기보다는 구원을 위한 준비의 은혜이기 때문이었다. 그러므로 퍼킨스는 이 네 가지 행위가 택자에게 적용되더라도 엄밀한 의미에서 죄를 용서하는 특별한 의미의 "은혜"라고 불릴 수 없기에 "은혜의 열매가 아니니"라고 말했던 것이다.

이와 같은 과정을 『겨자씨 한 알』에서는 회심의 시작(beginnings of the conversion)을 구성하는 두 요소 중에 하나인 "준비의 시작(beginnings of preparation)"이라고 명명하고 있다. 이 회심의 시작은 "준비의 시작"과 "구성의 시작(beginnings of composition)"으로 이루어졌는데, 준비의 시작은 인간의 본성 안에 있는 완고함이 무너지는 단계를 의미한다. 하지만 본성에 어떤 근본적인 변화가 있는 것은 아니라고 언급함으로써 퍼킨스는 이 과정이 하나님의 구원은혜의 직접적인 개입의 결과는 아님을 암시한다.[41] 이것은 지금까지 우리가 논의했던 퍼킨스의 "준비의 역사들"과 같은 개념이라고 할 수 있다.

그렇다면 이 과정을 왜 퍼킨스는 첫 번째 은혜에 속한 과정이라고 불렀을까? 우리는 이미 이 과정을 단순히 "일반은혜"라고 부르는 것은 부적절하며, 택자들의 경우에는 그들의 구원을 위한 준비 과정이 되기 때문에 넓은 의미에서 은혜로 부를 수 있다고 말했다. 퍼킨스는 이에 대해서 더 구체적으로 답을 준다. 퍼킨스는 회심의 시작을 "준비의 시작"과 "구성의 시작"으로 구분한다. 여기서 준비의 시작은 준비의 역사들과 같은 의미이다. 이때 두 종류의 시작(beginnings)은 모두 하나님께서 주시는 은혜를 통해서 이루어지게 되는데, 준비의 시작에 해당하는 은혜를 "억제하는 은혜(Restraining grace)"라고 부르며, 구성의

41　Perkins, *Workes*, 1:638.

시작에 해당하는 은혜는 "새롭게 하는 은혜(Renewing grace)"라고 부른다.[42] 이 두 종류의 은혜는 모두 하나님에게서 주어진 은혜로서, "새롭게 하는 은혜"는 이제 앞으로 본격적으로 이루어질 회심 과정 가운데 중생과 더불어 믿음으로 말미암아 변화되는 것을 가리킨다면, "억제하는 은혜"는 구원을 목적으로 택자에게 주어진 은혜로서, 이들을 본격적인 구원의 역사로 이끄는 "준비의 역사들"을 일으키는 은혜라고 할 수 있다.

3. 좁은 의미의 회개와 은혜의 과정들

그렇다면 퍼킨스가 이 네 가지 "준비의 행위들"에 이어지는 것으로서, "새롭게 하는 은혜"라고 부를 수 있는 하나님의 행위는 어떤 것이 있을까? 그는 이어서 다음과 같이 말한다.

V. 따라서 은혜의 다섯 번째 행위는 마음을 자극하여 복음에서 제시되고 공포된 구원의 약속에 대하여 진지하게 고찰하도록 하는 것이다.

VI. 이후에, 여섯 번째는 마음에 믿음의 어떤 씨앗들 혹은 불꽃들을 점화하는 것인데, 이는 믿고자 하는 의지와 욕망이며, 의심과 절망에 대항하여 싸우는 은혜이다. 이제 하나님께서 마음에 믿음의 어떤 불꽃들을 점화하기 시작하시는 바로 그 순간에, 그분은 또한 죄인을 의롭다 하시고, 모든 것과 함께 성화의 역사를 시작하신다.

---

42   Perkins, *Workes*, 1:638.

VII. 그러면 믿음이 마음에 주어지자마자, 즉시 전투가 있다. 왜냐하면 믿음이 의심, 절망, 그리고 불신과 싸우기 때문이다. 그리고 이 싸움 가운데 믿음은 용서를 얻기 위한 열렬하고, 지속적이며, 진지한 간구로 자신의 모습을 드러낸다. 그리고 간구후에는 이 욕망의 능력과 승리가 따른다.

VIII. 더욱이, 하나님은 자비하심 가운데 영혼의 구원과 생명의 약속에 대하여 말씀하심으로 영혼을 안정시키고 진정시키시고, 양심은 이 생명에 대한 약속을 의지하고, 그에 따라 쉼을 누린다.

IX. 이 자비에 대한 안정된 확신과 설득 이후에는, 하나님을 따라 마음에 복음적 슬픔을 불러일으키는데, 바로 죄에 대한 슬픔을 의미한다. 이는 그것이 죄이기 때문이며, 하나님께서 그것을 불쾌하게 여기시기 때문이다. 그리고 그때 주께서 회개의 역사를 일으키시니, 이로 말미암아 거룩하게 된 마음은 하나님께로 돌이킨다. 비록 이 회개는 순서상 마지막에 오는 것들중 하나이기는 하지만, 가장 먼저 자신을 모습을 드러낸다. 마치 양초가 방에 들어올 때, 우리가 양초를 보기 전에 먼저 빛을 보는 것과 같으나, 실제로는 빛이 있기 전에 반드시 양초가먼저 있어야만 하는 것과 같다.

X. 마지막으로, 하나님은 인간에게 은혜를 베푸사 그들이 새로운 순종으로 하나님의 계명들을 순종하도록 하신다. 하나님께서는 바로 이런 단계들(degrees)을 통해서 주님은 첫 은혜를 베푸신다.[43]

---

43 Perkins, *Workes*, 2:13.

총 열 가지 행위로 이루어지는 하나님의 첫 번째 은혜 가운데 퍼킨스가 "준비의 사역들"이라고 명명한 앞의 네 가지 행위들에 이어지는 하나님의 여섯 행위를 퍼킨스는 본격적인 하나님의 은혜의 결과로 이해했다. 여기서 퍼킨스는 다시 한 번 이 여섯 개의 행위가 주님의 "은혜의 결과들(effects of grace)"이라고 말함으로써 앞선 네 개의 행위는 그 은혜를 준비하는 행위였음을 다시 한 번 분명히 한다. 이 은혜의 결과들은 하나님께서 택자에게만 주시는 것으로서 자신의 죄악을 각성하고, 형벌의 두려움으로 준비된 죄인들에게 주시는 은혜로서 구원에 직접적으로 관련되어 있으며 오직 택자들만 경험할 수 있다.

이 행위들의 특징은 복음과 직접적으로 관련되어 있다. 먼저 죄에 의해서 각성된 죄인이 복음을 "진지하게" 살펴보는 일이 시작된다. 이어서 마음에 심겨진 믿음의 심지에 불꽃이 일어나도록 하신다. 이때 성화의 역사가 시작된다. 퍼킨스는 이것을 일컬어 "믿고자 하는 의지와 욕망"이 일어나는 것이라고 말한다. 여기서 우리가 알 수 있는 사실은 믿음의 불이 붙는 것은 이미 심겨진 믿음의 씨앗, 혹은 심지에 일어나는 것이다. 이렇게 믿음의 심지에 불이 붙고 나면 의심, 불안, 절망 등과의 전투가 일어난다. 그렇다면 믿음은 언제 시작되었는가? 앞에서 언급된 네 가지 행위, 곧 "준비의 역사들"로 명명된 이 과정 속에서는 아직 믿음이 들어오지 않았다. 만약 믿음이 여기서 시작되었다면 그 과정을 준비 과정이라고 말하지 않았을 것이 분명하다. 그런데 주목할 것은 여섯 번째 행위에 대해서 설명하면서, 퍼킨스는 그때에 마음에 있는 "믿음의 어떤 씨앗들 혹은 불꽃들"에 점화하는 일이 일어난다고 말하고 있다는 사실이다. 이 말은 이미 최소한 믿음의 씨앗 혹은 불꽃들이 주어져 있다는 의미인데, 앞의 네 번째 행위까지는 믿음이 주어지지 않았다면, 가능성은 다섯 번째 행위와 관련이 있다는 것이다. 그렇다면 과연 퍼킨스가 말한 하나님께서 베푸시는 첫 번째 은혜의 다섯 번째 행동은 믿음을 주시는 하나님의 행위인가에 대한 물음이 제기된다.

퍼킨스는 하나님의 첫 번째 은혜에 속한 다섯 번째 행위를 죄와 심판에 대한 각성으로 준비된 "마음을 자극하여 복음에서 제시되고 공포된 구원의 약속에 대하여 진지하게 고찰하"도록 만드는 행위로 설명한다. 그런데 복음에 제시된 약속을 진지하게 살피는 행위는 여전히 부패한 상태의 영혼이 복음의 약속을 이해하지 못한 채 단순히 살피는 일반적인 행위라고 보기는 어렵다. 왜냐하면 퍼킨스는 다섯 번째 행위가 하나님의 은혜의 결과라고 말하고 있기 때문이다. 다시 말하면, 이 다섯 번째 행위는 이미 심겨진 믿음의 씨앗 혹은 불꽃을 전제로 하고 이루어지는 행위라고 보는 것이 가장 합리적일 것이다. 그렇다면 믿음의 씨앗 혹은 불꽃은 네 번째 행위 이후 다섯 번째 행위를 전후하여 심겨졌다고 볼 수 있다. 이때 믿음의 씨앗 혹은 불꽃이 심겨진 사건은 후대의 청교도들을 비롯한 개혁파 신학자들이 "중생(regeneration)"으로 이해했던 개념과 매우 유사해 보인다. 17세기 청교도 신학자였으며, 퍼킨스의 영향력이 아직 남아 있을 때 케임브리지 대학의 크라이스트 칼리지(Christ's College)에서 수학했던 토머스 굿윈(Thomas Goodwin, 1600-1680)은 이 영적 사건을 "새로운 영적 원리들의 첫 번째 주입(the first infusion of new spiritual principle)"으로 이해하였는데, 이는 하나님께서 일방적으로 행하시는 중생 사역으로서 하나님께서 주시는 신령한 본성이 심겨지는 것입니다. 이때 새로운 영적 원리들이 함께 주입되는데, 이 가운데는 믿음의 원리(the principle of faith)도 포함되어 있다. 이 믿음의 원리는 믿음이 역사하기 위해서 필요한 기관의 역할을 한다. 다시 말하면, 만약 믿음이 "영적으로 보는 것"을 의미한다면, 믿음의 원리가 주입되는 사건은 볼 수 있는 기관인 영적인 눈이 심기는 것이다. 먼저 볼 수 있는 기관인 영적인 눈이 주어져야, 이후에 볼 수 있게 된다. 믿음도 마찬가지여서, 먼저 믿을 수 있는 기능인 믿음의 원리가 중생시에 주입되어야 믿음이 이를 통해 역사할 수 있게 된다는 의미이다.[44] 비록 퍼킨스의 작품에서는 중생과 회심의 뚜렷한 구분이 드러나지 않고, 후대의 청교도들과 같이 분명하게 중생의 의미를 설명하지는 않지만, 그럼에도 불구하고 그에게는 이미 믿음의 원리와 믿음의 행위가 구분되고 있음을 볼 수 있다. 그가 말했던 "믿음의 씨앗들 혹은 불꽃에 점화"되는 것이 바로 이에 대한 분명한 증거가 된다. 왜냐하면 그는 믿음의 씨앗들이 다섯 번째 행위 전후로 심겨지고, 여섯 번째 행위에서 불꽃이 붙여짐으로 말미암아 실제로 믿음이 성화의 사역을 시작하는 것으로 제시되고 있기 때문이다.

이후 하나님의 첫 번째 은혜에 속한 열 가지 행위 가운데 일곱 번째 행위는 죄인이 믿음으로 말미암아 하나님의 약속을 붙들고 성화를 이루어 가는 가운데 의심과 불안 등과 전투를 벌인 후에 그 믿음의 역사로 말미암아 승리하고 하나님의 약속과 복음을 의지하여 양심에 안정을 누리는 단계다. 이것 역시 하나님의 은혜의 결과로서 믿음이 그리스도를 바라보며 하나님의 약속에 대한 확신을 누리게 되는 것이

---

44   Thomas Goodwin, *The Works of Thomas Goodwin*, 12 vols., ed. James Nichol (Edinburgh, 1861–66; Reprint, Tanski Publications, 1996; Reprint, Grand Rapids, MI: Reformation Heritage Books, 2006), 6:187. 이와 같은 견해는 굿윈 뿐만 아니라 존 오웬을 비롯한 여러 청교도들과 빌헬무스 아 브라켈과 알렉산더 꼼리를 비롯한 네덜란드 개혁파 정통주의자들도 비슷한 견해를 제시한다. John Owen, *The Works of John Owen*, 24 vols. ed. William H. Goold (Edinburgh: Johnston and Hunter), 3:336; Wilhelmus a Brakel, *Christian's Reasonable Service*, 2:233; Francis Turretin, *Institutes of Elenctic Theology*, 3 vols., ed. James T. Dennison, Jr., trans. George Musgrace Giger (Phillipsburg, New Jersey: R&R Publishing, 1994), 2:522; Petro Van Mastricht, *Theorectico–Practica Theologia, Qua, Per singular capita Theologica, pars exegetica, dogmatica, elenchtica & practica, perpetua successionne conjugantur* (1724), 762–763을 보라.

다. 그 다음으로 제시되는 하나님의 행위는 죄인이 자신의 죄악을 슬퍼하도록 하는 것이다. 이때 죄인이 느끼는 슬픔은 "복음적 슬픔"이라는 용어로 제시되는데, 이는 믿음이 들어오기 전인 "준비의 역사들"의 시기에 느끼던 죄에 대한 두려움과는 질적으로 다른 것이다. 그때는 자신의 죄로 말미암아 주어질 형벌에 대한 두려움이었다면, 죄에 대한 슬픔은 자신의 죄가 하나님을 불쾌하게 만들었던 것에 대한 회한의 결과로 주어지는 하나님을 향한 슬픔이다. 여기서 주목할 사실이 있는데, 퍼킨스는 바로 이것을 회개라고 말한다는 것이다. 앞에서도 언급되었지만, 그는 구원의 과정에 있어서 회개보다 먼저 믿음이 온다고 말했다. 그리고 이 회개는 신자가 평생에 걸쳐서 하게 되는 회개 가운데 첫 번째로서 통상 "회심"이라고 부르는 것이다. 이처럼 퍼킨스에게 회심은 전체 과정을 의미하며, 회개는 그 가운데 믿음 다음에 오는 것이다. 결국 퍼킨스가 말하고자 하는 회심의 중요한 요소는 죄에서 돌이키는 첫 번째 회개가 전적으로 하나님의 은혜의 결과라는 사실이다. 그런데 이 회개가 다른 은혜의 요소들보다 먼저 드러나게 됨으로써 마치 회심이 인간의 능력으로 이루어지는 것처럼 오해가 된다는 것이다. 퍼킨스는 이를 양초와 빛의 관계로 설명한다. 양초가 어두운 방에 들어올 때 빛이 먼저 보이지만, 실제로는 양초가 있어야 빛이 붙을 수 있다는 것이다. 이 말은 회개라고 하는 인간의 외적인 행위가 우리의 눈에는 가장 먼저 띄지만 사실상 이 회개가 가능하게 하는 것은 하나님의 은혜의 역사라는 말이다. 그리고 이러한 하나님의 은혜의 역사는 회개로 끝나는 것이 아니라 더 나아가 하나님의 말씀에 순종하는 삶으로 이어지게 된다. 이것이 바로 퍼킨스가 말하는 하나님께서 택자에게 주시는 첫 번째 은혜의 열 개의 과정(stages) 혹은 정도(degrees)다.

지금까지 우리는 택자가 어떻게 회심에 이르러 구원을 받게 되는지에 대한 퍼킨스의 설명을 들었다. 퍼킨스는 『회개의 본질과 실천에 대하여』(*Of the nature and practise of repentance*)라는 작품에서 첫 번째 은혜에 속한 처음 네 가지 행동, 즉 "준비의 역사들" 혹은 "준비의 시작"에 대하여 조금 더 구체적으로 설명한다.

> 회개(repentance)는 특정한 단계들과 정도들에 의해 마음에서 이루어진다. 무엇보다도 먼저 인간은 네 가지 것들에 대한 지식을 가져야 하는데, 이 네 가지는 하나님의 율법, 율법을 거스르는 죄, 죄에 대한 죄책, 그리고 죄에 대한 하나님의 심판 즉 하나님의 영원한 진노에 대한 지식이다.
> 그런 다음 둘째로 이 지식이 사람의 인격에 적용되는 일이 따라와야 하는데, 이 적용은 성령의 도움을 받은 양심의 사역으로 이루어진다. 이때 성령은 속박의 영으로 불리는데, 그 이유는 그 이름에 어울리는 사역을 감당하기 때문이다. 이 적용은 실천적 삼단논법(a practical syllogism)이라 불리는 추론의 형식으로 다음과 같이 이루어진다…. 셋째로, 이렇게 이루어진 적용으로부터 죄에 대한 하나님의 심판으로 말미암는 두려움과 슬픔이 일어나는데, 이는 일반적으로 양심의 쏘는 것(the sting of conscience) 혹은 참회(penitence), 그리고 마음의 자책(compunction)이라 불린다.
> 이제 이 자책은 복음의 위로들에 의해 지연되지 않는다면 인간들을 절망과 영원한 정죄로 이끈다. 따라서 영생에 이르도록 회개하고자 하는 자는 반드시 네 단계를 더 나아가야 한다. 첫째, 그는 복음에 대한 지식을 가져야 하고, 그 안에 계시된 하나님의 자비에 대한 진지한 고찰에 들어가야 한다. 그런 다음 양자의 영의 도움을 받아 새

로워진 양심에 의한 앞선 지식의 적용이 다음과 같은 방식으로 따라야 한다…. 셋째로, 이 적용 후에 기쁨과 슬픔이 따른다. 기쁨은 인간의 죄들이 그리스도 안에서 용서받았기 때문이요, 슬픔은 인간의 죄들이 그토록 사랑하고 자비로우신 하나님을 불쾌하게 해드렸기 때문이다.

마지막으로 이 경건한 슬픔 후에 회개가 따르는데, 이는 마음의 전환 혹은 돌이킴이라 불리며, 이로 말미암아 인간이 더 이상 자신이 했던 것처럼 죄를 짓지 않고 생명의 새로움 가운데 살기로 자신과 더불어 결정하고 결심한다.[45]

앞서 퍼킨스의 회개 개념을 설명할 때 언급했듯이, 여기서 퍼킨스는 회개(repentance)를 두 가지 측면에서 바라본다. 한 가지는 일련의 과정으로 보는 것과 다른 한 가지는 단회적인 사건으로 보는 것이다. 그는 넓은 의미의 회개, 곧 회심의 과정에 대해서 설명하면서 가장 마지막 단계로 좁은 의미의 회개를 소개한다. 앞에서 우리는 퍼킨스가 하나님의 첫 번째 은혜의 행위 가운데 일곱 번째 행위를 회개라고 말했던 것을 보았다. 여기서도 퍼킨스는 동일하게 회개를 믿음으로 복음을 받아들인 이후에 일어난 일로 여긴다. 하지만 눈여겨 볼 것은 우리가 앞에서 말했던 "준비의 역사들" 혹은 "준비의 시작"도 회개의 과정 속에 포함시키고 있다는 사실이다. 여기서 퍼킨스는 회개의 과정을 크게 세 그룹으로 분류한다. 첫 번째는 특정한 네 가지 지식을 가지는 것으로서, "하나님의 율법, 율법을 거스르는 죄, 죄에 대한 죄책, 그리고 죄에 대한 하나님의 심판 즉 하나님의 영원한 진노에 대한 지

---

45   Perkins, *Workes*, 1:457.

식"을 가져야 한다. 퍼킨스는 다른 곳에서 이 내용을 억제하는 은혜로 말미암아 일어나는 "준비의 시작" 혹은 "준비의 역사들"로 표현했다. 두 번째는 이 지식이 인간의 양심에 적용되는 것으로서 성령의 도움을 받아 일어나는 역사다. 이를 통해 죄인은 자신의 죄에 대한 죄책을 느끼며, 두려워하고 자책하는 단계에 이르게 된다. 이때 성령께서는 죄인을 정죄하는 역할을 하시기에 "속박의 영"으로 불린다. 마지막 세 번째는 네 단계로 이루어지는데, 복음에 대한 지식을 가지고 하나님의 자비에 대하여 진지하게 고찰하는 일과 성령의 역사로 말미암아 이 복음의 지식과 하나님의 자비에 대한 지식을 적용하는 일, 그리고 그 결과 죄의 용서에 대해서는 기쁨이 일어나고, 죄가 하나님을 불쾌하게 한 것에 대해서는 슬픔이 일어난다. 마지막으로 이 경건한 슬픔의 결과로 하나님의 말씀을 따라 살고자 하는 마음의 변화인 회개가 주어진다.

준비의 과정 이후 본격적인 은혜의 과정에서 역사하는 은혜를 퍼킨스는 "새롭게 하는 은혜"라고 명명했다. 이 은혜는 준비 과정에 해당하는 억제하는 은혜와 구별되는 은혜로서 택자에게만 적용되며, 죄인의 영혼을 새롭게 한다. 이 은혜는 "하나님의 성령의 선물이며, 이를 통해 죄의 부패가 억제될 뿐만 아니라 죄를 죽이는 역사가 일어난다. 그리고 부패한 하나님의 형상이 회복된다."[46]

마지막으로 퍼킨스가 말하는 두 번째 은혜에 대해서 간략히 살펴보자. 그는 우리의 구원이 하나님의 두 가지 은혜의 행위로 이루어진다고 말하고, 첫 번째 은혜 아래에 열 가지 단계 혹은 정도를 두었다. 그리고 이 열 가지 단계들은 지금까지 우리가 살펴본 "준비의 역사들"

---

46   Perkins, *Workes*, 1:638.

에 해당하며, "억제하는 은혜"을 통해 진행되는 네 가지 단계와 본격적인 은혜의 열매로서 "새롭게 하는 은혜"를 통해서 진행되는 여섯 가지 단계로 이루어졌다. 그리고 이를 통해서 회심(conversion) 혹은 넓은 의미의 회개가 완성된다. 하지만 이 첫 번째 은혜의 마지막 열 번째 단계에 대해서 기술하면서 퍼킨스는 회심한 인간이 하나님의 은혜로 말미암아 새로운 순종을 통해 하나님의 계명들을 순종하게 된다고 말하면서 이런 열 가지 단계를 통해서 "첫 번째 은혜를 베푸신다"고 언급한다. 바로 여기서 하나님의 두 번째 은혜가 시작된다. 하나님의 첫 번째 은혜가 회심케 하여 순종하는 일을 시작하도록 하는 은혜라면, 두 번째 은혜는 성화를 통해 이 순종을 지속하는 은혜다. 그는 하나님께서 구원을 위해서 행하시는 두 번째 행위를 "두 번째 은혜를 주심"이라고 표현하고, 이 행위는 다름이 아니라 "처음 주어진 은혜가 지속되게 하는 것"이라고 설명한다. 그는 이것을 천지를 창조하실 때, 하나님께서 사람과 피조물에게 존재(being)를 부여하신 후에 "섭리"로 그 "동일한 존재"를 "지속하게 하신 것"에 비유하면서, 이 처음 창조된 존재의 지속을 "두 번째 창조"라고 말한다.[47] 이로써 퍼킨스는 우리의 완전한 구원을 위한 하나님의 구원사역의 전체적인 윤곽을 그려냈다. 두 종류의 은혜와 첫 번째 은혜 안에 있는 열 가지 과정 혹은 정도, 특히 이 열 개의 회심 과정 속에 존재하는 "억제하는 은혜"와 "새롭게 하는 은혜"로 말미암는 "준비의 역사들" 혹은 "준비의 시작"과 "구성의 시작"이라는 요소들을 통해서 퍼킨스는 회심과 구원이 전적인 하나님의 은혜의 역사라는 사실을 확실하게 증명했다.

---

47   Perkins, *Workes*, 2:13.

IV. 나가는 말

우리가 지금까지 살펴보았던 모든 내용들은 우리에게 일관된 의미를 전달해 준다. 그의 언약 사상과 회심 교리는 깊이 연결되어 있으며, 이 두 사상은 모두 칼빈을 비롯한 16세기 개혁파 종교개혁자들이 주장했던 하나님의 주권을 전혀 훼손하고 있지 않다는 사실이다. 특히 퍼킨스의 회심 교리는 많은 비판을 받아왔지만, 본 논문을 통해서 그 비판의 대부분은 퍼킨스의 신학에 대한 오해에서 비롯되었다는 사실을 살펴보았다.

가장 격렬한 비판을 받았던 부분이 퍼킨스와 청교도들의 회심 준비에 대한 교리인데, 이 부분도 역시 퍼킨스에 대한 오해임을 밝혔다. 퍼킨스가 말하는 첫 번째 은혜, 곧 중생하게 하는 은혜 가운데 처음 네 단계는 본격적인 중생의 과정이 아니라 그것을 준비하는 과정을 의미한다. 그런데 여기서 주목해야 할 사실은 본격적인 중생에 해당하는 다섯 번째 단계에서 마지막 열 번째 단계는 물론이고, 이 준비의 단계들도 하나님의 은혜(억제하는 은혜)의 결과이며, 비록 이 은혜가 택자에게만 적용되는 특별한 은혜, 곧 새롭게 하는 은혜는 아니지만, 이 모든 준비 과정을 진행하는 주체도 인간이 아니라 하나님으로 설명하고 있다는 사실이다. 처음에 나오는 네 개의 준비 과정을 설명할 때 주어는 언제나 "하나님"이다. 하나님께서 외적인 구원의 수단인 말씀을 주신다. 그리고 하나님께서 사람이 율법에 대해서 생각하도록 인도하신다. 또한 하나님께서 죄인이 율법을 통해서 죄를 보도록 만드시며, 마지막으로 하나님께서 그 죄인의 마음을 두려움으로 치시고 심판과 지옥을 두려워하게 하시며 자신의 능력으로 말미암는 구원에 대하여 절망하게 하신다. 이와 같이 이 모든 준비는 하나님의 역사임을 분명하게 밝힌다.

사실 이 모든 준비 과정의 최종적인 목적은 죄인을 겸비하게 하는 것이다. 이것은 준비의 네 번째 단계에 해당한다. 하나님께서 보여 주시는 자신의 죄를 보고, 두려운 마음을 가지게 되며, 심판과 지옥을 두려워하게 되고, 자신의 능력으로는 도저히 구원에 이를 수 없게 된 상태를 퍼킨스는 겸비(humiliation)의 상태라고 한다. 이와 같은 겸비의 상태에 이르게 되면 복음 안에 제시된 구원의 약속을 그 전과는 다른 관점으로 보게 되는 것이다. 퍼킨스는 이 겸비의 상태, 곧 준비의 마지막 단계라고 할 수 있는 이 상태를 믿음의 열매라고 말한다. 퍼킨스는 겉으로 보기에는 믿음보다 겸비함이 먼저 오는 것처럼 보이지만, 실상은 믿음이 죄인의 마음에 숨어 있어서 겉으로 보이지 않는데, 이 믿음의 첫 번째 역사가 바로 우리 자신을 낮추고 겸비하게 만들기 때문이라고 주장한다.[48] 이미 살펴보았듯이, 준비의 처음 세 단계는 율법을 듣고, 율법에 대해서 생각하고, 율법의 적용을 통해 죄악을 인식하는 단계다. 하지만 네 번째 단계는 이 죄악을 자신에게 적용하는 단계다. 퍼킨스는 바로 이 단계에서 믿음이 역사한다고 보았는데, 당연히 이 믿음은 은혜의 결과이므로 믿음이 있다는 말은 구원하는 은혜가 여기서 역사한 결과이기 때문이다. 곧 자신에게 있는 이 죄악을 혐오하게 되고 죄악의 결과로 주어질 심판에 대하여 두려워하며, 자신에게는 소망이 없음 인식하게 된다. 그리고 그리스도의 은혜를 구하게 되는데, 퍼킨스는 여기까지를 겸비함이라고 주장한다. 다시 말해서, 겸비함은 3가지 요소로 구성되어 있는데, 첫째는 자신의 죄에 대하여 슬퍼하는 것이며, 둘째는 하나님께 자신의 죄를 고백하되 모든

---

48 Perkins, *Workes*, 2:14.

죄를 인정하는 것인데, 이것은 세 가지를 인정해야 한다. 첫째는 자신에게 원죄와 자범죄가 있음을 인정해야 하고, 둘째는 하나님 앞에서 이 모든 죄악들에 대한 죄책이 자신에게 있음도 인정해야 하며, 셋째는 그 죄에 대한 합당한 심판이 자신에게 주어질 것이라는 사실을 인정해야 한다. 그리고 겸비의 마지막 요소는 생명과 죽음의 문제에 있어서 간절히 하나님의 자비를 구하는 것이다.[49] 이 사실은 겸비가 단순히 우리 자신의 비참함과 무능함을 깨닫는 것뿐만이 아니라 하나님의 은혜에 대한 간구까지 포함하고 있으므로 퍼킨스가 말한 구원은 열 단계 중에서 "준비의 시작"에 해당하는 네 번째 단계만이 아니라 "구성의 시작"에 속한 다섯 번째 단계까지 포함한다고 볼 수 있다. 그러므로 준비의 네 단계가 특별한 은혜의 결과가 아니라는 퍼킨스의 주장과 겸비가 믿음의 열매, 곧 특별한 은혜의 열매라는 주장, 그리고 이 겸비에는 네 번째 단계와 다섯 번째 단계가 포함된다는 그의 주장을 종합해 보면, 퍼킨스는 특별한 하나님의 은혜인 이 믿음은 네 번째 단계에서 다섯 번째 단계 어간에 주어지는 것으로 이해했다고 보는 것이 합리적일 것이다.

결국 퍼킨스는 회심의 전 과정을 하나님의 역사로 보고 있다. 비록 열 가지 단계 중에서 처음 네 단계는 은혜의 역사가 아니라고 말하지만, 이는 이 준비가 사람의 능력과 힘으로 가능하다는 말이 아니라 택자나 유기자나 모두 다 경험할 수 있다는 의미에서 이 은혜는 택자에게만 임하는 새롭게 하는 특별한 은혜의 결과가 아니라는 말이다. 오히려 그는 이 과정에서 역사하는 하나님의 은혜를 "억제하는 은혜"라고 소개하고 동시에 모든 준비 과정의 주체를 하나님으로 봄으로써

---

49 Perkins, *Workes*, 2:14.

이 준비 과정도 역시 하나님의 은혜의 산물이라는 것을 분명히 한다. 다만 하나님께서는 외적인 수단을 사용하여서 준비시키시는데, 그 수단이 바로 하나님의 율법이며, 그 율법을 전하는 사람이고, 동시에 죄인 자신은 하나님의 인도하심을 따라 그 말씀에 대하여 자신이 숙고하고 적용하는 일을 하게 된다. 이와 같은 은혜와 인간의 역할은 퍼킨스가 은혜의 결과라고 말하는 실질적인 회심의 과정에도 같은 원리를 따라 적용된다. 그는 "구성의 시작"에 해당하는 여섯 단계를 하나님의 특별한 은혜인 "새롭게 하시는 은혜"의 결과로 보는데, 여기서도 준비 과정과 마찬가지로 인간의 역할이 배제되지 않는다. 하나님은 준비시키는 외적 수단인 율법 대신 복음을 회심시키는 외적 수단으로 사용하시며, 율법을 선포하는 사람과 더불어 복음을 선포하는 사람이 있어야 하고, 그 복음이 요구하는 새로운 순종을 성령의 인도를 받아 행하는 이는 바로 사람이다.

이상과 같이 퍼킨스의 언약론과 회심론은 구원에 있어서 하나님의 절대적인 주권과 은혜를 훼손하지 않으면서도 인간이 수동적인 존재로 방치되지 않도록 하는 성경적인 진리를 잘 드러내고 있다. 그러므로 퍼킨스와 그의 후예들인 청교도들이 발견한 언약신학과 회심 교리는 철저하게 성경에 근거를 두고 있으며, 칼빈을 비롯한 개혁파 종교개혁자들의 사상과 본질적으로 다르지 않다. 오히려 이들의 사상을 훨씬 더 구체적으로 정교화하고 실천적으로 설명한 것이다. 그리고 이러한 사실은 현대 그리스도인들에게도 매우 절실한 부분이다. 하나님의 은혜에 대한 잘못된 강조는 하나님과의 관계 안에서 거룩하게 살아야 할 신자의 본분을 망각하는 현상이 깊어지고 있고, 이는 점점 더 핵심적인 교리에 변형을 가져오고 있다. 이러한 시대에 우리는 종교개혁자들의 신학 위에 퍼킨스를 비롯한 청교도들이 세워놓은 성경적인 신학적 틀 위에서 신자의 의무를 다하면서도 하나님의 절대적 주권과 은혜를 온전히 의지하는 신자의 삶을 살아야 할 것이다.

참고문헌

Brauer, Jerald C. "Types of Puritan Piety." *Church History* 56, no.1 (March 1987): 24.

_____. "Conversion: From Puritanism to Revivalism." *Journal of Religion* 58, no. 3 (1978): 227–243.

_____. "Reflections on the Nature of English Puritanism." *Church History* 23, no. (1954): 99–108.

Beeke, Joel R. and Paul Smalley, *Prepared by Grace, for Grace: The Puritans on God's Ordinary Way of Leading Sinners to Christ*. Grand Rapids: Reformation Heritage Books, 2013.

Fuller, Thomas. *The Holy State*. Cambridge: printed by Roger Daniel, 1648.

Goodwin, Thomas. *The Works of Thomas Goodwin*. 12vols., ed. James Nichol (Edinburgh, 1861–66; Reprint, Tanski Publications, 1996; Reprint, Grand Rapids, MI: Reformation Heritage Books, 2006), 6:187.

Hall, David D. "Introduction to *The Heart Prepared*," by Norman Pettit. Middletown, Conn.: Wesleyan University Press, 1989.

_____. "Understanding the Puritans." In *The State of American History*. Edited by Herbert J. Bass. Chicago: Quadrangle Books, 1970.

_____. "On Common Ground." *The William and Mary Quarterly* 44, no. 2 (1987): 193–229.

Haller, William. *The Rise of Puritanism*. New York: Columbia University Press, 1938. Reprint, New York: Harper Torchbooks, 1957.

Halley, Robert. "Memoir of Dr. Thomas Goodwin," In *The Works of Thomas Goodwin*. Edinburgh: James Nichol, 1861.

Hill, Christopher. *Puritanism and Revolution: Studies in Interpretation of the English Revolution of the 17th Century*. London: Panther Books, 1968.

Kim, Hyonam. *Salvation by Faith: Faith, Covenant, and the Order of Salvation in Thomas Goodwin*(1600–1680). Göttingen: Vandenhoek & Reuprecht, 2019.

Jones, James William. "The Beginnings of American Theology: John Cotton, Thomas Hooker, Thomas Shepard and Peter Bulkeley." Ph.D. diss., Brown University, 1971.

Marsden, George. "Perry Miller's Rehabilitation of the Puritans: A Critique." *Church*

History 39, no. 1(1970): 91-105.

Middlekauff, Robert. *The Mathers: Three Generations of Puritan Intellectuals* 1596-1728. New York: Oxford University Press, 1971.

Miller, Perry. "Preparation for Salvation in Seventeenth-Century New England." *Journal of the History of Ideas* 4, no. 3 (1943): 253-286.

_____ and Thomas H. Johnson. *The Puritans*. New York: American Book Company, 1938.

Kendall, R. T. *Calvin and English Calvinism to* 1649. Cumbria, UK: Paternoster Press, 1997.

Packer, J. I. *A Quest for Godliness*. Wheaton, Ill.: Crossway Books, 1990.

Pettit, Norman. *The Heart Prepared*. New Haven, Conn. and London: Yale University Press, 1966.

Perkins, William. *Workes*. 3 vols. London, 1612.

Priebe, Victor Lewis. "The Covenant Theology of William Perkins." Ph.D. diss., Drew University, 1967.

Stoever, William K. B. *'A Faire and Easie Way to Heaven': Covenant Theology and Antinomianism in Early Massachusetts*. Middletown, Conn.: Wesleyan University Press, 1988.

Shaw, Mark R. "Drama in the Meeting House: The Concept of Conversion in the Theology of William Perkins" *Westminster Theological Journal* 45 (1983): 41-72.

Trinterud, Leonard J. "The Origins of Puritanism" *Church History* vol. 20, no.1 (Mar., 1951): 37-57.

Von Rohr, John. "Covenant and Assurance in Early English Puritanism." *Church History* 34 (1965): 195-203.

_____. *The Covenant of Grace in Puritan Thought*. Atlanta: Scholars Press, 1986.

White, Charles E. "Were Hooker and Shepard Closet Arminians?" *Calvin Theological Journal* 20, no. 1 (1985): 33-42.

원종천. 『청교도 언약 사상: 개혁 운동의 힘』. 서울: 대한기독교서회, 1998.

청교도 설교학,
윌리엄 퍼킨스의 『설교의 기술』

박태현 · 총신대학교 목회신학전문대학원, 실천신학

WILLIAM
PERKINS

1   필자는 퍼킨스의 설교론에 관한 글을 앞서 두 차례 학회지에 발표한 바가
    있다. 본고는 그 두 소논문을 기초로 확대하여 소개하고자 한다. 박태현,
    'William Perkins의 설교론', 「복음과 실천신학」 제32권 (2014): 138-174.
    박태현, '윌리엄 퍼킨스의 '경험적'(experimental) 설교: 「설교의 기술」과 「그
    리스도의 산상보훈 강해」를 중심으로', 「복음과 실천신학」 제70권 (2024):
    215-263.

I. 들어가는 글

한국 개신교회의 양적 성장은 안타깝게도 1990년대부터 하향 곡선을 그리기 시작했다. 지난 세기의 70-80년대 폭발적 부흥을 경험한 그리스도인이라면 누구라도 격세지감을 느끼지 않을 수 없다. 박영돈은 21세기 한국 교회가 처한 긴급하고도 절박한 위기 상황을 다음과 같이 묘사한다.

> 한국 교회의 사회적 신임과 이미지는 복구가 불가능할 정도로 파손
> 되어 한국의 선교는 이제 끝난 것이 아닌가 하는 회의까지 들 정도
> 다. 자칫하면 한국 교회가 교회 역사에 그 유례를 찾을 수 없이 급성
> 장했다는 명성과 함께 '초고속으로 몰락해 버린 교회'라는 오명까지
> 안게 될 위기에 봉착한 것이다.[2]

이런 맥락에서 "교회는 설교와 함께 흥망성쇠를 같이 한다"고 언

---

2   박영돈, 『일그러진 한국 교회의 얼굴』 (서울: IVP, 2013), 10-11.

급했던 포사이드(P. T. Forsyth, 1848-1921)의 통찰은 하나님 말씀의 설교가 교회의 생사(生死)에 결정적 역할을 한다는 사실을 단순 명쾌하게 지적한 것이다.[3] 20세기 최고의 강해설교자라 일컬어지는 마틴 로이드 존스(D. Martyn Lloyd-Jones, 1899-1981) 역시 교회 역사상 교회가 위축된 시기는 항상 설교가 쇠퇴했던 시기였으며, 반대로 종교개혁과 부흥의 새벽을 알렸던 때는 설교가 새로워진 때였다고 지적함으로써 교회와 설교 사이의 긴밀한 상관관계를 바르게 지적했다.[4] 한 마디로 말하면, 기독교회의 역사는 설교의 역사와 운명을 같이 한다.

한국 교회 설교의 위기의 원인들을 분석해 볼 때, 거시적 관점에서 크게 세 가지 요소를 꼽을 수 있다.[5] (1) 설교자 사역 환경의 구조적 문제, (2) 설교자의 설교신학의 부재, 그리고 (3) 청중의 설교 청취의 미숙함. 설교학자 정창균은 미시적 관점에서 한국 교회 설교의 위기들 가운데 하나가 신자의 정체성 상실이요, 여기서 기인한 신자들의 도덕성 상실이라고 지적한다.[6] 다시 말하면, 신자의 신자다움, 교회의 교회다움을 상실한 결과 도덕적 실패로 이어질 수밖에 없다는 것이다. 김세윤 역시 동일한 맥락에서 한국 교회 문제의 근원이 신학적 빈곤이요, 이로 말미암은 한국 그리스도인의 도덕적 실패라고 뼈아픈 진단을 적확하게 짚어낸다.[7] 따라서 정창균은 교회의 교회다움을

---

3 P. T. Forsyth, *Positive Preaching and the Modern Mind* (Grand Rapids: Baker Book House, 1980), 3.

4 D. Martyn Lloyd-Jones, *Preaching & Preachers*, 40th Anniversary Edition (Grand Rapids: Zondervan, 2011), 31.

5 박태현, '종교개혁 500주년과 한국 교회 설교개혁', 「성경과 신학」 85 (2018): 71-99.

6 정창균, '한국 교회와 설교: 한국 교회 설교가 직면하고 있는 도전들', in 한국복음주의신학회 제 61차 정기논문발표회, 2013년 4월 27일, 25-29.

7 김세윤, '한국 교회 문제의 근원, 신학적 빈곤', in 강영안 외 20명, 「한국 교회, 개혁의 길을 묻다」 (서울: 새물결플러스, 2013), 17-36.

회복하기 위하여 교리 설교를 통한 신자의 정체성 확립을 제안한다.[8] 더 나아가, 정창균은 한국 교회 설교의 위기는 "본문 이탈"로 인한 것이라고 진단한다. 즉, 설교에서 성경 본문을 아예 사용하지 않거나(disuse), 성경 본문을 오용하거나(misuse), 성경 본문을 해석하기(exegesis)보다는 자기 생각을 주입하여(eisegesis) 남용하고(abuse) 있다고 진단한다.[9] 그는 설교의 "본문 이탈"과 관련하여 설교자의 영성의 상실 혹은 영성의 피폐화가 악순환의 고리로 연결되어 있다고 예리하게 지적하면서, 결론적으로 설교자의 갱신을 촉구한다.

> 이 시대의 가장 큰 문제는 교회가 어두워진 것이고, 교회가 어두워진 가장 심각한 원인은 강단에 있다고 말할 수 있다. 이것은 다름 아닌 강단의 변절이다. 그리고 그 모든 책임의 한 가운데 설교자가 있다. 설교자는 말씀에 목숨을 거는 사람이다. 설교자가 말씀을 제대로 선포하지 않거나, 말씀을 임의로 바꾸어 말하거나, 말씀보다 다른 것을 더 중요하게 여기는 것은 반역이다. 말씀의 주인이신 하나님에 대한 반역이요, 말씀을 기다리는 회중에 대한 반역이요, 말씀의 사역자인 자기 자신에 대한 반역이다. 설교자의 반역이 오늘날 강단이 죽은 가장 큰 원인이다. ⋯ 그러므로 한국 교회는 성경을 설교하고 신자와 교회의 정체성을 확고하게 해 주는 성경적 설교를 회복해야 한다.[10]

로이드 존스 역시 동일한 맥락에서 설교자의 첫 번째 일이자 가장

---

8   정창균, '한국 교회와 설교: 한국 교회 설교가 직면하고 있는 도전들', 30.
9   정창균, '한국 교회와 설교: 한국 교회 설교가 직면하고 있는 도전들', 36-9.
10   정창균, '한국 교회와 설교: 한국 교회 설교가 직면하고 있는 도전들', 56-7.

중요한 일은 "설교문을 준비하는 것이 아니라 설교자 자신을 준비하는 일"이라고 지혜롭게 지적한다.[11]

　이러한 설교 강단의 다양한 도전에 직면한 한국 교회는 이를 극복하기 위한 하나의 해답으로서 한국 교회의 역사적 뿌리인 17–18세기 청교도 설교학을 수립한 윌리엄 퍼킨스의 설교론을 살펴보는 것이 유익할 것이다. 옛 것을 살피는 일은 우리의 신앙생활의 현주소를 파악할 뿐만 아니라, 한국 교회의 미래를 전망할 수 있는 지혜를 얻을 수 있기 때문이다. 다시 말하면, 과거는 죽은 것이 아니라 우리의 미래를 여는 열쇠를 쥐고 있기 때문이다.[12] 이를 위해 필자는 첫째, 신학자와 설교자로서의 퍼킨스를 살펴보고, 둘째, 퍼킨스의 사상과 신학적 특징을 요약하며, 셋째, 『설교의 기술』이 소개하는 새로운 개혁파 설교법을 형식적 구성에 주목하여 살펴보고, 넷째, 『설교의 기술』의 내용적 특징인 '경험적' 설교를 소개하고, 마지막으로 퍼킨스의 청교도 설교론이 한국 교회에 제공하는 시사점을 요약하고자 한다.

11　Lloyd-Jones, *Preaching & Preachers*, 178.

12　Alister McGrath, *Roots that Refresh: A Celebration of Reformation Spirituality*, 박규태 옮김, 『종교개혁 시대의 영성』(서울: 좋은씨앗, 2005), 307.

II. 펴는 글

1. 신학자와 설교자로서의 퍼킨스[13]

퍼킨스는 설교의 황금시대를 열었던 "청교도 신학자들의 황태자"[14], "16세기 청교도 신학자들 가운데 가장 위대한 신학자" 혹은 "엘리자베스 시대의 가장 탁월한 학자이자 훌륭한 설교자"[15]라고 일컬어진다. 특히 퍼킨스는 '청교도주의의 아버지'[16]라고 정당하게 불리는데, 왜냐하면 퍼킨스 자신이 초기 청교도에 속할 뿐 아니라, "실천적-경험적-윤리적 측면"의 특징을 지닌 그의 신학이 잉글랜드와 신대륙, 유럽 청교도주의의 후속적 발전에 결정적인 영향을 미쳤기 때문이다. 퍼킨스 전문가 브루워드(I. Breward)는 독자들의 교화를 위한 "의심할 수 없는 신학적 정통성과 영적 활력"의 결합이 퍼킨스의 저서가 유럽의 개혁 교회 전체에 걸쳐 놀랍도록 널리 보급된 이유를 설명하는 독특

---

13 퍼킨스의 생애에 관한 전기는 다음을 보라. Benjamin Brook, *The Lives of the Puritans*, vol. 2 (London, 1813, Pittsburgh: Soli Deo Gloria Publications, 1994), 129–36. Ian Breward, *The Works of William Perkins*, *The Courtenay Library of Reformation Classics*, vol. 3 (Appleford/Abingdon/Berkshire/England: : Sutton Courtenay, 1970), 3–131. Joel R. Beeke and J. Stephen Yuille, 'Biographical Preface', in J. Stephen Yuille, ed., *The Works of William Perkins*, vol. 1. (Grand Rapids: Reformation Heritage Books, 2014), ix–xxxii. Tae–Hyeun Park, *The Sacred Rhetoric of the Holy Spirit: A Study of Puritan Preaching in a Pneumatological Perspective*, Th.D. Dissertation, (Apeldoorn: Theologische Universiteit, 2005), 89–92.

14 Patrick Collinson, *The Elizabethan Puritan Movement* (Oxford: Oxford University Press, 1967), 125.

15 Horton Davies, *Worship and Theology in England: From Cranmer to Hooker* 1534–1603, vol. 1 (Princeton: Princeton University Press, 1970), 424, 305.

16 C. Graafland, *Van Calvijn tot Comrie: Oorsprong en ontwikkeling van de leer van het verbond in het Gereformeerde Protestantisme* (Zoetermeer: Boekencentrum, 1994), 134–35. C. Graafland, *Van Calvijn tot Barth: Oorsprong en ontwikkeling van de leer der verkiezing in het Gereformeerde Protestantisme* ('s–Gravenhage: Boekencentrum, 1987), 71.

한 특징이라고 말한다.[17] 다른 한편, 오른손에 장애를 가진 퍼킨스는 풀러(T. Fuller)가 묘사하듯이 로마교와의 논쟁에서 왼손잡이 에훗처럼 (삿 3:15-30) 글로서 로마교의 오류를 드러내어 물리쳤다.[18] 결론적으로 잉글랜드 교회는 16세기 유럽 대륙의 개신교가 수많은 신학적 논쟁을 통해 얻은 값진 유산을 값없이 거저 받았는데, 이제 이 섬나라의 퍼킨스가 그 많은 신학적 빚을 단번에 되갚았다고 말할 정도로, 퍼킨스는 탁월한 신학자였다.

청교도주의의 아버지 퍼킨스는 탁월한 신학자였을 뿐만 아니라 훌륭한 설교자였다. 청교도 전기 작가인 토머스 풀러(Thomas Fuller)는 퍼킨스의 설교가 심오한 신학을 담은 평이한 설교로 탁월했다고 묘사한다. "그의 설교는 경건한 학자들이 들어도 감탄할 정도로 그렇게 평이하지 않았으며, 평범한 사람들이 들어도 이해할 정도로 그렇게 학문적인 것도 아니었다."[19] 게다가 설교자로서의 퍼킨스의 경건한 삶은 모든 사람에게 강력한 모범이었다. "그는 자신의 설교대로 살았고, 그의 설교가 그의 본문에 대한 하나의 주해였던 것처럼, 그의 실천은 그의 설교에 대한 하나의 주해였다."[20] 퍼킨스의 제자 토머스 투크(Thomas Tuke)는 하나님께서 과거 이스라엘을 구름기둥과 불기둥으로 광야를 지나게 하셨던 것처럼, 영국을 이 세상 광야를 지나 천상의 가나안으로 인도하기 위해 보내신 선지자들과 대사들 가운데 퍼킨스가

---

17 Breward, *The Works of William Perkins*, xi, 105-7.

18 T. Fuller, *The Holy State and the Profane State*. Vol. II. 88-93. by M. G. Walten, ed. 1938. 'The Life of William Perkins.' in Samuel Clark, *The Marrow of Ecclesiastical Historie*, (London, 1650), 414-18. Cited in F. Ernest, Stoeffler, *The Rise of Evangelical Pietism* (Leiden: E. J. Brill, 1971), 51.

19 Thomas Fuller, *The Holy State and the Profane State* (1648), 81. James B. Mullinger, 'William Perkins,' in *Dictionary of National Biography*, vol. 15, 892-95에 인용됨.

20 Thomas Fuller, *Abel Redevivus: or, The Dead yet Speaking. The Lives and Deaths of the Modern Divines* (London: Tho. Brudenell for John Stafford, 1651), 436.

으뜸이라고 증언한다. 왜냐하면 퍼킨스는 항상 "학문의 빛과 경건한 삶의 등불을 지녔기" 때문이다.[21] 퍼킨스의 『갈라디아서 강해』에 자신의 갈라디아서 6장 강해를 덧붙인 로돌프 커드워쓰(Rodolph Cudworth, 1573–1624) 역시 학문과 경건을 겸비한 퍼킨스, 즉 건전한 교리와 성실한 삶이 조화된 퍼킨스를 다음과 같이 증거한다. "그의 가르침은 그의 삶의 본보기였고, 그의 삶은 그의 가르침의 겉보기였다."[22] 따라서 퍼킨스 사후 만 10년이 지난 1613년에 토머스 굿윈(Thomas Goodwin, 1600–1680)이 케임브리지 크라이스트 칼리지에 입학했을 때, 당시 케임브리지는 "퍼킨스의 능력 있는 사역에 대한 담론으로 가득 차 있었고, 대부분의 사람들의 기억 속에 여전히 생생하게 남아있었다"고 증거한다.[23]

2. 퍼킨스의 사상과 신학

19세에 크라이스트 칼리지에 입학한 퍼킨스는 당시 '케임브리지 청교도주의의 교황'이라 일컬어진 로렌스 채더튼(Laurence Chaderton, 1536?–1640)의 영향을 받았다.[24] 7년간의 학업을 통해 퍼킨스는 당시

---

21 William Perkins, *The Art of Prophecying*, in William Perkins, *The Workes of that Famous and Worthy Minister of Christ in the University of Cambridge, Mr. William Perkins* (= WP), 3 vols, (London: John Legatt, 1626–1631), 2:644.

22 Rodolph Cudworth, 'To the Courteous Reader', in William Perkins, *A Commentarie or Exposition upon the five first Chapters of the Epistle to the Galatians, in WP*, 2:157.

23 Joel R. Beeke and J. Stephen Yuille, 'Biographical Preface', in J. Stephen Yuille, ed., *The Works of William Perkins, vol. 1. xv.*

24 Collinson, *The Elizabethan Puritan Movement*, 125. 하지만 퍼킨스는 1577년 세실리아 컬버웰 (*Cecilia Culverwell*)과 결혼하기 위해 크라이스트 칼리지의 연구원직을 사임한 채더튼에게서 정식 교육을 받지 못했지만, 케임브리지의 성 클레멘트 교회(St. Clement's Church)에서 지속적으로 설교했고 여전히 대학 업무에도 관여했던 채더튼과 유대를 가졌다. *Dictionary of National Biography*, 'Laurence Chaderton,' vol. 3. 1339–41.

16세기를 지배했던 탁월한 두 사상의 조류를 만나는데, 아리스토텔레스와 피터 라무스(Peter Ramus, 1515-1572)의 철학과 논리학이다.[25] 퍼킨스는 아리스토텔레스를 "철학자들의 황태자"라고 여겼던 반면,[26] 라무스의 실천적 철학과 방법론에 더 큰 영향을 받았다.[27] 그는 아리스토텔레스의 삼단논법만 아니라 라무스의 분석 논리학에도 능숙하였다.[28]

퍼킨스의 신학은 주로 두 집단, 즉 교부들과 개혁파 신학자들의 영향을 받았다. 첫째, 그는 무엇보다 교부들의 신학에 깊이 심취하였는데, 이는 그의 작품, 『날조된 가톨릭교 혹은 로마교의 보편성의 문제』(Probleme of the Forged Catholicisme, or universalitie of the Romish Religion, 1617)에서 명백하게 드러난다. 그는 자신의 작품 가운데 어거스틴(Augustine)을 가장 빈번하게 인용했으며(588회 이상), 그 뒤를 이어 크리소스톰(Chrysostom, 129회), 제롬(Jerome, 120회), 암브로우스(Ambrose, 105회), 터툴리안(Tertullian, 81회), 키프리안(Cyprian, 64회), 그리고 바실리우스(Basilius, 49회)를 인용했다. 더 나아가 그가 로마교를 공격할 때 교황주의의 권위자인 로버트 벨라민(Robert Bellarmine, 77회)을 인용할 뿐만 아니라 또한 자신의 입장을 옹호하기 위해 아퀴나스(Aquinas, 36회)를 인용하기도 한다.[29] 퍼킨스 신학의 전문가인 브루워드(I. Breward)는 퍼킨스가 "교부들에 대한 청교도의 관심을 확장시켜 성경과 개혁신학 전통에 대한

---

25 Breward, *The Works of William Perkins*, 6.

26 William Perkins, *A Dialogue of the State of a Christian Man*, in *WP*, 1:403.

27 Donald K. McKim, 'Ramism in William Perkins', Ph.D. Diss. University of Pittsburgh, 1980. 라무스는 아리스토텔레스의 체계를 주로 공격하였는데, 왜냐하면 이 체계에서는 일상적인 삶을 위한 실제적인 적용의 여지가 없기 때문이었다. 라무스의 방법론에 대한 이해를 위하여 다음을 참조하라. Walter J. Ong, *Ramus: Method, and the Decay of Dialogue* (Cambridge: Harvard University Press, 1958, Chicago: University of Chicago Press, 2004).

28 W. J. op 't Hof, "Engelse pietistische geschriften in het Nederlands, 1598-1622" (Th.D. Diss. De Rijksuniversiteitte Utrecht, Rotterdam, 1987), 324.

29 R. T. Kendall, *Calvin and English Calvinism to* 1649 (Oxford 1981, Carlisle 1997), 54.

편협한 의존을 방지"하는 데 상당히 기여했다고 올바르게 지적한다.[30]

둘째, 퍼킨스의 신학은 또한 예정론을 주장했던 칼뱅(J. Calvin), 베자(Th. Beza), 잔키우스(J. Zanchius), 그리고 언약신학을 가르쳤던 올레비아누스(C. Olevianus)와 우르시누스(Z. Ursinus)와 같은 대륙의 개혁파 신학자들과 '결의론'(Casuistry)을 옹호했던 틴데일(W. Tyndale)과 브래드포드(J. Bradford)와 같은 영국 개혁자들의 영향을 받아 형성되었다.[31] 이로써 퍼킨스는 경건과 학문의 조화라는 청교도의 특징을 보여 주는데, 이는 실천적 삶을 지향하는 그의 신학에 대한 정의에서도 잘 드러난다. 퍼킨스는 그의 대표작 가운데 하나인 『황금 사슬』(A Golden Chaine, 1591)에서 신학을 "영원히 행복하게 살아가는 것에 대한 학문"으로 정의한다.[32] 결론적으로 퍼킨스는 아리스토텔레스와 라무스 철학과 논리학을 사용하여 다양한 신학적 조류들을 조화롭게 하나로 통합한 다양성의 신학자였다고 결론지을 수 있다.[33]

---

30   Breward, *The Works of William Perkins*, 55–6.

31   Op 't Hof, "Engelse pietistische geschriften in het Nederlands, 1598–1622", 322–23. 옵 헛 호프 (Op 't Hof)의 주된 요지는 퍼킨스 신학의 경건주의적 성격으로서, 그의 논문에서 취급하는 17세기 초반의 작가들에 대한 분석 가운데 거의 절반을 차지한다. "퍼킨스를 퍼킨스되게 한 것은 그의 경건주의다." W. J. op 't Hof, "Engelse pietistische geschriften in het Nederlands, 1598–1622", 280–388.

32   William Perkins, *A Golden Chaine*, in *WP*, 1:11. 청교도의 실천지향적 특성은 조엘 비키와 마크 존스가 공동으로 저술한 책의 부제, '삶을 위한 교리'에서도 잘 드러난다. Joel R. Beeke & Mark Jones, *A Puritan Theology: Doctrine for Life* (Grand Rapids: Reformation Heritage Books, 2012). 청교도 운동은 성령의 역사를 통해 성경의 진리를 깨닫고 중생한 신자들이 그리스도와의 인격적 교제의 경험을 일상적 삶 속에서 점진적으로 성화를 이루어가는 영성 운동으로서, 전례 중심의 가톨릭 영성을 거부하고 인간의 죄와 하나님의 은혜를 동시에 강조하는 아우구스티누스 사상을 따라 신자의 삶 속에 작용하는 성령의 역사와 성경에 뿌리를 둔 삶의 개혁 운동, 부흥 운동이었다. Kelly M. Kapic and Randall C. Gleason, 'Who were the Puritans', in Kelly M. Kapic and Randall C. Gleason, eds., *The Devoted Life: An Invitation to the Puritan Classics* (Downers Grove: IVP, 2004), 23–32.

33   Graafland, *Van Calvijn tot Barth: Oorsprong en ontwikkeling van de leer der verkiezing in het Gereformeerde Protestantisme*, 71. 이런 맥락에서 옵 헛 호프가 퍼킨스를 "다양성의 인물"이라고 묘사한 것은 정당하다. Op 't Hof, "Engelse pietistische geschriften in het Nederlands, 1598–

3. 『설교의 기술』(Prophetica)[34]

1) 『설교의 기술』의 역사적 의의

불과 34세 밖에 되지 않았지만 이미 경험 많은 강해설교자였던 퍼킨스는 설교의 기본적 원리를 제시한 설교학 교본, 『설교, 혹은 거룩하고 유일한 설교의 기술에 관한 논문』(*Prophetica, sive De sacra et vnica ratione concionandi tractatus*, 1592)을 저술하였는데, 이는 영국의 종교개혁 이후 첫 번째로 쓰여진 실질적인 설교학 교본이었다.[35] 이 교본은 퍼킨스가 죽은 뒤, 그의 제자 토머스 투크에 의해 1606년에 영어로 번역되고, 1607년에 『설교의 기술, 혹은 거룩하고 유일하게 참된 설교의 방식과 방법에 관한 논문』(*The Art of Prophecying or A Treatise Concerning the Sacred and Only True Manner and Method of Preaching*)이라는 제목으로 출판되었다.[36] 『설교의 기술』은 퍼킨스가 오랜 교회사 전통의 저명한 신학자 9명의 저술들을 참고하여 새롭게 제시한 개혁주의 설교론으로서, 고전 수사학 및 웅변술이 기독교 설교에 접목된 공교회성을 드러내 보여 준다.[37] 더 나아가 『설교의 기술』은 17-18세기에 걸쳐 오랫동안 영국과 미국의 청교도 설교자들, 특히 조나단 에드워즈(Jonathan Edwards, 1703-1758)에게

1622", 323.

34 이 항목은 필자의 박사학위 논문을 참조한 것이다. Park, *The Sacred Rhetoric of the Holy Spirit: A Study of Puritan Preaching in a Pneumatological Perspective*, 92-104.

35 Breward, *The Works of William Perkins*, 328, 624.

36 Perkins, *The Art of Prophecying*, in *WP*, 2:643.

37 퍼킨스가 참고한 9명의 저자들은 『설교의 기술』 마지막 페이지에 언급되어 있다. 교부 어거스틴(Augustine), 로마교의 에라스무스(Erasmus), 루터파{헤밍기우스(Hemingius), 일리리쿠스(Illyricus), 비간두스(Wigandus), 야코부스 맛디아스(Jacobus Matthias)}, 개혁파{히페리우스(A. Hyperius), 테오도루스 베자(Theodorus Beza), 프란시스쿠스 유니우스(Franciscus Junius)}. Adriaan C. Neele, '청교도 설교의 적실성: 윌리엄 퍼킨스의 『설교의 기술』, in 안상혁 편집, 『청교도 신학』 (수원: 합신대학원출판부, 2020), 109.

적지 않은 영향을 미쳤다.[38] 특히 퍼킨스가 제시한 설교론은 개혁신학이 절정에 이르렀던 웨스트민스터 회의(Westminster Assembly, 1643–1649)에서 작성한 『웨스트민스터 예배모범』(*Westminster Directory for the Publick Worship of God*)에서 그 표준적 진가가 입증되었다.[39] 게다가 퍼킨스의 『설교의 기술』은 유럽 대륙, 특히 네덜란드의 첫 번째 설교학 교재인 요하네스 호오른베이크(Johannes Hoornbeeck, 1617–1666)의 『설교의 기술』(*De Ratione Concionandi*, 1645)[40], 그리고 페트루스 판 마스트리히트(Petrus van Mastricht, 1630–1706)의 『최상의 설교법』(*De Optima Concionandi Methodo*, 1681)[41] 저술에도 큰 영향을 미쳤다.

---

38 이정환은 에드워즈가 퍼킨스의 『설교의 기술』을 참고했을지라도, 판 마스트리히트의 『최상의 설교법』과 더 밀접한 관계를 갖는다고 지적한다. 이정환, '페이트루스 판 마스트리히트의 De Optima Concionandi Methodo에 대한 고찰: 조나단 에드워즈의 설교에 미친 영향을 중심으로', 「갱신과 부흥」 19 (2017): 112–141. 이 소논문은 판 마스트리히트의 『최상의 설교법』 번역과 함께 출판되었다. Petrus van Mastricht, *De Optima Concionandi Methodo*, 이스데반 옮김, 『개혁주의 표준 설교법』 (서울: 기독교문서선교회, 2017).

39 박태현, '웨스트민스터 '예배 지침'에 나타난 청교도 예배와 설교', 「갱신과 부흥」 14 (2014): 16–37. John H. Leith, 'The Westminster Confession in its Historical, Social and Theological Context', in *Calvin Studies VIII. The Westminster Confession in Current Thought* (Davidson, 1996), 1–13.

40 T. Brienen, *De eerst homiletiek in Nederland* (Kampen: De Groot Goudriaan, 2009), 34. 흥미로운 사실은 퍼킨스의 『설교의 기술』이 1607년 영국에서 출판되기 전 1606년에 네덜란드어로 먼저 번역·출판되었다. Breward, *The Works of William Perkins*, 624. J. van der Haar, *From Abbadie to Young: A Bibliography of English, Most Puritan Works, Translated I/T Dutch Language* (Veenendaal: Uitgeverij Kool, 1980), 101.

41 Van Mastricht, 『개혁주의 표준 설교법』, 94. 판 마스트리히트는 자신의 저술이 윌리엄 퍼킨스, 윌리엄 에임스(William Ames, 1576–1633)의 『신학의 정수』(*Medulla Theologica*, 1623), 올리버 보울스(Oliver Bowles, 1574–1644), 기요무스 살데누스(Guiljelmus Saldenus, 1627–1694)의 『설교자』(*Ecclesiaste*), 요하네스 호오른베이크(Johannes Hoornbeeck, 1617–1666)의 『설교의 기술』(*De Ratione Concionandi*)에게 빚지고 있음을 밝힌다. 이정환은 판 마스트리히트의 『최상의 설교법』의 핵심은 성경을 설교의 근원으로 두는 본문 주해, 진리의 확고한 전달을 위한 교리 논증, 그리고 회중의 변화(회심과 성화)를 추구하는 적용의 문제라고 지적한다. '페이트루스 판 마스트리히트의 De Optima Concionandi Methodo에 대한 고찰: 조나단 에드워즈의 설교에 미친 영향을 중심으로', 136.

2)『설교의 기술』 저술 동기

그렇다면 퍼킨스는 왜『설교의 기술』을 저술하게 되었는가? 그 동기는 오직 하나였다. 그것은 "하나님의 교회의 유익"을 목표로 한 것이었다. 퍼킨스는『설교의 기술』 서문에서 설교문 작성이 모든 신학 훈련 가운데 막중한 책임이 따르는 어려운 일일 뿐만 아니라 설교가 모든 영적 은사들 가운데 가장 탁월한 은사이므로, 그에 비례하여 더욱더 부지런히 다양하고 많은 가르침으로 취급되어야 함에도, 다른 분야에서 받는 관심에 비하면 매우 부족하고 심지어 빈약하게 다루어졌다고 지적한다. 사실상 당시 대학에서는 수사학 훈련 외에 목회자 후보생들을 위한 설교학 원리와 실제에 대한 공식적 훈련이 없었던 것이다.[42] 그래서 그는 이런 형편을 개선하여 설교자들에게 "매우 간편하고" "사용하기에 더 낫고, 기억하기에 더 적합한" 새로운 개혁파 설교법을 소개한 것이다.[43] 조셉 파이파(Joseph A. Pipa Jr.)는 퍼킨스의 저술 동기를 더 구체적으로 세 가지로 꼽는다.[44] (1) 엘리자베스 시대의 잉글랜드의 유능한 설교자들의 결핍. (2) 실천신학에서의 목사들의 훈련을 위한 교재의 부적절한 공급. (3) 이런 난국을 타개하고자 최상의 설교법으로서 평이한 스타일의 새로운 개혁파 설교법을 소개한다. 결과적으로 퍼킨스는『설교의 기술』을 작성하여 교회의 목회 갱신을 꾀하였으며, 이로써 그는 개혁주의 신학과 청교도의 실천적 경건을 결합한 목회신학을 산출한 것이다. 따라서 17세기 네덜란드 신학자 히스베르투스 푸치우스(Gisbert Voetius, 1589-1676)는 퍼킨스를 "오늘에 이르기까지 모든 사람 위에 뛰어난 실천적 영국인들의 호머(Homer)"라고

---

42   Breward, *The Works of William Perkins*, 327.

43   Perkins, *The Art of Prophecying*, in *WP*, 2:645.

44   Joseph A. Pipa, Jr. "William Perkins and the Development of Puritan Preaching", Ph.D. Diss. Westminster Theological Seminary, 1985. 86-8.

바르게 칭송하였다.[45]

3) 『설교의 기술』의 시대적 연관성

퍼킨스의 설교학 교본의 제목 『설교의 기술』(Prophetica)은 두 가지 측면에서 중요한 시대적 연관성을 지닌다. 첫째, 이 제목은 16세기 당시 설교자들을 위한 설교 훈련 기관이었던 '설교연구회'(Prophesyings)와 역사적 연관성을 보여 준다.[46] 이 '설교연구회'의 역사적 근원은 스위스 개혁파 취리히(Zürich)에서 성경적 인문주의 정신을 따라 회중 가운데서 시행되었던 신학 훈련에서 찾을 수 있다. 이 '설교연구회'가 영국에 전달된 것은 아마도 런던의 피난민 교회들 가운데서 요하네스 아 라스코(Johannes a Lasco, 1499–1560)가 시작했던 본을 따라 한 것으로 여겨진다.[47] 더 나아가 퍼킨스가 제안한 설교문 작성의 삼중 구조, 즉 본문 해설(주해)–교리–적용은 1570년대에 절정에 달했던 '설교연구회'의 실제적 훈련 관행에서 비롯된 것임을 알 수 있다.[48] 둘째, 『설교의 기술』 책 표지에 새겨진 느헤미야 8장 4–8절은 즉각적으로 구약성경의 선지자들의 주된 사역, 즉 하나님의 말씀을 백성들에게 설교하는 동

---

45 Breward, *The Works of William Perkins*, 107.

46 Collinson, *The Elizabethan Puritan Movement*, 168–76. W. van 't Spijker, "Puritanisme: *theologische hoofdlijnen en vertegenwoordigers*", in W. van 't Spijker, R. Bisschop, W. J. op 't Hof, *Het Puritanisme: Geschiedenis, theologie en invloed* (Zoetermeer: Boekencentrum, 2001), 226. M. van Beek, *An Enquiry into Puritan Vocabulary* (Groningen: Wolters-Noordhoff, 1969), 46. 황대우, '16세기 성경공부모임의 기원과 의미 및 적용', 「갱신과 부흥」 12권(2013): 83–108. 박태현, '설교실습을 위한 16세기 청교도 노르위치(*Norwich*) '설교연구회'(*Prophesying*) 규정 연구', 「신학지남」 제83권 1집 (통권 제326호): 227–44. 서창원, '츠빙글리와 청교도의 예언회/설교학교', in 제 503주년 츠빙글리 종교개혁 기념학술대회, '종교개혁자 츠빙글리와 2022년 한국 교회', 남서울교회, 2022년 1월 22일(토), 90–110.

47 Van 't Spijker, "Puritanisme: theologische hoofdlijnen en vertegenwoordigers", 226.

48 Collinson, *The Elizabethan Puritan Movement*, 174–75.

시에 백성들을 위하여 하나님께 기도하는 사역을 보여 준다.[49] 이것은 "우리는 오로지 기도하는 일과 말씀 사역에 힘쓰리라"(행 6:4)고 선언한 사도들의 사역과 일치한다. 예언(prophesying)은 성경에 대한 공적인 가르침과 해석을 의미하는 것이지 미래의 일들을 예측하거나 예고하는 것을 의미하지 않는다.[50] 16세기 청교도들의 언어 사용에 있어서, 예언이란 일반적으로 성경을 강해하거나 복음을 해석하고 설교하는 것으로서, 궁극적으로 사도 바울의 권면(고전 14:29-30)에 기초한다.[51] 퍼킨스는 예언을 예배라는 상황 속에서 고려하는데, 이는 그가 '예언'이라는 용어 속에 의도적으로 설교와 기도 모두를 포함시키고 있기 때문이다.[52]

4) 『설교의 기술』 구성의 형식적 원리

퍼킨스는 자신의 『설교의 기술』 전체를 구성하는 형식적 원리로서 라무스의 이분법적 논리학을 사용한다. 하지만 그의 설교학을 구성하는 내용적 원리는 개혁신학에 뿌리를 내리고 있다. 즉 퍼킨스는 라무

---

49 싱클레어 퍼거슨은 퍼킨스가 기도를 제사장적 사역이 아닌 선지자적 사역으로 취급한다고 지적한다. Sinclair B. Ferguson, 'Life and Ministry', in Joel R. Beeke and Greg Salazar, *William Perkins, Architect of Puritanism* (Grand Rapids: Reformation Heritage Books, 2019), 17.

50 Ellwood Johnson, *The Pursuit of Power: Studies in the Vocabulary of Puritanism* (New York: Peter Lang, 1995), 44.

51 Van Beek, *An Enquiry into Puritan Vocabulary*, 45-6. 영국의 종교개혁자 존 쥬월(John Jewel, 1522-1571)은 예언을 "하나님의 말씀을 설교하고 강해하는 것"으로 정의한다. John Jewel, *The Works of John Jewel, Bishop of Salisbury*, ed. John Ayre, 4 vols (Cambridge, 1844). 폴 셰퍼(Paul R. Schaefer)는 "'설교(prophesying)'란 꿰뚫는 설교, 올바른 교리를 표현하는 동시에 죄를 깨닫게 하고 하나님의 주권적 은혜를 찬양하는 설교를 가리키는 엘리자베스 시대의 용어"라고 지적한다. Paul R. Schaefer, 'The Arte of Prophesying', in *Kelly M. Kapic and Randall C. Gleason, eds., The Devoted Life: An Introduction to the Puritan Classics* (Downers Grove: IVP, 2004), 39.

52 Perkins, *The Art of Prophecying*, in *WP*, 2:646. 롬 12:6, 창 20:7. Hughes Oliphant Old, *The Reading and Preaching of the Scriptures in the Worship of the Christian Church, The Age of the Reformation*, vol. 4 (Grand Rapids/Cambridge: Wm. B. Eerdmans-Lightning Source, 2002), 260-69.

스 논리학을 사용하되, 내용에 있어서는 노예처럼 따르지 않는 것을 볼 수 있다.[53] 퍼킨스의 신학 작품 전체에 드러난 라무스 논리학을 연구한 도널드 맥킴(Donald McKim)은 "청교도들에 의해 채용된 라무스 논리학(Ramism)은 청교도 신학의 내용에 특정한 영향을 주지 않았다. 영국 청교도주의의 신학의 원천은 라무스의 파리보다는 칼뱅의 제네바에서 더 많이 나왔다"고 지적한다.[54] 라무스의 방법은 주제를 정의한 후에 각 부분으로 전개되어 나아가는 연역적 방식이다. 이 방법은 사람의 지성이 자연적으로 활동하는 방식을 따라서 일반적인 것에서 특수한 것으로 움직여 나가므로, 가르침과 학습 모두에 있어서 가장 건전한 방식으로 여겨진다. 이 방법은 또한 주제를 간단명료하게, 그리고 기억하기 쉽게 전달하는 교육학적 목적을 지닌다.[55] 라무스의 논리학은 'A 혹은 B', 또는 '이론과 실천'을 보여 주는 이분법적 논리로 특징 지워진다. 퍼킨스는 이 논리학에 힘입어 자신의 신학적 사고를 발전시키고, 대중화시키고 명확하게 드러내었다.[56] 맥킴은 대부분의 퍼킨스의 작품이 라무스 논리학의 방법에 의해 전개됨을 입증하였다.[57] 따라서 『설교의 기술』은 다음 도표와 같이 이분법으로 표현된다.[58]

---

53 Schaefer, 'The Arte of Prophesying', in Kelly M. Kapic and Randall C. Gleason, eds., *The Devoted Life: An Introduction to the Puritan Classics*, 42.

54 McKim, 'Ramism in William Perkins', 132.

55 McKim, 'Ramism in William Perkins', 287.

56 Perry Miller, *The New England Mind: the Seventeenth Century* (New York: The Macmillan Company, 1939). McKim, 'Ramism in William Perkins', 197.

57 맥킴은 라무스 청교도들의 이분법적 구조를 보여 주는 59개의 도표를 자신의 논문 부록에서 제시하는데, 이 가운데 대부분이 퍼킨스의 것이다. McKim, 'Ramism in William Perkins', 443–502.

58 박태현, 'William Perkins의 설교론', 154.

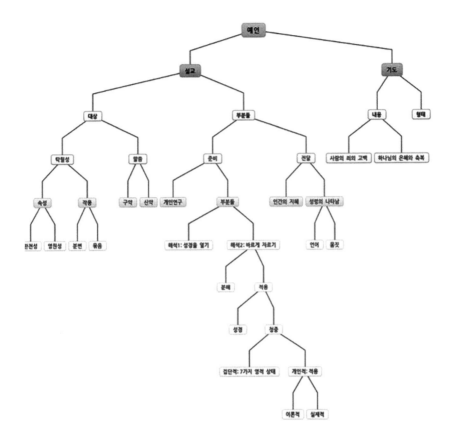

5) 『설교의 기술』 요약

　퍼킨스는 『설교의 기술』 서문에서 신실한 복음 사역자들과 거룩한 배움의 지식을 열망하고 그 지식을 위해 애쓰는 자들에게 설교란 그 위엄이나 용도에 있어서 탁월한 은사라고 지적한다.[59] 설교의 위엄에 관하여, 퍼킨스는 어거스틴이 『기독교 교양』(*De Doctrina Christiana*)에서

59　Perkins, *The Art of Prophecying*, in *WP*, 2:645.

비유한 것처럼, 설교란 마치 마차에 오르는 숙녀의 위엄을 지닌 것으로서 다른 은사들과 지식들은 그 숙녀를 섬기는 하녀들과 같다고 지적한다.[60] 이러한 설교의 위엄에 상응하는 설교의 핵심적 용도는 신학적 관점에서 예정론과 교회론 두 가지인데, 첫째는 교회를 모으고 선택 받은 자들의 수효를 완성하는 것이며, 둘째는 주님의 양떼로부터 늑대를 내쫓는 것이다.[61]

『설교의 기술』은 사실상 전체 11장으로 구성된 2절판 30페이지(2:643-673) 분량에 이르는 작은 핸드북이다. 하지만 그 전체적 내용은 설교의 대상으로서의 정경과 그 정경을 어떻게 해석해야 하는지에 관한 성경해석학과 설교의 준비와 전달을 다루는 설교학을 중심 내용으로 한다. 『설교의 기술』이 중점적으로 취급하는 설교는 크게 네 부분으로 분류할 수 있다. 첫째, 설교의 정의와 설교의 대상인 하나님의 말씀, 즉 신구약 66권의 정경(1-3장). 둘째, 이 정경 해석을 위한 지침들(4-5장). 셋째, 성경 본문으로부터의 교리 수집과 적용(6-8장). 넷째, 설교 전달(9-10장).

---

60 Perkins, *The Art of Prophecying*, in *WP*, 2:645. "설교의 위엄은 마치 마차의 높은 자리에 올라 행차하는 숙녀와 같은 반면, 언어와 인문과학을 포함한 다른 모든 은사들은 멀리 서서 이 숙녀를 시중드는 하녀들과 같다." Augustinus, *De Doctrina Christiana*, 성염 역주, 『그리스도교 교양』 (왜관: 분도출판사, 1989), VI.10. "지혜가 제 집에서, 즉 현자의 가슴에서 나오는 언변은, 마치 한시도 떨어지지 않는 몸종처럼 부르지 않더라도 반드시 따라 나선다"(…quasi apientam de domo sua, id est, pectore sapientis procedure intellegas et tamquam inseparabilem famulam etiam non vocatam sequi eloquentiam). 비스터펠트(P. Biesterveld) 역시 수사학에 대한 히페리우스의 견해를 다음과 같이 묘사한다. "인간의 자연 지식은 신학을 지배하는 것이 아니라 섬겨야 한다. 수사학은 자신의 가장 아름다운 은사들을 거룩한 신학의 발아래 내려놓는데, 이는 신학이 자신의 고유한 영역에서 설교에 대한 학문을 고유한 원리들에 따라 펼쳐나갈 때, 이 은사들을 사용하기 위함이다." P. Biesterveld, *Andreas Hyperius, voornamelijk als homileet* (Kampen: Zalsman, 1895), 118-19.

61 Perkins, *The Art of Prophecying*, in *WP*, 2:645.

(1) 설교의 정의와 정경 66권

1장에서 퍼킨스는 설교란 "선지자의 공적이고 엄숙한 연설로서 하나님을 예배하는 것과 우리 이웃의 구원과 연관된다"(고전 14:3, 24, 롬 1:9)고 지적한다.[62]

2장에서 퍼킨스는 '예언'(prophecie)이란 말씀의 설교와 공적 기도의 두 부분으로 구성된다고 지적한다(롬 12:6, 창 20:7). 흥미롭게도 퍼킨스는 '예언'이란 단어가 설교만 아니라 기도에도 사용된다고 지적한다(대상 25:1, 왕상 18:26, 29). 따라서 모든 설교자는 부분적으로 하나님의 음성으로서 사람들에게 설교하고, 부분적으로 백성들의 목소리로서 하나님께 기도한다(렘 15:19, 느 8:6).[63]

3장에서 퍼킨스는 하나님의 말씀에 대해 취급한다. 설교의 완전하고도 적합한 재료는 하나님의 말씀(눅 16:29, 마 23:2-3)이며, 따라서 퍼킨스는 설교자가 이 말씀을 떠나지 말아야 한다고 강조한다. 하나님의 성령의 감동으로 기록된 성경은 모든 논쟁을 판단하고 종식시키는 정경이다(벧후 1:21, 갈 6:16).[64] 이런 맥락에서 퍼킨스는 교회가 종교적 문제들을 판단하고 결정할 수 있는 권위를 가지고, 심지어 성경 자체보다 더 높은 권위를 갖는다는 로마교의 교리를 거부한다. 퍼킨스에 따르면, 교회는 단지 성경에 따라 참된 정경을 시험하고 승인할 수

---

62 Perkins, *The Art of Prophecying*, in *WP*, 2:646. 퍼킨스는 그의 대표적 저술인 『황금 사슬』(*A Golden Chaine*)에서 설교(prophecy)란 "설교(preaching)를 잘하는 것에 대한 교리"(the doctrine of preaching well)라고 간명하게 지적한다. Perkins, *A Golden Chaine*, in *WP*, 1:10.

63 Perkins, *The Art of Prophecying*, in *WP*, 2:646. 퍼킨스는 모든 참된 목사는 이중적 '해석자'로서, 사람들에 대한 하나님의 해석자와 하나님께 대한 사람들의 해석자이며, 따라서 하나님의 '입'인 동시에 사람들의 '입'이라고 지적한다. Perkins, *The Calling of the Ministerie, Two Treatises*, in *WP*, 3*b*:431.

64 퍼킨스는 외경이 정경에 포함되지 않는 이유를 네 가지로 언급한다. (1) 외경은 선지자들에 의해 기록되지 않았다. (2) 히브리어로 기록되지 않았다. (3) 신약성경의 그리스도와 사도들이 외경에 대해 증거하지 않는다. (4) 성경에 어긋난 거짓된 것들을 포함하고 있다. Perkins, *The Art of Prophecying*, in *WP*, 2:650.

있는 봉사적(ministerial) 권위만을 지닐 뿐, 정경성을 증명하거나 설득할 수 없다.[65] 그러므로 믿음의 문제에 있어서 주권적 혹은 최상의 판단은 성경 가운데 말씀하시는 성령의 특권이다.

(2) 성경 해석의 지침들

4장에서 퍼킨스는 성경 해석에 대해 취급한다. 그는 설교를 어거스틴의 예를 따라 '설교문'(sermon)의 준비와 설교문을 반포하고 '말하는 것'(uttering), 두 부분으로 구분한다.[66] 설교문을 준비함에 있어서 신중한 성경 연구는 필수적이다. 퍼킨스는 성경의 해석 부분을 책의 거의 절반에 해당할 정도로 자세하게 다룬다.[67] 이때 가장 중요한 것은 성경의 참된 의미를 깨닫기 위해 간절히 기도하는 일이다(시 119:18, 계 3:18). 퍼킨스에게 있어서 기도는 성령에 의한 본문의 올바른 해석을

---

65 Perkins, *A Commentarie or Exposition upon the five first Chapters of the Epistle to the Galatians*, in *WP*, 2:159. 퍼킨스는 하나님의 말씀과 교회의 교리를 구별한다. 즉, 하나님의 말씀은 내용과 용어의 측면 모두에서 영감에 의해 주어진 "직접적인 하나님의 말씀"인 반면, 교회의 설교와 공의회의 결정 속에 있는 교회의 교리는 "하나님의 말씀인 동시에 사람의 말"이다.

66 Perkins, *The Art of Prophecying*, in *WP*, 2:650. 어거스틴의 『그리스도교 교양』(*De Doctrina Christiana*)은 제 1–3권에서 성경해석을 다루고, 제 4권은 그 해석의 전달을 다루고 있다. "성서 연구 전체가 달려 있는 사안이 둘 있다. 깨달아야 할 바를 파악하는 방법과 깨달은 바를 전달하는 방법이 그것이다. 파악하는 일은 먼저 논하고 전달하는 일은 다음에 다룰 것이다." *Augustinus*, 『그리스도교 교양』, 1권, I.1, 61. Cf. 4권, I.1, 299. 이런 구분은 18세기 부흥 전도자인 조지 횟필드(George Whitefield, 1714–1770)에 의해 그대로 유지된다. 다시 말하면, 성령의 사역 가운데 있는 즉흥 설교(preaching)는 글로 채워진 설교문(sermon)과 전혀 다른 것이다. 한 출판업자가 횟필드의 설교문을 출판하고자 요청했을 때, 횟필드는 "만일 당신이 설교문과 함께 천둥과 번개, 그리고 무지개를 출판한다면, 나는 반대할 이유가 없습니다"라고 대답했다. L. Tyerman, *The Life of The Reverend George Whitefield*, 2 vols. (Azle: Need of The Times Publishers, 초판 1876–1877, 1995), I, 420. 이런 구분은 20세기에도 로이드 존스에 의해 설교문(sermon)과 설교행위(preaching)라는 '하나의 중요한 구분'(an important distinction)으로 계승되고 있다. Lloyd-Jones, *Preaching & Preachers*, 67–8.

67 W. B. Patterson, "William Perkins's *The Arte of Prophecying*: A Literary Manifesto", *Studies in Church History*, vol. 48 (2012), 176.

보장하는 것이다.[68]

설교문의 준비는 성경 구절의 의미에 대한 해석과 바른 나눔 (division)이나 자름(cutting)으로 구성된다. 먼저, 해석 즉 성경을 여는 것은 오로지 문자적 의미, 즉 단순하고 충분하고 자연적인 의미를 보여주는 것으로서, 로마 교회가 주장하던 네 가지 의미, 즉 문자적(literal), 풍유적(allegorical), 비유적(tropological), 유추적(anagogical) 의미를 거부하는 것이다.[69] 성경해석에 있어서 퍼킨스는 성령의 사역이 결정적인 요소라고 생각하는데, 왜냐하면 성령이 성경의 저자이기 때문이다. "성경의 주된 해석자는 성령이시다(벧후 1:20)."[70] 따라서 퍼킨스는 성경 해석을 위한 가장 탁월하고 절대적인 수단은 성경 자체라고 믿는다(느 8:8). 이 원칙은 개혁주의 해석학의 주요한 특징이다. 그리고 퍼킨스는 해석을 위한 부수적인 세 가지 규칙을 꼽는다.[71] (1) 사도신경과 십계명에 표현된 믿음의 유추, (2) 특정한 본문의 문맥, 그리고 (3) 한 본문을 다른 본문으로 비교하는 것.

5장에서 퍼킨스는 성경 본문의 특성에 따른 해석의 방식을 다룬다. 본문의 특성은 유추적이고 분명한 것과 신비적이고 모호한 것으

---

[68] 퍼킨스는 『그리스도의 산상보훈 강해』에서 성경 해석을 위해 기도하는 것 외에도 **특이하게도** 먼저 자신의 삶을 고치고 개혁할 것을 주문한다. 즉, 퍼킨스는 하나님의 말씀에 따른 삶의 개혁과 순종이 성경 해석의 주요 수단인 동시에 해석에 선행한다고 지적한다. "여러분 자신의 마음과 삶을 개혁하면, 하나님의 말씀을 읽거나 들을 때, 적어도 자신에게 필요한 만큼 이해할 수 있는 참된 판단력 이 여러분에게 주어질 것이다." William Perkins, *An Exposition of Christ's Sermon on the Mount*, in J. Stephen Yuille, ed., *The Works of William Perkins*, vol. 1, (Grand Rapids: Reformation Heritage Books, 2014), 609. 조지 휫필드는 샌더슨(Sanderson) 주교의 생각을 따라 "기도 없이 연구하는 것은 무신론이며, 연구 없이 기도하는 것은 뻔뻔스러운 것이다"고 주장한다. Tyerman, *The Life of The Reverend George Whitefield*, I, 433. cf. II, 370.

[69] Perkins, *The Art of Prophecying*, in *WP*, 2:651. Perkins, *A Commentarie or Exposition upon the five first Chapters of the Epistle to the Galatians*, in *WP*, 2:298.

[70] Perkins, *The Art of Prophecying*, in *WP*, 2:651.

[71] Perkins, *The Art of Prophecying*, in *WP*, 2:651.

로 나누어진다. 첫째, 유추적인 본문은 믿음의 유추와 명백한 일치를 갖는 본문으로서 다음의 해석 규칙을 갖는다. "만일 단어의 자연스러운 의미가 그 구절의 상황과 일치하는 경우 자연스러운 의미가 올바른 의미이다."[72] 둘째, 신비적인 본문은 난해하고 모호한 본문으로서 다음의 해석 규칙을 갖는다. "만일 단어의 자연스러운 의미가 믿음의 유추나 성경의 매우 명확한 부분과 명백하게 일치하지 않는다면, 비슷한 곳과 다른 곳, 구절의 상황과 단어, 논의되는 내용의 본질에 모두 일치하는 다른 의미가 올바른 의미여야 한다."[73]

(3) 성경 본문으로부터의 교리 수집과 적용

6장에서 퍼킨스는 설교문 준비의 두 번째 부분으로서 진리의 말씀을 '옳게 분별'(딤후 2:15, 사 50:4)하는 것을 다룬다. 이것은 구약 레위인들이 희생 제사를 위해 동물들의 각을 뜨는 일에서 취한 비유로서, 하나님 백성의 건덕을 위해 "교리들"(doctrines)을 이끌어내는 것이다. 이렇게 진리의 말씀을 옳게 분별하는 것은 더 나아가 분해(resolution)와 적용(application)으로 나누어진다. 분해란 본문의 참된 의미를 다양한 교리들로 펼치는 것이다. 교리들은 성경 본문에 명백하게 혹은 암시적으로 드러난다.[74] 교리가 본문에 명백하게 드러난 경우, 그 교리를 열어 펼치는 것은 어렵지 않지만, 교리가 본문에 암시적일 때 그로부터 교리를 이끌어내는 것은 쉽지 않다. 그래서 이런 경우 퍼킨스는 라무스의 아홉 가지 논증을 도움으로 삼는다. "원인들, 결과들, 주어들,

---

72 Perkins, *The Art of Prophecying*, in *WP*, 2:654.
73 Perkins, *The Art of Prophecying*, in *WP*, 2:654.
74 Perkins, *The Art of Prophecying*, in *WP*, 2:662.

부가어들, 차이 나는 것들, 비교급들, 명칭들, 분배, 정의."[75]

7장에서 퍼킨스는 교리들을 어떻게 사용하고 적용해야 하는지 취급한다. 올바른 분해(resolution)를 통해 얻어진 교리들은 청중의 건덕을 위하여 때와 장소, 그리고 각 사람의 필요에 의해 다양하게 적용되어야 한다(겔 34:15-16, 유 22-23).[76] '교리'는 반드시 삶에 연결되어야 하며, '이론'은 반드시 '실천'에 의해 확증되어야 한다. 퍼킨스는 적용의 세 가지 기본원리를 제시한다. 첫째, 적용의 기본 원리는 성경 본문으로부터 나와야 한다. 목사는 성경 본문이 율법에 속하는지 복음에 속하는지 파악해야 한다.[77] 둘째, 성경의 교리들의 적용 대상인 청중들은 집단적으로 그리고 개별적으로 고려되어야 한다. 퍼킨스는 심리학적 통찰을 가지고 청중들의 영적 상태에 따라 일곱 개로 구별시키고, 교리들은 각각에 맞게 적용되어야 한다고 주장한다.[78] (1) 무지하고 가르침을 받지 않으려는 불신자들 (2) 가르침을 받을 수 있으되 무지한 자들 (3) 지식은 있으되 겸손하지 않은 자들 (4) 겸손한 자들 (5) 신자들 (6) 믿음에서 실족한 자들 (7) 신자와 불신자의 혼합.

8장에서 퍼킨스는 적용의 종류를 취급하는데, 이는 적용의 세 번째 원리로서 개별적인 청중에 대한 적용으로서 이론적(mental) 적용과 실제적(practical) 적용을 언급한다(딤후 3:16-17, 롬 15:4). 이론적 적용은

---

75 Perkins, *The Art of Prophecying*, in *WP*, 2:663. 맥킴은 이 아홉 가지 논증이 퍼킨스가 라무스의 『변증들 2권』(*Dialeticae libri duo*, 1572)로부터 "직접 차용한 가장 명백한 예"라고 주장한다. McKim, *Ramism in William Perkins*, 270.

76 Perkins, *The Art of Prophecying*, in *WP*, 2:663.

77 Perkins, *The Art of Prophecying*, in *WP*, 2:664.

78 Perkins, *The Art of Prophecying*, in *WP*, 2:665-68. 16세기 스트라스부르(Strasbourg)의 개혁자 마틴 부처(Martin Bucer, 1491-1551)는 에스겔 34장 16절에 기초하여 청중의 영적 상태에 따른 영혼 돌봄의 다섯 가지 주된 사역들을 기술한 『참된 목회학』을 저술하였다. Martin Bucer, *Von der waren Seelsorge und dem rechten Hirtendienst*, 최윤배 옮김, 『참된 목회학』 (용인: 킹덤북스, 2014).

지성과 연관되어 교훈과 책망을 포함하는 반면, 실제적인 적용은 생활양식과 연관되어 지침과 교정을 포함한다. 이 두 가지 이론적 그리고 실제적 적용은 히페리우스(A. Hyperius, 1511-1564)의 다섯 가지 종류의 적용에서 차용한 것이다. 믿음을 위한 교훈과 책망, 사랑을 위한 교육과 교정, 희망을 위한 위로.[79] 싱클레어 퍼거슨(Sinclair B. Ferguson, 1948-)은 청교도 설교의 특징은 적용에 있다고 바르게 지적하였다. "『설교의 기술』에서 특징적인 요소는 퍼킨스가 공적인 설교에서 성경의 적용과 그 사용에 관심을 둔 것이다."[80]

(4) 설교 전달

9장에서 퍼킨스는 설교 전달에서의 기억술에 대해 취급한다. 퍼킨스는 기억술로 설교문을 암송하는 것을 거부하는데, 이는 (1) 엄청난 수고를 요구하고, (2) 긴장해서 단어를 놓친다면, 청중을 곤란하게 만들고 자신을 혼란스럽게 만들며, (3) 혹시나 설교문을 기억하지 못할까봐 생각이 온통 거기에 집중되어 발음이나 동작, 거룩한 정서의 움직임이 방해받기 때문이다.[81]

10장에서는 설교문 전달을 취급하는데, 두 가지 핵심적 요소가 강조된다. 즉 인간의 지혜를 감추고, 성령의 능력을 드러내는 것이다(고전 2:1-2, 5). 여기서 인간의 지식과 성령의 사역 사이의 긴장 관계가 명백하게 드러난다. 인간의 지혜는 설교문의 내용과 표현, 그리고 그 전

---

79 P. Biesterveld, *Andreas Hyperius, voornamelijk als homileet*, 41-3.

80 Sinclair B. Ferguson, 'Foreword', in William Perkins, *The Art of Prophesying and the Calling of the Ministry*, revised ed. (Edinburgh: The Banner of Truth, 1996), xii. 임원택은 청교도 설교가 지닌 특징 네 가지를 다음과 같이 꼽는다. (1) 성경 중심의 설교, (2) 적용을 중시한 설교, (3) 설교자의 인격이 담긴 설교, 그리고 (4) 성령님을 의지한 설교. 임원택, "한국 교회와 청교도 설교", 「복음과 실천신학」 제28권 (2013, 가을): 65.

81 Perkins, *The Art of Prophecying*, in *WP*, 2:670.

달에 있어서 반드시 감추어져야 한다. "왜냐하면 말씀을 설교한다는 것은 하나님의 증거이며, 그리스도를 아는 지식에 대한 선언이지, 인간의 기술에 속한 것이 아니기 때문이다. 그리고 다시금 청중들은 자신들의 믿음을 인간의 은사가 아니라 하나님의 말씀의 능력에 돌려야 하기 때문이다(고전2:1-2, 5)."[82] 여기서 퍼킨스는 설교자가 청중들에게 인간의 지식을 드러내거나 과시하는 위험을 지적하고 있다. 물론 설교문 준비에 학문, 철학, 그리고 다양한 독서 사용이 인정되지만, 공적인 자리에서는 인간의 지식을 감출 것을 조언한다. 이런 맥락에서 퍼킨스는 라틴어 금언을 인용한다. "기술을 감추는 것이 기술의 요체다"(Artis etiam est celare artem). 결론적으로, 퍼킨스는 반(反)지성주의자가 아니라, 오히려 무지몽매한 목회사역을 염려했던 것이다.[83] 여기서 우리는 신앙과 학문, 종교와 철학은 서로를 배제하는 것이 아니라 상호보완적임을 알 수 있다. 데이비스(H. Davies)가 정확하게 관찰했듯이, "청교도는 예루살렘의 참된 아들이었으되, 아테네를 자주 방문하였다."[84]

퍼킨스에게 있어서 성령의 나타남으로 설교한다는 것은 설교자가 설교할 때 복음에 무지한 자들과 불신자들조차 지금 설교자가 말하는 것이 아니라 성령께서 설교자 안에서 설교자를 통해 말씀하신다는 것을 인식하는 것이다(고전 2:4, 14:24-25, 4:19-20, 미 3:8).[85] 여기서 우리가 주목할 것은 퍼킨스가 이러한 성령의 나타남이 설교자의 말과 행동 속에서 드러난다고 언급한다는 점이다. 즉, 설교자의 말은 반드시 영

---

82   Perkins, *The Art of Prophecying*, in *WP*, 2:670.

83   C. H. and K. George, *The Protestant Mind of the English Reformation* 1570-1640 (*New Jersey*, 1961), 339. Davies, *Worship and Theology in England: From Cranmer to Hooker* 1534-1603, 309.

84   Davies, *Worship and Theology in England: From Cranmer to Hooker* 1534-1603, 56.

85   Perkins, *The Art of Prophecying*, in *WP*, 2:670.

적이고 은혜로워야 한다. 첫째, 퍼킨스에 의하면 영적인 말이란 성령이 가르치는 말로서(고전 2:13), 성령의 위엄을 드러내는 동시에 청중이 이해하기에 단순하고 명확하며 적절하다는 특징을 지닌다(행 17:2-3, 고후 4:2-4, 갈 3:1). 따라서 고대의 금언을 많이 인용하는 웅변적 연설은 하나님의 진리를 평이하게 설교하는 것으로 대체되어야 하고, 이 하나님의 진리는 결코 웅변적 연설에 종속되어서는 안 된다. 따라서 퍼킨스에게 있어서 설교의 목표는 하나님의 말씀을 '평이한'(plain) 스타일로 전달하는 것이다. 이러한 평이한 스타일의 개혁파 설교법은 학식이 풍부하고 공교하게 작성된 '형이상학적'(metaphysical) 스타일의 잉글랜드 국교회의 설교 스타일과 대조적이다.[86]

둘째, 은혜로운 말은 설교자의 마음의 은혜가 설교문 가운데 명백할 때 표현된다. 퍼킨스는 은혜란 설교자의 인격과 사역 모두에 필요한 것이라고 믿기에 여기서 설교자의 거룩한 마음과 흠 없는 삶을 길게 논한다. 따라서 설교자의 거듭남은 설교자의 직무를 수행하는 데 매우 핵심적 요소이다. 퍼킨스에게 있어서 은혜로운 설교자는 세 가지의 필수적 자질을 갖추어야 한다.[87] (1) 가르치는 능력, (2) 위대하신 여호와의 대사로서의 권위, 그리고 (3) 하나님의 택자들을 구원하는 데서 나타나는 하나님의 영광을 위한 열심.

설교에서의 성령의 나타남은 설교자의 몸짓으로도 드러나는데, 목소리의 성량은 모든 청중이 듣기에 충분해야 하며, 교리를 강해할 때에는 적당하되, 권고할 때에는 열정적으로 발성해야 한다. 그리고 몸의 움직임은 가볍지 않고 진중해야 한다. 퍼킨스는 설교자가 마음의 영적 감정을 표현하도록 목소리와 손과 눈 등을 사용해야 한다고 조

---

86 Patterson, "William Perkins's *The Arte of Prophecying: A Literary Manifesto*", 170.
87 Perkins, *The Art of Prophecying*, in *WP*, 2:672.

언한다.[88]

요컨대, 설교 전달은 거듭남을 체험한 설교자가 성령 안에서 성경의 진리를 깨닫고 순종을 통해 경험할 뿐만 아니라 그 진리의 교리들을 청중들의 삶에 적용하되, 영적이고 은혜로운 말과 몸짓을 통해 평이하게 전달하는 실천적, '경험적'(experimental) 설교다.[89]

(5) 공적 기도

마지막으로 11장에서 퍼킨스는 '예언'의 두 번째 측면인 설교자의 공적 기도의 내용과 형태를 취급한다. 공적 기도의 내용은 첫째, 설교자가 사람들의 죄를 고백하고, 둘째, 그들이 필요로 하는 하나님의 은혜와 축복을 비는 것이다. 따라서 설교자의 기도는 세 가지가 요구되는데, (1) 주된 내용을 조심스럽게 고려하고, (2) 순서를 가지런히 해야 하며, 마지막으로 (3) 성도들의 건덕을 위해 언급되고 표현되어야 한다.[90]

(6) 거룩하고 유일한 설교법

퍼킨스는 『설교의 기술』 마지막 페이지에서 거룩하고 유일한 설교의 방법을 다음과 같이 요약한다.[91]

(1) 정경인 성경 본문을 똑똑하게 낭독하라.

---

88 Perkins, *The Art of Prophecying*, in *WP*, 2:672.
89 조엘 비키(Joel R. Beeke)는 '경험적' 설교란 "그리스도인이 자신의 삶 속에서 기독교 교리의 진리를 어떻게 경험하는지에 대한 중대한 사안"에 관한 연설로 정의한다. Joel R. Beeke, 'The Lasting Power of Reformed Preaching,' in Don Kistler, ed., *Feed My Sheep: A Passionate Plea for Preaching* (Morgan: Soli Deo Gloria Publications, 2002), 95.
90 Perkins, *The Art of Prophecying*, in *WP*, 2:672-73.
91 Perkins, *The Art of Prophecying*, in *WP*, 2:673.

(2) 낭독한 본문의 의미와 이해를 성경 자체로 설명하라.

(3) 본문의 자연스런 의미로부터 도출된 교리의 몇몇 유익한 요점들을 수집하라.

(4) (설교자가 은사가 있다면) 바르게 수집된 교리들을 단순하고 평이한 언어로 회중의 삶과 실천에 맞게 적용하라.

설교의 핵심은 그리스도를 찬양하기 위해 그리스도를 힘입어 그리스도 한 분만을 설교하는 것이다.

퍼킨스의 『설교의 기술』은 새로운 개혁파 설교법을 소개하는데, 이 설교법은 형식적으로 그리고 내용적으로 다음과 같은 특징을 갖는다. 첫째, 새로운 개혁파 설교법은 그 형식상 두 가지 뚜렷한 특징, 즉 본문의 본문 해설–교리–적용의 삼중 구조와 평이한 스타일을 갖는다. 둘째, 새로운 개혁파 설교법은 이 같은 형식적 특징 속에 담긴 내용적 특징으로서 강력하고도 실천적인 '경험적'(experimental) 설교를 추구한다.[92]

---

[92] 퍼킨스의 경험적 설교에 대한 연구는 조엘 비키(Joel R. Beeke)의 책을 참고하라. Joel R. Beeke, *Reformed Preaching*, 송동민 옮김, 『설교에 관하여』 (서울: 부흥과개혁사, 2019), '9장 청교도 설교자들: 퍼킨스', 225–48. 비키는 경험적 설교라는 이같이 중대한 주제를 다룬 책들이 거의 없다고 지적한다. 그가 소개하는 경험적 설교에 대한 자료는 다음과 같다. Bridges, *The Christian Ministry*, 259–80. John Brown, ed., *The Christian Pastor's Manual* (Ligonier: Soli Deo Gloria, 1991), 47–62. 19세기 옥타비우스 윈슬로우(Octavius Winslow, 1808–1878)의 경험적 설교에 대한 최근의 연구는 다음을 참고하라. Tanner G. Turley, *Octavius Winslow's Experimental Preaching: Heart to Heart* (Grand Rapids: Reformation Heritage Books, 2014).

4. '경험적 설교'

지금까지 앞서 살펴본 대로 퍼킨스의 『설교의 기술』은 그 형식상 삼중 구조와 평이한 스타일이 명백하게 드러났음을 보았다. 이제는 이런 형식적 특성 속에 흐르고, 또한 설교문의 전달에서 뚜렷하게 드러나는 경험적 설교를 보다 자세하게 살펴보자.

1) '경험'이란

먼저, '경험적'(experimental) 설교가 무엇을 의미하는지 살피기 전에 먼저 경험이 무엇인지 개념 정리가 필요할 것이다. 왜냐하면 '경험적 설교'라는 용어는 16–17세기 역사적 상황에서 사용된 독특한 용어로서, 오늘날 흔히 피상적으로 이해되는 '경험'의 개념과 다르기 때문이다.[93] 여기서 '경험'이란 주로 세 가지 다른 의미를 가질 수 있다. 첫째, '경험'이란 합리적이고 이성적인 영역과 대조되는 주관적이고 감정적인 면을 지칭할 때 사용된다. 둘째, '경험'이란 오늘날 청중의 감정만을 지나치게 강조하는 부정적 의미의 '경험주의'를 지칭할 때 사용된다. 셋째, '경험'이란 하나님의 말씀과 연관되며, 성령의 조명하심의 은혜로 그 말씀을 깨닫고 이해한 결과 자연스러운 반응으로서 긍정적 의미의 '말씀 중심의 영적 경험'을 지칭할 때 사용된다.[94] 이 세 번째 의미가 우리가 의도하는 '경험적' 설교를 지칭한다.

2) '경험적 지식'

우리는 '경험적 설교'의 기본적 전제 조건인 '경험적 지식'이 무엇인

---

93   Beeke, 『설교에 관하여』, 72.
94   박완철, 『개혁주의 설교의 원리』 (수원: 합신대학원출판부, 2007), 15.

지 거슬러 살펴보아야 한다. '경험적 지식'의 의미는 크게 성경의 증거와 교회 역사 속 여러 신학자들의 글 속에서 확인할 수 있다.

첫째, 성경이 말하는 경험적 지식이란 깊고도 영속적인 관계 속에서의 지식(창 4:1), 그리스도 안에서 하나님을 인격적으로 친밀하게 아는 것(요 17:3)을 뜻한다. 이 경험적 지식은 구약성경의 욥이 하나님을 대면하여 하나님이 어떠한 분이시며 동시에 자신은 어떠한 존재인지 깨달은 후에 고백한 데서 뚜렷하게 드러난다. "내가 주께 대하여 귀로 듣기만 하였사오나 이제는 눈으로 주를 뵈옵나이다"(욥 42:5). 시편 기자 역시 고난과 고통을 통해 얻은 지식은 다름 아닌 하나님의 율법에 대한 참된 진리였다. "고난당한 것이 내게 유익이라 이로 말미암아 내가 주의 율례들을 배우게 되었나이다"(시 119:71).

둘째, 16세기 독일의 종교개혁자 마틴 루터(Martin Luther, 1483-1546)는 올바른 신학 연구 방법론으로서 시편 119편의 기도(oratio)와 묵상(meditatio)과 시련(tentatio)을 소개한다.[95] 특히 시련(tentatio)은 하나님의 말씀을 머리로 아는 지식과 이해를 지시할 뿐만 아니라 그 말씀이 지닌 참됨과 달콤함과 능력과 위로를 경험하게 해 주는 시금석이다. "이것[tentatio, Anfechtung]은 하나님의 말씀이 얼마나 옳고, 얼마나 참되고, 얼마나 달콤하고, 얼마나 사랑스럽고, 얼마나 강력하고, 얼마나 위로가 되는지, 모든 지혜를 뛰어넘는 지혜인지를 알고 이해할 뿐만 아니라 체험할 수 있는 시금석이다."[96]

16세기 후반 윌리엄 퍼킨스는 종교와 신앙에서 경험적 지식의 절대적 필요성과 중대성을 잘 인식하고 있었다. 즉, 그는 머리로만 아는

---

95 루터의 기도, 묵상, 시련에 대한 해설은 다음을 보라. Willem van 't Spijker, *Bidden om te leven* (Kampen: De Groot Goudriaan, 2000).

96 M. Luther, 'Luther Concerning the Study of Theology', in Gerhard Ebeling, *The Study of Theology*, trans. Duane A. Priebe (London: Fortress Press & W. Collins, 1979), 167-68.

사변적, 관념적 지식과 머리와 마음으로 아는 감각적, 성향적 지식 사이의 분명한 차이를 알고 있었다. 퍼킨스는 『그리스도의 산상수훈 강해』에서 구원하는 지식으로서의 경험적 지식을 강조한다.

> 우리는 그리스도께서 우리의 구주이심을 알고, 우리 안에 있는 죄를 죽이는 그분의 죽음의 능력, 그리고 우리를 일으켜 새 생명에 이르게 하는 그분의 부활의 효력을 느끼도록 우리 자신 안에서 이러한 지식의 능력을 위해 애써야 하는데, 왜냐하면 머릿속의 지식은 영혼을 구원하지 못하기 때문이다. 종교에서 구원하는 지식은 경험적인 것이며, 진정으로 그리스도 위에 기초를 둔 사람은 그의 죽음과 부활의 능력과 효과를 느끼며, 새로운 순종에 의해 나타나는 죄의 죽음과 은혜의 생명을 효과적으로 일으킨다.[97]

특히 퍼킨스는 신자가 하나님을 아는 구원하는 지식, 즉 경험적 지식은 하나님께서 먼저 그의 택한 자들을 아는 지식에서 비롯되었다고 지적한다.

> 그것은 하나님을 향한 사람의 마음에 상호 작용하고 이상한 영향을 미치는 효과적이고 강력한 지식이다. 왜냐하면 하나님이 어떤 사람들을 자신의 것으로 아는 것으로부터 사람의 마음에 또 다른 지식이 뒤따르는데, 이로써 그는 하나님을 자신의 하나님으로 알기 때문이다. 그래서 그리스도는 "나는 내 양을 알고 양도 나를 안다"(요 10:14)고 말씀한다.[98]

---

97 Perkins, *An Exposition of Christ's Sermon on the Mount*, 725. 강조는 필자의 것.
98 Perkins, *An Exposition of Christ's Sermon on the Mount*, 710. 퍼킨스는 갈 4:9도 함께 언급한다.

18세기 뉴잉글랜드(New England)의 청교도였던 조나단 에드워즈는 그의 대표작인 『신앙감정론』(A Treatise Concerning Religious Affections, 1746)에서 단순한 보편적 개념에 대한 이해만 아니라 사람의 감각을 통한 직접적 체험을 지닌 지식으로서의 영적 이해를 주장하였다. 즉, 에드워즈에게 있어서 직접적인 체험이 배제된 이해란 추상화되어 종교와의 관련성을 상실할 운명에 처했기에, 그는 이 문제를 해결하기 위해 인간의 이해 속에 감각적 요소가 포함된 이해로 재해석하였다.[99] 에드워즈는 "참된 신앙은 상당 부분 거룩한 감정으로 구성된다"고 주장한다.[100] 이 거룩한 감정은 신자들 속에 내주하시는 성령의 역사로 말미암아 마음속에 새로운 영적 감각과 지각이 생겨난 것을 의미한다. 이 새로운 영적 감각은 자연적 본성을 지닌 사람의 감각과 다르며, 마치 꿀의 단 맛이 단지 꿀을 바라볼 때 갖는 생각과 다른 것과 마찬가지이다.[101] 따라서 에드워드에게 있어서 참된 신앙은 종교적 정서 속에 있으며, 종교적 정서는 지식의 빛과 영향을 받은 열렬한 마음 둘 다를 의미한다.[102]

20세기 네덜란드의 개혁신학자 헤르만 바빙크(Herman Bavinck, 1854–1921) 역시 그의 『하나님의 큰 일』(Magnalia Dei)에서 정보를 아는 인지적 앎(weten)과 인격적 앎(kennen) 사이를 바르게 구분한다.

---

99 John E. Smith, 'Editor's Introduction', in Jonathan Edwards, *A Treatise Concerning Religious Affections* (New Haven: Yale University Press, 1959), 46.

100 Edwards, *A Treatise Concerning Religious Affections*, 95.

101 Edwards, *A Treatise Concerning Religious Affections*, 205–206. 경험적 지식이란, 동일한 크기와 형태의 유리병 용기 속에 담긴 고운 소금과 고운 설탕을 맛을 보아 분별하는 지식이다. 일반적으로 단지 눈으로만 살펴볼 때 어떤 것이 소금이며 어떤 것이 설탕인지 분별할 수 없을 것이다. 하지만 가장 간단하게 분별할 수 있는 방법은 그 유리병 속에 손가락을 넣어 찍어 맛을 보면 금세 알 수 있다. 이와 같이 미각을 통한 경험은 소금의 짠 맛과 설탕의 단 맛을 쉽게 구별할 수 있다.

102 Edwards, *A Treatise Concerning Religious Affections*, 120.

대제사장적 기도로부터 인용한 구절에서 예수는 {정보로서의} 앎(weten)이 아니라 하나님을 {인격적으로} 아는 것(kennen)에 대해 말씀한다. 이 둘 사이에는 큰 차이가 있다. 책을 통해 어떤 피조물, 즉 식물, 동물, 인간, 국가 또는 민족에 대해 많이 아는 것(weten)은 자신이 직접 관찰하여 아는 지식(kennen)과는 전혀 다른 것이다. {정보적} 앎(Weten)은 사람이나 사물에 대한 다른 사람의 묘사에 해당하지만, {직관적} 지식(kennen)은 대상 그 자체에 해당한다. 앎(weten)은 머리의 문제이며, 지식(kennen)은 인격적인 관심과 마음의 활동을 포함한다.[103]

20세기 후반 패커(J. I. Packer, 1926-2020)는 그의 대표작 『하나님을 아는 지식』(Knowing God)에서 하나님을 아는 지식이 갖는 세 가지 국면, 즉 첫째, 인격적 존재와 친숙해지는 인격적 만남이며, 둘째, 지정의(知情意)의 인격을 수반한 교제이며, 셋째, 하나님의 주권적인 은혜로 말미암은 지식을 소개한다.[104]

요컨대 경험적 지식이란, 머리로만 아는 사변적 지식과 달리, 성경이 증언하는 하나님과 그의 율법에 대한 인격적 지식과 앎이다. 그리고 경험적 지식이란, 교회사의 인물들, 즉 루터가 고백하듯 '하나님의 진리'에 대한 경험적 지식, 퍼킨스가 지적하듯 하나님께서 먼저 택하시고 알고 사랑하는 지식에 대한 응답으로서의 신자의 구원하는 지식, 에드워즈가 언급한 '성령의 역사'로 말미암아 생겨난 새로운 감각의 분별하는 지식, 바빙크가 언급한 인격적 지식, 그리고 패커가 소개

103 H. Bavinck, *Magnalia Dei*[2] (Kampen: J. H. Kok, 1931), 19-20.
104 J. I. Packer, *Knowing God*, (London/Sydney/Auckland/Toronto: Hodder and Stoughton, 1973), 37-41.

하는 하나님의 주권적 은혜로 말미암은 하나님과의 인격적 만남과 교제로서의 지식이다.

3) '경험적 설교'(experimental preaching)

'경험적 설교'란 앞의 항목에서 살핀 경험적 지식, 즉 성경의 진리가 성령에 의해 우리의 삶에 적용되는 설교를 의미한다. 18세기 영국과 뉴잉글랜드의 부흥사인 조지 휫필드(George Whitefield)는 사변적 설교와 대비되는 경험적 설교를 강조했다. 즉, 성령의 감동 아래 그리스도의 복음을 지성과 감정과 의지로 구성된 전인(全人)의 마음에 집중하는 설교이다. "휫필드는 사람들을 회심으로 이끄는 경험적 설교가 참된 설교 방식이라고 강력하게 주장한다. 사변적 설교와 경험적 설교 사이의 커다란 차이는 그림자와 본체 사이의 커다란 차이와 같은 이치다."[105]

19세기 목회신학의 고전을 저술한 찰스 브리지스(Charles Bridges, 1794-1869)는 경험적 설교가 복음의 교리와 그 교리의 적용과 긴밀한 연관을 갖는다고 고백한다. "그리스도인의 경험은 교리적 진리가 정서에 영향을 미친 결과"로서 복음의 생명은 "교리를 강해하는 데 있는 것이 아니라 진정한 그리스도인의 성화와 위로를 위해 교리를 마음에 적용하는 데에 있다."[106] 따라서 찰스 브리지스는 설교자의 설교를 위한 준비로서 영적, 경험적 기조를 육성해야 한다고 지적한다.[107] 브리지스에 의하면, 경험적 설교는 설교자 자신이 복음의 진리를 몸소 실

---

105 박태현, '조오지 휫필드의 설교관: 성령의 사역의 관점에서', 「성경과 신학」 72 (2014), 173.

106 Bridges, *The Christian Ministry*, 259-60.

107 Bridges, *The Christian Ministry*, 195.

천하여 체득하고 그 유익을 알고 있어야 한다는 것을 전제한다.[108]

패커는 청교도 설교의 특징들 가운데 하나로서 '경험적'(experimental) 설교를 꼽는데, 이는 청교도 설교자들이 성경의 진리와 하나님을 직접 경험한 것을 증거했기 때문이다.[109]

청교도와 개혁파 신학 전문가인 조엘 비키(Joel R. Beeke)는 자신의 설교적 경험과 이론을 바탕으로 출간한 『설교에 관하여』(Reformed Preaching)에서 경험적인 개혁파 설교의 특징을 다음과 같이 아홉 가지로 정리하여 소개한다.

(1) 성경의 표준에 근거하여, 이상적인 면과 현실적인 면, 그리고 낙관적인 면에서 어떤 체험이 과연 기독교적인 것인지를 시험하는 설교
(2) 신자와 불신자를 구별 짓는 설교
(3) 지혜로운 방식으로 우리의 삶에 진리를 적용하는 설교
(4) 성경과 교리, 체험과 실천의 요소가 균형을 이루는 설교
(5) 구주이신 하나님과 교제하는 삶으로 인도하는 설교
(6) 하나님의 말씀인 성경의 토대 위에 우리의 체험을 구축하는 설교
(7) 현대의 피상적인 태도를 벗어나서 옛 길의 심오한 지혜로 나아가는 설교
(8) 신자의 영혼에 깃든 영적 감각을 충족시킬 양식을 제공하는 설교
(9) 죄의 쓰라림과 은혜의 달콤함을 전함으로써 듣는 이의 마음을 움직이는 설교[110]

---

108 Bridges, *The Christian Ministry*, 262.
109 J. I. Packer, *Among God's Giants* (Eastbourne: Kingsway Publications, 1991), 376–77.
110 Beeke, 『설교에 관하여』, 59–60.

그러므로 '경험적' 설교란 성경 본문의 가르침과 상관없는, 설교자 혹은 청중의 특정한 경험에 대해 설교하는 것과 다르다.[111] 즉, 설교자가 성경의 진리와 상관없는 자신의 경험이나 사람들의 일반적 경험을 간증하고 설교하는 일은 자칫 '경험(체험)주의'의 오류와 함정에 빠지게 되기 때문이다. 이런 경험주의 설교는 대단히 위험하다. 왜냐하면 그 위험성은 다음 네 가지 이유들로 인해 충분히 그리고 명확하게 드러나기 때문이다. (1) 설교자가 자신의 경험을 앞세움으로써 설교의 주인공이 될 가능성이 많다. 그 결과 설교자는 자기 과시와 우월주의의 덫에 걸릴 위험이 크다. (2) 경험주의 설교는 성경 본문의 요점을 흐리게 하거나 잊어버리도록 만들 뿐만 아니라, 쓸데없는 사람의 이야기들만 기억하게 만든다.[112] (3) 마치 자신의 경험 자체가 구원을 주는 것처럼 오해하고 착각하게 만들고, 자신의 경험을 회중의 표준으로 제시하는 것이다. (4) 하나님의 말씀 대신에 자신의 경험을 설교할 때 성경을 통해 말씀하시는 하나님은 사라지고 만다. 설교자는 자신의 경험을 설교하는 것이 아니라, 성경에 계시된 우리 주 예수 그리스도를 증거해야 한다(고후 4:5).[113]

퍼킨스에게 있어서 경험적 설교란 신구약 성경 66권에 나타난 그리스도를 성경의 저자이자 최고의 해석자이신 성령 하나님을 통해 해석하고, 성경 본문에서 자연스럽게 도출된 유익한 교리들을 설교자 스스로 순종하고 실천하여 성령 안에서 경험적 지식을 얻은 후에야 비로소 평이한 말로 청중들의 양심과 삶에 적용하여 삶의 변화를 추

---

111 Beeke, 『설교에 관하여』, 51.

112 Richard L. Thulin, *The "I" of the Sermon*, 전요섭 옮김, 『설교에서 1인칭 사용의 기술』 (서울: 하늘사다리, 1997), 16-7.

113 Bridges, *The Christian Ministry*, 261. 브리지스는 이런 경험주의가 종을 주인의 자리에, 벌레를 하나님의 자리에 놓는 것이라고 경고한다.

구하는 설교이다.[114] 따라서 퍼킨스의 경험적 설교는 언제나 진리에 기초한 '교리적' 설교이며, 청중들의 양심과 삶에 적용하여 그들의 변화를 꾀하는 '적용적, 실천적' 설교이며, 설교자의 성경 해석부터 설교 전달까지 성령의 은혜로운 사역 안에서 이루어지는 '성령론적' 설교이다.

요컨대, 경험적 설교란 설교자가 먼저 성령의 은혜로운 역사로 말미암아 하나님의 말씀의 진리를 직접 맛을 보아 분별하는 경험적 지식에 근거하여 청중들에게 그 진리를 맛보고 경험하게 하는 것이다. "너희는 여호와의 선하심을 맛보아 알지어다 그에게 피하는 자는 복이 있도다"(시 34:8).

4) '경험적' 설교를 위한 지침들[115]

그렇다면 경험적 설교를 위한 구체적인 지침들은 무엇인가? 퍼킨스와 청교도들의 '경험적' 설교는 리처드 툴린(Richard L. Thulin)의 '자기 고백적' 설교와 맥락을 같이 한다. 툴린은 '자기 고백적' 설교를 다음과 같이 정의한다.

> 영적 체험의 개인적 고백으로서의 자기 이야기 또는 신앙적인 차원에서 자서전적인 역사의 진술, 영적 갈등 상황의 묘사와 자신의 영

---

114 Greg Salazar, 'The Primacy of Scripture, Preaching, and Piety', in Joel R. Beeke and Greg Salazar, *William Perkins, Architect of Puritanism*, 161–67. 해돈 로빈슨(Haddon W. Robinson)이 밝히는 강해설교의 정의는 성령론적 관점에서 궤를 같이한다. "강해설교는 성경 구절의 역사적, 문법적, 문학적 연구를 통해 도출되고 전달되는 성경적 개념의 전달로, 성령께서 먼저 설교자의 인격과 경험에 적용하신 다음, 설교자를 통해 청중에게 적용한다." Haddon W. Robinson, *Expository Preaching: Principles & Practice*[2] (Nottingham: IVP, 2001), 21.

115 이 항목은 필자의 글을 참조하라. 박태현, '윌리엄 퍼킨스의 '경험적'(experimental) 설교: 『설교의 기술』과 『그리스도의 산상보훈 강해』를 중심으로', 252–55.

적 세계에서 선과 악 간의 전투적 상황, 그리고 구원의 확신에 관한 고백 또는 개인적인 삶에 있어서 하나님께서 역사하신 그 증거들을 고백하는 것을 의미하는 것이다.[116]

경험적 설교를 위한 지침은 다음과 같이 일곱 단계로 요약된다.

(1) 설교자는 경험적 설교를 위한 준비 단계로서 일상생활에서 영적 민감성을 갖고 하나님의 말씀이 자신이나 교인들의 삶 속에서 어떻게 구체적으로 경험되는지 관심을 가지고 살펴야 한다. 설교자가 하나님의 임재와 역동적인 사역의 현장인 삶을 민감하게 관찰함으로써 설교의 소재를 찾는 것은 하나님의 역사와 설교를 연결하는 숭고한 작업이기 때문이다.[117]

(2) 설교자는 설교문을 작성할 때 자신의 경험 사건이 성경과 신학 그리고 교회 전통과 부합되는지 엄밀하게 시험하고 점검해야 한다.[118] 특히 설교자는 자신의 경험 사건이 일차적으로 설교에서 다루는 본문에 적합한 것인지 반드시 심사숙고해야 한다. 왜냐하면 경험적 설교란 설교자 자신이 경험한 삶의 이야기를 성경 본문의 교리와 연계하여 신학화하여 청중들에게 적용하는 작업이기 때문이다.[119] 이렇게 할 때 청중들은 설교자의 삶 속에서 성경의 말씀이 구체적으로 어떻게 이루어졌는지 큰 관심을 기울이며, 설교자의 영적 경험을 살아 있는 간증으로 받아들여 청취하기 때문이다.

(3) 설교자는 자신의 경험 사건에서 하나님의 성품과 그의 은혜로

---

116 Thulin, 『설교에서 1인칭 사용의 기술』, 35.
117 Thulin, 『설교에서 1인칭 사용의 기술』, 27.
118 Thulin, 『설교에서 1인칭 사용의 기술』, 23.
119 Thulin, 『설교에서 1인칭 사용의 기술』, 26.

운 사역에 대한 새로운 발견을 통한 중요한 '깨달음'을 성경 본문의 연구에서 발견한 진리와 구체적으로 연계시켜야 한다. 설교자는 자신의 경험 자체를 이야기하는 것이 아니라, 그 경험에서 얻은 '깨달음'을 성경 본문의 가르침과 연관시켜 복음을 드러내야 한다. 이렇게 할 때 비로소 설교자의 경험은 하나님의 말씀을 전달하는 하나의 효과적인 수단이 되고, 설교자 자신의 삶은 "복음의 광선을 펼쳐 주는 프리즘"으로서의 역할을 다 하게 된다.[120] 설교자는 자신의 경험 속에서 획득한 깨달음과 그것을 통해 자신이 어떤 영향을 받았는지 언급함으로써 청중들의 시선을 본문의 말씀에 향하게 하고, 그 깨달음을 본문의 교리와 연계시킴으로써 본문의 진리가 경험 속에 구체화된 것을 보여 주어 성경 말씀의 진리가 삶에서 확실하게 입증되었다는 것을 보여 주어야 한다.

(4) 설교자는 자신의 경험에서 얻은 깨달음과 성경 말씀의 진리를 청중들에게 공유함으로써 그들의 시선을 하나님께로 향하게 해야 한다.[121] 설교자의 경험 사건은 결코 설교의 주인공이 될 수 없으며, 되어서도 안 된다. 설교자의 경험 사건은 언제나 본문의 시녀로 머물러 성경 본문에 나타난 하나님을 가리키고, 그 경험은 청중들의 시선에서 곧 사라져야 한다.[122]

(5) 설교자의 경험은 반드시 설교의 나머지 부분들과 완전하게 결합되도록 해야 한다.[123] 왜냐하면 설교자의 "자기 이야기를 설교의 나머지 부분과 결합하게 되면 설교자만을 부각시키려는 것처럼 들릴 위

---

120 Thulin, 『설교에서 1인칭 사용의 기술』, 76.
121 Thulin, 『설교에서 1인칭 사용의 기술』, 52-57.
122 Thulin, 『설교에서 1인칭 사용의 기술』, 30-31.
123 Thulin, 『설교에서 1인칭 사용의 기술』, 98.

험을 막아 주며 설교자가 불필요한 주목을 받게 하는 것을 방지해" 주기 때문이다.[124]

(6) 모든 설교자는 설교할 때 사용하는 말의 단어, 어조 및 몸짓을 통해 거의 무의식적으로 청중들에게 자신의 '인격'을 드러내 보이기 마련이다. 따라서 하나님의 말씀의 설교자는 특히 자기기만적 이야기를 피하고, 솔직한 자기이야기를 해야 한다.[125] 왜냐하면 청중들은 설교자가 솔직한 이야기를 하고 있는지, 듣기에 좋은 소리만 이야기하고 있는지 살피고 있기 때문이다. 즉 청중들은 설교자의 설교 속에서 설교자의 확신과 정직과 투명성을 요구한다.[126] "설교에서 본문에 대한 성경적이며, 신학적인 해석에 더불어 목사 자신의 삶의 이야기를 솔직하게 설명하려고 할 때 청중들은 매우 권위 있는 말씀으로 받아들이게 된다."[127]

(7) 설교자는 자신의 경험을 설교 내용뿐만 아니라 청중들의 삶에 밀접하게 '연관시켜야' 한다. 다시 말하면, 설교자는 자신이 경험한 사건을 하나님과 관련하여, 그리고 청중들의 생활과 관련하여 구체적으로 묘사함으로써 한낱 추상적인 것으로 들리지 않도록 주의해야 한다. 설교자는 자신의 경험에서 얻은 깨달음이 깊이 숙고할 만한 보편적인 진리로서 사람들의 현실 속에서 설교자만 아니라 청중 모두에게 그대로 작용한다는 것을 이야기한다.[128] 그리고 설교자는 자신의 경험 사건을 청중 모두가 공감할 만한 실재적인 느낌을 갖도록 현장감 있

---

124 Thulin, 『설교에서 1인칭 사용의 기술』, 110.
125 Thulin, 『설교에서 1인칭 사용의 기술』, 64.
126 Thulin, 『설교에서 1인칭 사용의 기술』, 20.
127 Thulin, 『설교에서 1인칭 사용의 기술』, 22.
128 Thulin, 『설교에서 1인칭 사용의 기술』, 66.

게 이야기를 함으로써 청중들의 삶의 정황과 연결시킨다.[129] "설교자와 설교 내용 그리고 청중들 간에 밀접한 상호 관계를 가져야 한다는 것은 설교자의 경험이 청중들의 생활에 직접 연결되어야 하며, 역동적인 하나님의 임재와도 연결되어야 한다는 것을 말한다."[130]

III. 나가는 글

한국 교회의 위기는 설교 강단의 위기와 밀접한 관련이 있다. 그 원인들은 다양하겠지만 교회의 정체성을 상실한 결과 도덕적 실패로 이어지고, 더욱 더 구체적으로는 설교에서의 '본문 이탈'의 현상인 본문을 전혀 다루지 않거나(disuse), 본문을 오용(misuse)하거나 남용(abuse)하는 설교자의 영성의 실패만 아니라 설교자의 설교신학의 부재와도 직접 맞닿아 있다. 이런 위기 상황에서 개혁신학의 정수와 실천적 경건이 조화를 이룬 16–17세기 '청교도주의의 아버지', 윌리엄 퍼킨스의 『설교의 기술』은 한국 교회 설교 강단의 회복을 위한 중요한 치유책을 제공해 준다. 그 치유책은 본문 해설–교리–적용의 삼중 구조와 성령 안에서 능력 있게 전달되는 평이한 스타일의 설교, 그리고 '경험적' 설교에서 비롯된다.

1. 설교자가 선포할 것은 오직 신구약 성경 66권의 정경뿐이다. 설교자는 세상의 철학이나 학문, 혹은 자신의 사상이나 경험을 전하는 것이 아니라, 오직 성경의 핵심 주제인 메시아, 주 예수 그리스도를 증거하는 것이다.[131] 퍼킨스가 언급한 설교의 요체를 반드시 기억해야

---

129 Thulin, 『설교에서 1인칭 사용의 기술』, 67.

130 Thulin, 『설교에서 1인칭 사용의 기술』, 65.

131 William Perkins, *How to Live, and That Well: in All Estates and Times*, in WP, 1:484.

한다. "설교의 핵심은 그리스도를 찬양하기 위해 그리스도를 힘입어 그리스도 한 분만을 설교하라." 이런 맥락에서 퍼킨스가 "심오한 그리스도 중심적 설교자"라는 것은 결코 그릇된 언급이 아니다.[132] 이렇게 함으로써 설교자는 성경 본문을 다루지 않거나(disuse), 본문을 오용(misuse)하거나 남용(abuse)하는 실수를 피할 수 있다.

2. 성경 본문의 올바른 해석법은 개혁주의 성경해석의 원칙인 오직 성경을 성경으로 해석하는 것이다. 왜냐하면 성경의 저자이신 성령께서 주된 해석자이시기 때문이다(벧후 1:20). 이런 맥락에서 설교자는 성경을 부지런히 연구할 뿐만 아니라 항상 기도하는 자이어야 한다.[133] 휫필드의 금언을 반드시 기억해야 한다. "기도 없이 연구하는 것은 무신론이며, 연구 없이 기도하는 것은 뻔뻔스러운 것이다."

3. 설교자는 성경 본문에서 자연스럽게 도출되는 교리를 선포해야 한다. 신자의 정체성 확립은 성경의 교훈과 가르침, 즉 교리의 뼈대를 통해 완성되기 때문이다. 특히 성경의 교리는 신자들이 이단 사설에 쉽사리 휩쓸리지 않도록 굳게 붙들어 주는 기초와 토대가 된다. 게다가 신자들이 교리를 온전하게 배우고 익힐 때 반쪽짜리 신앙으로 인한 왜곡된 삶의 태도나 윤리적 실패를 피할 수 있다. 교리를 바르게 알고 경험할 때, 신자들은 생명력이 넘칠 뿐만 아니라 거룩한 삶의 열매를 맺어 세상의 빛과 소금의 역할을 감당할 있다(마 5:13-16).

4. 설교자는 성경의 교리를 회중의 삶에 적용하되, 청중의 눈높이에 맞게 단순하고 평이한 언어로 적용해야 한다. 하나님의 감동으로

---

132 Ferguson, 'Life and Ministry', in Joel R. Beeke and Greg Salazar, *William Perkins, Architect of Puritanism*, 11.

133 조엘 비키는 긍정적 의미에서 청교도처럼 설교하기 위해서는 성령의 능력을 구하라고 조언한다. Joel. R. Beeke, '오늘날 청교도처럼 설교하려면?', in 안상혁 편집, 『한국 교회를 위한 청교도 설교의 유산과 적실성』 (수원: 합신대학원출판부, 2020), 353-355.

된 성경 자체가 성도들의 영적 유익을 목표로 삼듯이, 교훈과 책망과 바르게 함과 의로 교육하며 성도들을 위로하는 다양한 적용을 시도해야 한다(딤후 3:16, 롬 15:4). 따라서 설교 강단은 결코 설교자의 학식을 자랑하는 자리가 되어서는 안 된다. 설교자는 설교 강단의 주인공이 되어서는 안 된다. 세례 요한이 "그리스도는 흥하여야 하겠고 나는 쇠하여야 하리라"(요 3:30)라고 고백했듯이, 설교자는 복음을 섬기는 봉사자가 되어야 한다. 설교자는 성경의 교훈을 평이한 말, 즉 영적이고 은혜로운 말로 전할 뿐만 아니라, 성령으로 거듭난 설교자의 인격이 묻어나는 몸짓으로 전달해야 한다.

5. 설교자는 '경험적' 설교에 관심을 가져야 할 뿐만 아니라 '경험적' 설교를 수행할 수 있도록 구체적인 7단계의 지침들을 익혀야 한다. 경험적 설교는 무너진 한국 교회를 살리는 가장 긴급한 필요일 뿐만 아니라 세상의 구원을 위한 가장 큰 필요이다.[134] 설교자는 먼저 성경의 진리를 자신의 마음과 삶에 적용하여 성령 안에서 경험적 지식을 획득해야 하며, 그 다음에 청중의 양심과 삶에 구체적으로 적용하도록 노력해야 한다. 이러한 경험적 설교는 성경에 계시된 그리스도 중심의 '교리적' 설교이며, 청중의 양심과 삶에 적용되어 변화시키는 '적용적, 실천적' 설교이며, 설교자의 성경 해석부터 설교 전달까지 성령 안에서 기도와 순종의 삶을 통한 경건의 능력이 증거되는 '성령론적' 설교이다. "기록된 바 내가 믿었으므로 말하였다 한 것 같이 우리가 같은 믿음의 마음을 가졌으니 우리도 믿었으므로 또한 말하노라"(고후 4:13).

---

134 참조, Lloyd-Jones, *Preaching & Preachers*, 17.

참고문헌

김세윤. '한국 교회 문제의 근원, 신학적 빈곤'. in 강영안 외 20명. 『한국 교회, 개혁의 길을 묻다』. 서울: 새물결플러스, 2013. 17-36.

박영돈. 『일그러진 한국 교회의 얼굴』. 서울: IVP, 2013.

박완철. 『개혁주의 설교의 원리』. 수원: 합신대학원출판부, 2007.

박태현. 'William Perkins의 설교론'. 「복음과 실천신학」 제32권 (2014): 138-174.

박태현. '웨스트민스터 '예배 지침'에 나타난 청교도 예배와 설교'. 「갱신과 부흥」 14 (2014): 16-37.

박태현. '조오지 휫필드의 설교관: 성령의 사역의 관점에서'. 「성경과 신학」 72 (2014): 155-189.

박태현. '설교실습을 위한 16세기 청교도 노르위치(Norwich) '설교연구회'(Prophesying) 규정 연구'. 「신학지남」 제83권 1집 (통권 제326호): 227-44.

박태현. '종교개혁 500주년과 한국 교회 설교개혁'. 「성경과 신학」 85 (2018): 71-99.

박태현. '윌리엄 퍼킨스의 '경험적'(experimental) 설교: 『설교의 기술』과 『그리스도의 산상보훈 강해』를 중심으로'. 「복음과 실천신학」 제70권 (2024): 215-263.

서창원. '츠빙글리와 청교도의 예언회/설교학교'. in 제 503주년 츠빙글리 종교개혁 기념학술대회. '종교개혁자 츠빙글리와 2022년 한국 교회'. 남서울교회. 2022년 1월 22일(토). 90-110.

이정환. '페이트루스 판 마스트리히트의 De Optima Concionandi Methodo에 대한 고찰: 조나단 에드워즈의 설교에 미친 영향을 중심으로'. 「갱신과 부흥」 19 (2017): 112-141.

임원택. "한국 교회와 청교도 설교". 「복음과 실천신학」 제28권 (2013, 가을): 65-94.

정창균. '한국 교회와 설교: 한국 교회 설교가 직면하고 있는 도전들'. in 한국복음주의 신학회 제 61차 정기논문발표회, 2013년 4월 27일, 25-57.

황대우. '16세기 성경공부모임의 기원과 의미 및 적용'. 「갱신과 부흥」 12권(2013): 83-108.

Augustinus. *De Doctrina Christiana*. 성염 역주. 『그리스도교 교양』. 왜관: 분도출판사, 1989.

Bavinck, H. *Magnalia Dei²*. Kampen: J. H. Kok, 1931.

Beeke, Joel R. 'The lasting Power of Reformed Preaching'. in Don Kistler. ed. *Feed My Sheep: A Passionate Plea for Preaching*. Morgan: Soli Deo Gloria Publications,

2002. 94-128.

Beeke, Joel R. and Yuille, J. Stephen. 'Biographical Preface', in J. Stephen Yuille. ed. *The Works of William Perkins*, vol. 1. Grand Rapids: Reformation Heritage Books, 2014. ix-xxxii.

Beeke, Joel R. *Reformed Preaching*. 송동민 옮김. 『설교에 관하여』. 서울: 부흥과개혁사, 2019.

Beeke, Joel. R. '오늘날 청교도처럼 설교하려면?'. in 안상혁 편집. 『한국 교회를 위한 청교도 설교의 유산과 적실성』. 수원: 합신대학원출판부, 2020. 323-355.

Beeke, Joel R. & Jones, Mark. *A Puritan Theology: Doctrine for Life*. Grand Rapids: Reformation Heritage Books, 2012.

Biesterveld, P. *Andreas Hyperius, voornamelijk als homileet*. Kampen: Zalsman, 1895.

Breward, Ian. *The Works of William Perkins, The Courtenay Library of Reformation Classics*. vol 3. Appleford/Abingdon/Berkshire/England: Sutton Courtenay, 1970.

Bridges, Charles. *The Christian Ministry*. Edinburgh/Carlisle: The Banner of Truth Trust, 1967.

Brienen, T. *De eerst homiletiek in Nederland*. Kampen: De Groot Goudriaan, 2009.

Brook, *Benjamin. The Lives of the Puritans*. vol. 2. London 1813, Pittsburgh: Soli Deo Gloria Publications, 1994.

Bucer, Martin. *Von der waren Seelsorge und dem rechten Hirtendienst*. 최윤배 옮김. 『참된 목회학』. 용인: 킹덤북스, 2014.

Cudworth, Rodolph. 'To the Courteous Reader'. in William Perkins. *A Commentarie or Exposition upon the five first Chapters of the Epistle to the Galatians*. in WP. 2:157.

Davies, Horton. *Worship and Theology in England: From Cranmer to Hooker* 1534-1603. vol. 1. Princeton: Princeton University Press, 1970.

Edwards, Jonathan. *A Treatise Concerning Religious Affections*. ed. John E. Smith. New Haven: Yale University Press, 1959.

Ferguson, Sinclair B. 'Foreword', in William Perkins. *The Art of Prophesying and the Calling of the Ministry*. revised ed. Edinburgh: The Banner of Truth, 1996. vii-xvi.

Ferguson, Sinclair B. 'Life and Ministry'. in Joel R. Beeke and Greg Salazar. *William Perkins, Architect of Puritanism*. Grand Rapids: Reformation Heritage Books, 2019. 1-37.

Fuller, Thomas. *Abel Redevivus: or, The Dead yet Speaking. The Lives and Deaths of the Modern Divines*. London: Tho. Brudenell for John Stafford, 1651.

George, C. H. and K. *The Protestant Mind of the English Reformation* 1570–1640. New Jersey, 1961.

Graafland, C. *Van Calvijn tot Comrie: Oorsprong en ontwikkeling van de leer van het verbond in het Gereformeerde Protestantisme*. Zoetermeer: Boekencentrum, 1994.

Graafland, C. *Van Calvijn tot Barth: Oorsprong en ontwikkeling van de leer der verkiezing in het Gereformeerde Protestantisme*. 's–Gravenhage: Boekencentrum, 1987.

Jewel, John. *The Works of John Jewel, Bishop of Salisbury*. ed. John Ayre. 4 vols. Cambridge, 1844.

Johnson, Ellwood. *The Pursuit of Power: Studies in the Vocabulary of Puritanism*. New York: Peter Lang, 1995.

Kapic, Kelly M. and Gleason, Randall C. 'Who were the Puritans'. in Kelly M. Kapic and Randall C. Gleason. eds., *The Devoted Life: An Invitation to the Puritan Classics*. Downers Grove: IVP, 2004. 15–37.

Kendall, R. T. *Calvin and English Calvinism to* 1649. Oxford, 1981. Carlisle, 1997.

Leith, John H. 'The Westminster Confession in its Historical, Social and Theological Context'. in *Calvin Studies VIII. The Westminster Confession in Current Thought*. Davidson, 1996. 1–13.

Lloyd–Jones, D. Martyn. *Preaching & Preachers*. 40th Anniversary Edition. Grand Rapids: Zondervan, 2011.

Luther, M. 'Luther Concerning the Study of Theology'. in Gerhard Ebeling, *The Study of Theology*. trans. Duane A. Priebe. London: Fortress Press & W. Collins, 1979.

McGrath, Alister. *Roots that Refresh: A Celebration of Reformation Spirituality*. 박규태 옮김. 『종교개혁 시대의 영성』. 서울: 좋은씨앗, 2005.

Miller, Perry. *The New England Mind: the Seventeenth Century*. New York: The Macmillan Company, 1939.

Mullinger, James B. 'William Perkins', in *Dictionary of National Biography*, vol. 15, 892–95.

Neele, Adriaan C. '청교도 설교의 적실성: 윌리엄 퍼킨스의 『설교의 기술』'. in 안상혁 편집. 『청교도 신학』. 수원: 합신대학원출판부, 2020: 103–126.

Old, Hughes Oliphant. *The Reading and Preaching of the Scriptures in the Worship of*

the Christian Church, The Age of the Reformation. vol. 4. Grand Rapids/
Cambridge: Wm. B. Eerdmans—Lightning Source, 2002.

Ong, Walter J. *Ramus: Method, and the Decay of Dialogue*. Cambridge: Harvard University
Press, 1958, Chicago: University of Chicago Press, 2004.

Op 't Hof, W. J. "Engelse pietistische geschriften in het Nederlands, 1598—1622".
Th.D. Diss. De Rijksuniversiteitte Utrecht. Rotterdam, 1987.

Packer, J. I. *Knowing God*. London/Sydney/Auckland/Toronto: Hodder and Stoughton,
1973.

Packer, J. I. *Among God's Giants*. Eastbourne: Kingsway Publications, 1991.

Park, Tae—Hyeun. *The Sacred Rhetoric of the Holy Spirit: A Study of Puritan Preaching in
a Pneumatological Perspective*. Th.D. Dissertation. Apeldoorn: Theologische
Universiteit, 2005.

Patterson, W. B. "William Perkins's The Arte of Prophecying: A Literary Manifesto".
Studies in Church History, vol. 48 (2012): 170—184.

Perkins, William. *The Workes of that Famous and Worthy Minister of Christ in the University
of Cambridge, Mr. William Perkins*. 3 vols. London: John Legatt, 1626—1631.

Perkins, William. *An Exposition of Christ's Sermon on the Mount. in J. Stephen Yuille*. ed.
The Works of William Perkins. vol. 1. Grand Rapids: Reformation Heritage
Books, 2014.

Pipa, Joseph A. Jr. "William Perkins and the Development of Puritan Preaching". Ph.D.
Diss. Westminster Theological Seminary, 1985.

Robinson, Haddon W. *Expository Preaching: Principles & Practice*². Nottingham: IVP,
2001.

Salazar, Greg. 'The Primacy of Scripture, Preaching, and Piety'. in Joel R. Beeke
and Greg Salazar. *William Perkins, Architect of Puritanism*. Grand Rapids:
Reformation Heritage Books, 2019. 155—178.

Schaefer, Paul R. 'The Arte of Prophesying'. in Kelly M. Kapic and Randall C. Gleason.
eds. *The Devoted Life: An Introduction to the Puritan Classics*. Downers Grove:
IVP, 2004. 38—51.

Smith, John E. 'Editor's Introduction'. in Jonathan Edwards, *A Treatise Concerning
Religious Affections*. New Haven: Yale University Press, 1959. 1—83.

Stoeffler, F. Ernest, *The Rise of Evangelical Pietism*. Leiden: E. J. Brill, 1971.

Thulin, Richard L. *The "I" of the Sermon*. 전요섭 옮김. 『설교에서 1인칭 사용의 기술』. 서울: 하늘사다리, 1997.

Turley, Tanner G. *Octavius Winslow's Experimental Preaching: Heart to Heart*. Grand Rapids: Reformation Heritage Books, 2014.

Tyerman, L. *The Life of The Reverend George Whitefield*. 2 vols. Azle: Need of The Times Publishers, 초판 1876–1877, 1995.

Van 't Spijker, Willem. *Bidden om te leven. Kampen: De Groot Goudriaan*, 2000.

Van 't Spijker, W. "Puritanisme: theologische hoofdlijnen en vertegenwoordigers", in W. van 't Spijker, R. Bisschop, W. J. op 't Hof, *Het Puritanisme: Geschiedenis, theologie en invloed*. Zoetermeer: Boekencentrum, 2001. 121–270.

Van Mastricht, Petrus. *De Optima Concionandi Methodo*. 이스데반 옮김. 『개혁주의 표준 설교법』. 서울: 기독교문서선교회, 2017.

Van Beek, M. *An Enquiry into Puritan Vocabulary*. Groningen: Wolters–Noordhoff, 1969.

Van der Haar, J. *From Abbadie to Young: A Bibliography of English, Most Puritan Works, Translated I/T Dutch Language*. Veenendaal: Uitgeverij Kool, 1980.

Van Maastricht, Petrus. *De Optima Concionandi Methodo*. 이스데반 편역. 『개혁주의 표준 설교법』. 서울: 기독교문서선교회, 2017.